JN119701

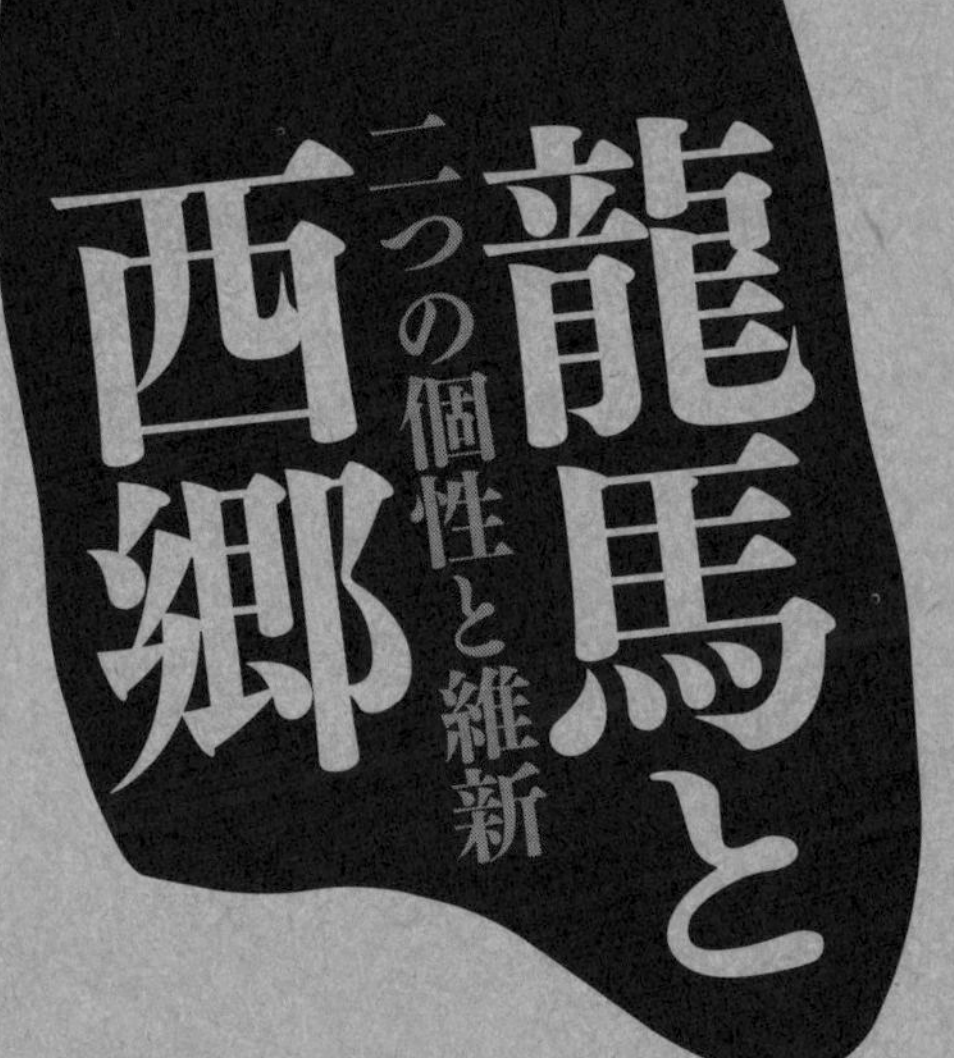

# 龍馬と西郷

## 二つの個性と維新

Kawamichi Rintaro
川道麟太郎

風媒社

# はじめに

坂本龍馬は死に急ぎ、西郷隆盛は死に遅れた観がある。龍馬は「日本」の「洗濯」を唱え、西郷は「御一新」を掲げて、ともに天下の回天を目指したが、龍馬は維新の成る直前に刺客の刃に倒れ、西郷は「維新第一の功労者」になりながらも、十年後には「明治の賊臣」になって戦場で果てた。維新は、龍馬にとって見果てぬ夢であり、西郷にとっては幻であった。

天下国家のために献身的な仕事をした二人は、ともに幕末の英雄と呼ぶにふさわしい。しかし二人は、同じような仕事をしたわけではなく、また、同じような人間であったわけでもない。むしろ、そのどちらにおいても対照的であった。

龍馬は一介の浪人として、薩摩と長州そして土佐のあいだを周旋し、また幕府要人ともつながって、それらを結び付ける仕事をした。一方、西郷は薩摩藩のもとで、とりわけ武力行使の采配で力を発揮し、腐敗した権力や君側の奸を打倒する仕事をした。龍馬はフリーランサーであり、天性の交渉家であったのに対して、西郷は雄藩の組織のなかで生きた武人であり、畢生の武断家であった。

龍馬は商人の血を引く土佐の郷士（士分だが最下級に属す）の次男坊に生まれ、西郷は下級ながも伝統的な武家の長男に生まれた。龍馬は自由闊達に育って自分の世界を広げ、新たな道を切り開こうとする人間に成長したが、西郷は幼少のころから薩摩藩の武士教育を受けて、もっぱら島津家家臣として、その職分をまっとうしようとする人間に成長した。

英雄はその非凡な資質と実行力のゆえに英雄なのだが、それらが災いのもとになることもある。英雄もまた普通の人であり、その長所は短所にもなる。本書では、龍馬と西郷という二人の人間の活動とその特徴を、二人がのこした手紙を史料の中心に据えて、対比的に見て行く。それによって、一人の人物を伝記的に見るのとはまた違ったものが見えてくるはずである。また、二人の活動を相対化し複眼的に見ることによって、幕末維新の成り行きについても、より鮮明に見えてくると思っている。本論の各所で、既往説に疑問を投げ掛け、改めもしている。龍馬と西郷に関する新たな史実や知見に接してもらえるはずである。

龍馬と西郷◉目次

# 凡　例

一、史料の引用については、候文（そうろうぶん）など原文のままでは読みにくいので、現代文に近付けて読みやすくしている。

二、本文中にある（　）の括弧書きは、筆者が解釈を加えたものである。その関係で、引用文中の原文にある（　）は、〔　〕に置き換えている。また、（　）内に数字の入った表記は、西暦年またはその前にある著書の発行年を指す。

三、人物の名前は、原則として、その人が最も活躍していた時期の名前、あるいは後世に最もよく使われている名前を用いている。

四、年齢や享年は、原則、満年齢で表記する。

五、引用した文書の出典ならびに筆者による注釈は、本文に注番号を付し、各章末にまとめて注記する。なお、史料の引用で、下記の史料集や日記等を原本として使わせてもらったものについては、個々には、その出典を注記していない。

1. 龍馬の手紙で宮地佐一郎『龍馬の手紙』（講談社、二〇〇三年）から引いたもの、ならびに西郷の手紙で『西郷隆盛全集』（大和書房、一九七六〜八〇年）から引いたもの。

2. 勝海舟、大久保利通、木戸孝允その他の日記で、それらの既刊本から引いたもの。

3. 第二章と第六章で引用した龍馬関係の史料で、平尾道雄監・宮地佐一郎編『坂本龍馬全集』増補四訂版（光風社、一九八八年）から引いたもの。

# 第一章　風雲の江戸で

## 一　初めての江戸

坂本龍馬が剣術修行のために初めて江戸に出たのは嘉永六年（一八五三）の四月ないしは五月で、一方、西郷吉之助が主君・島津斉彬の参勤交代の一行に加わって初めて江戸の土を踏んだのは、その翌年の嘉永七年（十一月に安政に改元）三月六日である。龍馬は満十七歳のとき、西郷は満二十六歳のときであった。[1]　年齢では西郷が龍馬より八歳年長になる。この両年は、アメリカ東インド艦隊の司令長官マシュー・ペリーが二年続きで艦隊を引き連れて江戸湾にやってきた年で、いわゆる「黒船来航」で大騒ぎになった年でもある。

この二年のうちのどちらか、あるいは、龍馬のように両度ともに「黒船来航」を目の当たりにした諸国の藩士たちは意外に多い。本書に登場する人物でも、龍馬・西郷のほか、佐久間象山・吉田松陰・吉田東洋・木戸孝允・橋本左内・高杉晋作らである。誰もが初めて見る「黒船」の偉容に目を白黒させたに違いない。日本には当時まだ、石炭を燃料にして煙を上げて航行する蒸気船も、大砲を搭載した船も、全体を黒色に防水塗装した船もなかった。

江戸時代というのは、武士階級に限って言えば、藩士たちが各地を行き交う、かなり流動性の高い時代であった。参勤交代の制度があったことが大きな要因であるが、そのために、藩主やその家来たちが領地と江戸のあいだを、かなり頻繁に往復することになった。大名家の多くが江戸に屋敷（藩邸）を構えて、正室や世子を常住させ、また、多数の家臣たちが江戸詰めになった。

そのほか、武芸や学問の修行ために、江戸に出る者も多く、「黒船来航」の年に、地方の藩士たちが結構多く江戸に居合わせたのもそれらのためだ。参勤交代は徳川幕府が幕藩体制のもと、諸藩（大名家）の統制と支配ために設けた制度だが、それによってまた、藩主層はもとより、全国人士の藩を越えての人的交流が旺盛になり、それが幕末の反幕運動の原動力にもなる。

もっとも、武士だからといって自由に出国できたり江戸や京都に行けたりしたわけではない。藩からの出国や他領地通過のための許可証が必要であるし、藩命による以外の者は、自身で費用を賄えるだけの経済力がないと無理である。龍馬は裕福な資産家の次男で、剣術の才能に恵まれていたため、剣術修行を名目にした自費遊学の許可がわりあい簡単に下りた。西郷の場合は、江戸詰めの藩命が出て、藩主の参勤交代に随従して江戸に出ることになった。薩摩の同輩たちでは、すでに有村俊斎（海江田信義）・大山正円（綱良）・樺山三円・堀仲左衛門（伊地知貞馨）・重野安繹らが江戸に出ていたので、その彼らに比べると、西郷はやや遅ればせながらの出府になる。

龍馬は江戸に着くと、さっそく千葉周作の弟・千葉定吉が開いている北辰一刀流の「小千葉道場（桶町千葉道場）」に入門して修行を始める。龍馬は国をたつとき、父・坂本八平から「老父」と書き込まれた「修行中心得大意（こころえ）」を手渡されている。このとき八平は五十六歳で、龍馬は遅くにできた二男三女の末っ子で、長男の兄・権平（ごんぺい）とは二十一歳も離れている。「心得大意」には、

「一、片時も忠孝（忠義と孝行）を忘れず、修行第一の事。
一、諸道具に心移り、銀銭を費やさざる事。
一、色情にうつり、国家の大事を忘れ、心得違いあるまじき事。」

とある。

三ヵ条の簡明なものだが、第一は当時の道徳観からして当然のことで、第二と第三は道具事や色事に溺（おぼ）れるなというものだ。次男のボンボン（若旦那）育ちで、かなりのおませでもあったようだ。「老父」としては、江戸へやるのはいささか心配であったのだろう。

ペリー艦隊が、アメリカ大統領フィルモアの国書を携えて、浦賀沖に現れたのは嘉永六年六月三日のことであった。この七年前の弘化三年（一八四六）には、やはりアメリカ東インド艦隊司令長官のジェームズ・ビドルがマカオから戦艦二隻で、開国を求めて浦賀沖にやって来ていた。ペリーはそのビドルのときの経験も踏まえて、長崎ではなく強引に江戸にやって来たのだ。幕府は前年の嘉永五年八月に長崎のオランダ領事から、アメリカの艦隊が開国を要求して日本に来るという通知を受けていたが、特別に江戸来航を阻止する手立ては打っていない。

ペリー艦隊の旗艦船（きかんせん）サスケハナ号は当時世界でも最新式のパクサンズ型大砲を搭載しており、その威力は品川沖から江戸城を射程距離に置くものであった。そのことで脅しをかけられた幕府は、ほとんどなす術（すべ）もなく、日本に開国を迫る国書を受け取らざるを得なくなる。徳川幕府は「祖法」

によって、異国との「通信」を禁じており、アメリカ大統領の国書を受け取ること自体、それに違反することになる。ペリーは明春の再来航を告げ、九日間の滞在ではやばやと六月十三日には、艦隊とともに江戸湾を立ち去って行く。

当時流行（はや）った狂歌では、

「泰平（たいへい）の眠りを覚（さ）ます上喜撰（じょうきせん）　たった四杯（よんはい）で夜も眠れず」

が有名だが、[2]　そのほかにも、

「アメリカが来ても　日本はつつがなし」

といったものがある。

「上喜撰」というのは高級緑茶の銘柄で、それを「蒸気船」に掛けている。「つつがなし」の「つつ」は大砲を掛けている。当時の一般庶民は、政治参加は許されていなかったので、このような狂歌で世情を茶化（ちゃか）したり、お上（かみ）を皮肉ったりした。

幕府は無論、ずっと以前から西洋列強のアジア侵出をよく知っており、いずれそれが日本に及ぶことも十分にわかっていた。この「黒船来航」より十年ほど前になるが、アジアの盟主・清国がアヘン戦争（一八四〇~四二年）でイギリスに破れ、悲惨な目に遭っていることも知っていた。幕府機関の者や在野の学者でも、早くから列強への対応や国防等で警告を発する者が多くいて、幕府の指導者たちもいろいろと策を練り苦慮はしていた。

この列強侵出の波が押し寄せている時代、第十二代将軍の徳川家慶（いえよし）は十六年間（一八三七年から一八五三年）にわたって将軍の職にあり、「内憂外患」のなか「天保の改革」に取り組んでもいるが、自身が「征夷大将軍」としての職務に取り組むようなことはなく、ちょうど「黒船来航」中に暑気に当り、ペリーが立ち去った十日後の六月二十二日に六十歳で死去している。従弟に当たる松平春嶽によると、家慶は「凡庸の人」で、生涯に十四男十三女を儲けて子孫づくりと奢侈には励んだものの、肝心の国防や政治の方はさっぱりであったようだ。

この家慶の父の第十一代将軍・徳川家斉は、将軍在位五十年（一七八七年から一八三七年）にわたっており、「寛政の改革」に取り組んでもいるが、本人は江戸城に君臨して二十六男・二十七女の子孫はのこして徳川家の繁栄には尽したものの、やはり、どれほど政権担当者の自覚があったかは不明だ。家慶が薨去したあとは、第十三代将軍に実子の徳川家定が就いているが、この人は元来病弱で、国難のさなか在位五年で死んでいる。この三代にわたる将軍を見ても、征夷大将軍などと言っても名ばかりで、かつての武将の面影はない。一大名家が将軍職を家産化して二百年にも及ぶと、公家化もして、このようなことになるということのようだ。

龍馬は国元の父・八平に九月二十三日付でペリー来航の件を次のように伝えている。[3]

「兄様のもとにアメリカ沙汰を申し上げておきましたので、ご覧になって下さるよう。…。この異国船対応のための出兵の儀ですが、一旦は免じられたものの、来春にはまた、土佐藩の出動人員に加わるものと考えております。

（追伸）

尊父様ご貴下

お手紙下さり有り難い次第に存じます。金子（きんす）お送り下さり、何よりの品にございます。異国船処々に来ているということで、異国との戦争も近い内と考えます。その節には、異国人の首を打ち取って土佐に帰国いたします。」

江戸の人たちはペリーが「来春にはまた」再度やってくることを知っていた。龍馬が上で「異国船処々に来ている」と書いているのは、ペリーのほかにも、同時期にロシアのプチャーチン提督率いるロシア艦隊が、やはり日本の開国を求めて七月に長崎に来ており、そのことを聞いていたからであろう。

「異国との戦争も近い内と考えます」として、父に「その節には、異国人の首を打ち取って土佐に帰国」すると、剣術修行に来ている若者らしく意気軒高なところを見せている。もっとも、どれほど真剣に考えて書いていることかはわからない。父からの仕送りを受け取った御礼に書いているようでもある。実際、大砲や鉄砲を備えた軍艦に剣で立ち向かってもあまり意味がない。もっとも、当時の武士たちの多くは、陸上戦になれば勝てると考えていたようで、龍馬もそう思っていたのかもしれない。

それでもやはり、剣だけでは戦いにならないことはわかっていたのだろう、この年の暮れには、龍馬は溝淵（みぞぶち）広之丞らとともに佐久間象山の砲術塾の門をたたいている。この溝淵は龍馬と同時期に江戸に来て、やはり同じ「小千葉道場」に入門して剣の修行をしていた。溝淵は龍馬より七歳年長だが、生涯にわたってかかわりが深く、このあと本書でもしばしば登場する。象山の砲術塾には龍馬らより先に、土佐藩からは樋口真吉や大石弥太郎ら多くの先輩が入門しているので、彼らや藩からの勧めがあったのかもしれない。

象山は信濃国・松代藩藩士だが、幕府の顧問格になっている松代藩定府（江戸駐在）家老の望月主水の知恵袋になって、江戸で日本の海防を説き、子弟教育に努めていた。象山は「宇宙に実理は二つなし」と真理探究に努める、今日で言う科学者に近い学者で、このころにはすでに大砲の鋳造に成功するなどして、洋式砲術家としても天下に名を馳せていた。

ペリー艦隊が最初に来たとき象山は、浦賀を見渡せる高台から望遠鏡（義理の兄弟に当たる弟子の勝海舟からもらったと言われる）で観察し、家老望月に、

「大砲の数は、車輪（外輪、パドル）の前に四門、うしろに二門、これは砲窓を開いているのがよくわかる。…。浦賀あたり等での乱暴は何ほどのことがあっても高が知れたことですが、江戸湾の内海に乗り入れ、お膝元（将軍のいる江戸城）へ一発も弾丸を放つようなことになれば、これはもう大変なことになります。」[4]

などと報告している。また、「黒船」の周りに日本船が群がっている光景を、「大たらいの下に蛤貝」と形容したりもしている。象山の持論は、今「打払い」などといきり立っても、とても叶うものではなく、ともかく今は「夷（西洋）の術をもって夷を制す」の精神で、西洋の科学技術修得に精進するほかはないというものであった。

しかし、型破りの才覚を持つ者は、しばしば世間には奇異に映り、また時の権力と衝突するものである。ペリーが嘉永七年一月に再来航して日米和親条約の調印も済ましたころの三月二十八日の深夜、象山の愛弟子・吉田松陰がペリーの艦隊の艦船に乗り込んで密航を企てる。松陰は拒否されて連れ戻され、その後、自首して捕えられ（「下田踏海事件」）、象山もそれをそそのかした廉で連座してしまう。

このあと、松陰は国元の萩に送られ野山獄につながれ、象山も九月には江戸を追い払われて帰藩させられる。そのため、龍馬らが象山塾に通ったとしても、この年の三月までで、龍馬が実際に象山に直接接する機会があったかどうかは定かでない。また、象山の弟子の勝海舟や吉田松陰に会う機会があったかどうかもわからない。

島津斉彬の参勤交代の一行が江戸に着いたのは、日米和親条約の調印三日後の三月六日だが、西郷はその後すぐに庭方役という役柄を授かっている。庭方役は、庭先で主君から直接に指示を受けるところから付いた名で、人との連絡や交渉ないしは機密の任務に就く役柄だ。もっとも、実際に斉彬から直接声を掛けられるようになるのは、このあと二年ほどたってからのことになる。その間は、研修期間か試験期間のようなものであったようだ。西郷自身は他藩の江戸詰め藩士らと交流したり勉強をしたりして、わりあい自由に日々を過ごしている。

主君の斉彬が水戸藩前藩主の徳川斉昭と懇意であったこともあって、西郷はこの時期、特に水戸藩の江戸藩邸（現・小石川後楽園）によく通っている。斉彬は島津家世子として江戸で生まれてそこで育ち、若いころから幕府や各藩の要人たちと親交を結び、英明な指導者として広くその名を知られていた。

水戸家は尾張家・紀州家とともに徳川家「御三家」の一つで、領地が江戸に近いため、その藩主は「定府」とされ、原則、江戸に常駐することになっていた。そのため、水戸藩の江戸藩邸は他藩に比べて格段に大所帯で、藩主の徳川慶篤のほか、その父で前藩主の徳川斉昭やそれに近侍する藤田東湖らも江戸にいることが多く、西郷はその藩邸を訪ねて水戸藩の名士たちと親交を深める。

西郷は江戸に来て四ヵ月半ほどたったころの七月の末、母方の叔父・椎原兄弟宛に次のように書いている。

「一筆啓上仕ります。残暑甚だしいですが、ご祖母様を初め、ご一統様ご機嫌よく遊ばされておられるでしょうか。…。

さて、先の便でお送りした字（墨蹟）は痛みなく届きましたでしょうか。もう見ていただいたことと思います。その（墨蹟を書いてもらった）ときなどは、よほど面白い次第でした。東湖先生も大変に丁寧なことで、お宅にお邪魔しますと、もう清水に浴したような塩梅で、心中一転の雲霞なく、ただ清浄なる心になり、帰路を忘れてしまう次第です。…。

水戸藩の学問は始終、忠義を主とし、武士となる仕立てのもので、学者風のものとは大いに違います。自画自賛で人には申しませんが、東湖も私のこと悪くは思っておられず、いつも丈夫と呼ばれ、過分のことです。…。」

前に、東湖に書いてもらった墨蹟を郷里の叔父に送っていて、それが無事に届いたかと尋ねている。あこがれの東湖の親炙に浴せることになって、よほどうれしかったのだろう、そのことを誇らしく書いている。東湖は水戸学の泰斗で、徳川斉昭の股肱の家臣としても広く世に知られた人物だ。「お宅にお邪魔しますと、もう清水に浴した塩梅で」、「ただ清浄なる心になり、帰路を忘れてしまう」と言う。よほどの心酔ぶりである。

西郷は薩摩藩の下級武士の四男二女の長男に生まれ、十歳ごろからは藩校造士館に通い、「方限」と呼ばれる区域を単位にした青少年の「郷中教育」のリーダーになって頭角を現す。青年期には藩儒（藩主に仕える儒者）の伊東猛右衛門のもとで、有村俊斎・吉井友実・大久保利通らとともに陽明学を学び、さらに佐藤一斎の『言志四録』や朱熹ら編纂の『近思録』を輪読して儒学の勉学に努め、さらに無参和尚のもとで参禅に励んでもいる。薩摩藩の武士教育のもとで、自身を徹底的に鍛え上げているのである。

おそらく、その国元で自分が修めてきた学問や鍛錬に自信が持てたのであろう、上の手紙でも「水戸藩の学問は始終、忠義を主とし、武士となる仕立てのもの」と評価して喜んでいる。

その手紙は次のように続く。

「もしや、老公が鞭を挙げて異船打ち払いの魁になられることなどあれば、逸散（わき目もふらず）駆けつけて、戦場の埋草（城攻めの際、堀などを埋めるのに使う草）になってでもお役に立ちたいと、心酔いたしております。」

ここにある「老公」は徳川斉昭のことで、斉昭は攘夷（外夷打払い）論を唱え、前年七月には幕府の海防参与に就いていた。西郷はその斉昭にもすっかり「心酔」して、「老公が…異船打ち払いの魁になられることなどあれば」、自分も「戦場の埋草になってでもお役に立ちたい」と言う。上の東湖やこの斉昭への心酔ぶりからして、西郷は大変な感激家であったことがわかる。

この叔父宛の手紙の最後には、

「いっしょに（国元から）来ている人たちのなかで、品川（遊郭）に足を踏み入れていないのは（私）一人でございます。これに続く人はいないでしょうが、とろけ（ゆるんだり）は致しません。お察し下さい。」

などとも書いている。

このあと、二年八ヵ月ほどたった後に書いた親戚宛の手紙でも、その終わりに、

「今までは花の都に遊々しておりますが、女犯の儀まったくありません。両親が気に入って娶り（めと）ました妻を両親の死後追い出し、この誓い無くても、再びこの期に及んで妻帯することはありません。」

と書いている。上で「妻を両親の死後追い出し」とあるように、西郷は江戸に出る少し前に結婚していたが、出府後に妻が実家に戻り、その後正式に離婚している。

## 二　龍馬の「アメリカ」

先に見たように、龍馬は父・八平に手紙で、兄に「アメリカ沙汰」を書いておいたので読んではほ

しいと伝えている。その兄・権平宛の手紙はのこっておらず、残念ながらその内容を知ることはできない。

「沙汰」というのは当時も、「沙汰を待て」などで言われる裁定・通知といった意味と、「刃傷沙汰」などで言われる事件・話題といった意味があるので、その前者であれば、「アメリカ沙汰」はアメリカからの通達書、あるいは江戸幕府が放ったペリー来航に関する通達を指し、後者であれば「アメリカ事件」といった意味になろう。当時、江戸ではペリーが持参したフィルモア大統領の国書の翻訳が出回っていたようで、龍馬の言う「アメリカ沙汰」もそれを指すのかもしれない。あるいはまた、より一般的に後者の「アメリカ事件」というぐらいの意味なのかもしれない。いずれにしろ、龍馬の言う「アメリカ沙汰」は、単に「黒船来航」の騒動だけを伝えるものではなかったと思われる。

龍馬は子供のころから、箕作省吾作成の「新制輿地全図」（一八四四年初版以来、版を重ねる）に接する機会をもっていたようだ。それを見れば、地球上に「大海」を隔てて五大陸があり、日本がそれらに比べてはるかに小さな島国であること、そしてまた、自分たちが住んでいる高知の海の「南太平海」のはるか南方には「豪斯多剌里（オーストラリア）」大陸が、そして「北太平海」のはるか東方には「北亜墨利加（北アメリカ）」大陸があることも一目にしてわかる。

龍馬は姉に連れられてよく継母の伊予が嫁いでいた川島家（伊予は川島家に嫁ぎ、夫の死後二十年近くそこで未亡人として過ごし、そのあと父八平の後妻になっている）に遊びに行っているが、そこにはその地図が飾ってあって、龍馬はそれを見ていたようだ。その川島家は廻漕業を手広く営む商家で、その当主の川島猪三郎（いさぶろう）は歌会などを開く教養人で八平とも懇意であった。猪三郎は仕事仲間からは「ヨーロッパ」と呼ばれるほどの西洋通で、龍馬はこの猪三郎から、彼が長崎や下関などで手に入れた異国品や書画等を見せてもらったり、航海や海外のことを聞かせてもらったりもしていたと言われる。[5]

そして何よりも、龍馬らがアメリカを知ることになるのは、土佐沖で遭難して死んだと思われていた中浜（ジョン）万次郎らが十一年半ぶりにアメリカから高知に帰還する大事件があったからだ。万次郎ら三人の生還者（二人はハワイに留まった）が、長崎奉行所を放免になって、十数人の土佐藩士に護衛されて高知城下に帰ってきたのは嘉永五年七月で、龍馬が江戸に向けて旅立つ八ヵ月前のことだ。この事件のため、高知では海のはるか向こうにアメリカという国があることを、ごく普通の人でも知るようになる。このとき十六歳の龍馬が、この万次郎らの帰還に刺激を受けたことは想像に難（かた）くない。

数ある龍馬本でも、この万次郎の高知帰還と龍馬の関係について触れたものはほとんどない。この時期ではまだ、龍馬に関係する史料がほとんどのこっていないからだが、龍馬のその後の活動ぶりからして、万次郎の高知帰還が龍馬に与えた影響は大きなものがあったはずだ。万次郎帰還のころの史料や関連の文献をもとに、いくらか推測しておこう。

中浜博（万次郎の子孫）著の『中濱万次郎』（二〇〇五）によると、

「高知の街に入ると万次郎らのことを聞きつけ、大勢の人が一目見ようと詰めかけていた。三人は東堺町の旅館松尾屋に入った。」

「二ヵ月半余りに及ぶ長期の高知滞在もやっと終わり、十月一日、…三人は高知を後にして宇佐浦（高知城下より西南に約十五キロの生地）に向かった。時の人となった万次郎らを一目見ようと沿道には大勢の人が出て三人を見送った。」

などとある。

龍馬の家から「旅館松尾屋」までは、城下を東へ距離にして千三百メートルほどである。物見高い若者・龍馬も、それらの「大勢の人」のなかにいたのではないか。

万次郎は救助された捕鯨船の船長に連れられてアメリカ本土の東海岸に渡り、船長の援助で学校に通い、さらに専門学校にも進んで航海術を修め、そのあと船員として遠洋漁業に出て世界一周以上の航海もしている。さらに陸（おか）に上がってからは、帰国の資金稼ぎのために、ゴールドラッシュに沸く西海岸にわたって鉱山で働いてもいる。その稀有（けう）の体験は、帰国後、折しもペリー艦隊来航のときとも重なって、為政者を初め、各方面の人々の注目の的になる。

ハワイからの帰国船で最初に上陸したのが琉球であったため、万次郎らはまずその地を管轄する薩摩藩の鹿児島に連行され、そこでまず藩主・島津斉彬から直接聞き取りを受け、そのあと長崎奉行所に回され、ここでは九ヵ月近くも留め置かれて聴取を受ける。海で遭難したとは言え、外国から帰ったからには「海禁（海外渡航禁止）」の法に触れるからだが、実際に聴取されたのは、幕府としては咽（のど）から手が出るほどに欲しかった、アメリカや海外の情報とその稀有の体験であっただろう。

高知に帰還してからも、藩主山内容堂のもとに呼ばれていろいろと聞かれる。このとき、大目付の吉田東洋が配下の吉田正誉に生還者三人の聞き取りに当たらせ、その結果を「土佐藩取調記録」とし、さらにそれを『漂客談奇』にして刊行もしている。東洋はその「序」で次のように書いている。

「…。漂客（漂流者）が米利幹から帰ってきたと伝わり、それを見物する者で堵（人が詰めかけて都）の如し。…。地球の上で泰西（ヨーロッパ）と米利幹は遠く離れているが、風俗はほぼ同じで、米利幹の地に泰西人が割拠している。（中略）

今日、航海、日ごとに広くなって全地球を巡らぬところはなくなり、…。漂客（万次郎ら）は今や米利幹語をしゃべり、またその文字を習得している。もって彼の情状を審らかにし、己（われわれ）の不足を補うに足る。この書の著者、何ぞ徒に奇を談ぜんや。」[6]

アメリカの地（「新大陸」）に「泰西人が割拠している」といった言い方は、当時の言葉を使って、うまく事実を伝えている。東洋は少しも「米利幹」を奇異な国や「外夷」とは見ていない。むしろ、「航海」等の進んだ国で、自分たちの「不足を補うに足る」国だと断じ、そこから学べと言っている。幕府が鎖国政策を取り「海禁」にして、一般人に外国のことを知らしめないようにしているのに比べると、ここ土佐はまるで正反対だ。

東洋はこのあとさらに、万次郎を絵師で学者でもある河田小龍のもとに遣り、『漂巽紀畧（略）』（「巽」は南東を指す）の著述に当たらせる。小龍はこのとき万次郎を自宅に住み込ませ、万次郎から体験を聴取しながら、小龍は万次郎から英語を習い、万次郎は小龍から日本語の読み書きを習っている。

できあがった『漂巽紀畧』は、小龍の巧みな絵入りで読みやすく、今日読んでも第一級のドキュメンタリーになっている。漂流期間中等のところは除いて、アメリカ本土滞在期間中の記述のなかから一部抜粋してみよう。

「合衆国の広さは…、州はマシッセ（マサチューセッツ）、メーン、…、フランフッチ（フロリダ）、テネシーなど三十余国に分かれている。」

「住民の…、生来の気質は温厚で、人に対しては愛情をもって接し、そして、節度のあることを大事にしている。…、周辺の地域でこの国と通商しないところはない。」

「才能や学識を持った多くの人のなかから、これぞと思える人物を選んで大統領とする。そして、その任期は、四年を限度とするが、その人の徳が高く、…、任期を重ねてその職を続けることができる。」

「（カリフォルニア州）サクラメントに上陸して、…。レイロー（レイルロード）は、三間四面の鉄箱に石炭を入れて燃焼させ水を熱し、発した蒸気を鉄箱に充満させ、…。この汽車に別の鉄箱を二十三から二十四個つないで引いて走る。…。人が乗る部分には窓が左右に三つ取り付けられていて、そのすべてがガラス張りになっている。走る汽車の窓から外を見ていると、風景や建物などすべてのものが横に流れていくようで、長くは見ていられないという。」

これらを読めば誰も、少なくとも、アメリカ人や西洋人を「南蛮人」や野蛮人と見たり、単なる「外夷」と見たりはしなくなるだろう。むしろ、万次郎がアメリカ人に対して抱いている親愛の情が伝わってくる。

徳川慶喜は晩年の回顧談『昔夢会筆記』で、孝明天皇のことを、

「誠に恐れ入ったことだけれども、外国の事情や何か一向ご承知ない。昔からあれは禽獣（きんじゅう）だとか何とかいうようなことが、ただお耳に入っているから、どうもそういう者の入って来るのは厭（いや）だとおっしゃるのだ。煎じつめた話が犬猫と一緒に居るのは厭だとおっしゃるのだ。」

と語っているが、孝明天皇がもし、この『漂巽紀畧』に接しておられたなら、「大統領」の記述のところなどは気に食わないにしても、少なくとも、西洋人に対する嫌悪感や不安はいくぶんか和らいだのではないか。

『漂巽紀畧』は嘉永五年末には完成していたとされるから、龍馬も六年三月十七日に高知を立つ前にそれを見ていた可能性がある。兄の坂本権平や川島猪三郎らがそれをさっそく手に入れていたことは十分に想像できるし、龍馬が小龍（龍馬より十一歳年長）や彼の周辺の者から見せてもらっていた可能性もある。小龍は高知の浦戸町で「墨雲洞」という画塾を開いて絵と学問を教えていたが、そこには、龍馬が後に同志となる長岡謙吉や新宮馬之助らが入門していた。龍馬も万次郎が高知に帰還したころには、少なくとも小龍を知っており、あるいは「墨雲洞」に出入りしていた可能性もある。

幕末の土佐藩に詳しい山田一郎氏は著書『海援隊遺文―坂本龍馬と長岡謙吉―』（一九九一）で、

「墨雲洞」のすぐ近くに住んでいた医者の息子・長岡謙吉（龍馬より一歳年上）が十二、三歳のころにはすでに小龍のところに入門していて、この長岡と龍馬は同じ高知の城下に住んで青少年期から知り会っていたはずだとされ、

「（小龍の）浦戸町時代から龍馬は小龍を知っていたのではないか。継母の縁で親戚になった浦戸町の謙吉の家を龍馬は度々訪ねていたのではないだろうか。」

と推測されている。龍馬がもし、江戸遊学前に『漂巽紀畧』を見ていたなら、龍馬のアメリカに関する知識は相当の水準に達していたことになる。江戸の知識人などよりも相当に上ということにもなろう。

龍馬が江戸にいた嘉永六年の八月末に、中浜万次郎は幕府に呼び寄せられて出府してくる。ペリーは六月にすでに立ち去っていたが、ペリー再来への準備のために急きょ呼び寄せられたのだ。万次郎はここでも、まず老中首座・阿部正弘から直接聴取を受けたあと、海防参与の徳川斉昭と側近の藤田東湖や外国奉行・川路聖謨（かわじとしあきら）らから次々に呼ばれて聴取を受け、江戸でもすっかり有名人になっていた。万次郎はときおり江戸の土佐藩邸にも顔を出していたので、この翌七年の五月まで江戸にいた龍馬も万次郎に接していた可能性もなくはない。

龍馬が江戸から嘉永六年九月二十三日付で兄権平に書いた「アメリカ沙汰」は、以上からして、単に江戸の「黒船」騒動を伝えるといったものではなく、龍馬自身と兄権平や父八平、さらには土佐の人々が持っていたアメリカに関する知識の上に立つものであったはずだ。土佐の人たちが持っていたアメリカについての知識は、この時期、江戸の一般の人たちのそれよりも、レベルの高いも

のであった。

ペリー艦隊は来年の再来航を告げて立ち去り、半年後の一月に今度は七隻でやって来て、一国の政府をねじ伏せて条約を結んで帰っていく。龍馬はその第二ラウンドも目の当たりにし、ねじ伏せられた側の人間として、龍馬も屈辱感を味わったであろうが、彼の場合は、それだけではなかったであろう。はるか海の向こうからやって来て、たった数隻の艦隊で、一国の政府を思うままに動かしたその力量に感嘆したに違いない。龍馬の艦船や航海さらには未知の海洋や世界への関心は、中浜万次郎の帰還によって触発され、二度にわたるペリー艦隊との出会いによっていっそう高まったと想像できる。

## 三　西郷の一途

西郷が江戸に来て書いた手紙でのこっている二通目は、先に見た嘉永七年七月二十九日付の叔父宛の次に、八月二日付で国元の親友・福島矢三太宛に書いた下記のものだ。この年は閏七月があったので、福島宛のものは叔父宛のものより一ヵ月余りあとに書いたものになる。手紙の内容は、叔父宛のものが元気溌剌としたものであったのに対して、一変して、悲嘆にくれるものになっている。

「(前略)さて、大変なことが到来し、誠に紅涙(血の涙)にまみれ、心気たえだえになり、悲憤の情お察しください。すでにお聞き及びのはずと思います。先々月晦日より太守様(斉彬公)がにわかにご病気になられ、ひと通りならぬお煩いで、大小便さえお床のなかでされ、ほとんどお寝にもなられず、先年のお煩いのようになる模様で、しごく（周りの方が）お世話をされています。若殿（斉彬の世子・虎寿丸）さまは去る二十三日、…、ついにご逝去遊ばされ、我々は翌朝に承ったぐらいで、残念いかんとも申し上げようもありません。思えば思えば、頭の髪が冠を突くようです。

太守様も、しごくお気張りの様子と聞いていますが、この上、お煩い重ねられては、誠に闇の世の中になってしまうことで、ただ身の置き所さえわからないような次第です。ただ今、致し方なく目黒の不動へ参詣し、命に替えて祈願をこらし、昼夜祈っております。

つらつら思慮しますのに、いずれなりと奸女を倒すほかは望みないときと伺っています。ご存知の通り、身命なき下拙でありますれば、死することは塵埃のごとくで、明日を頼まぬことですので、いずれなり、死の妙所を得て天に飛揚致し、御国家（薩摩藩）の災難を除きたいと堪えかね、あれこれ考えている次第です。心中お察し下さい。

若殿さまのこと、手紙では実に申し述べがたく、筆より先に涙にくれ、詳しくは書けません。眼前に拝しているゆえ、なおさら忍びがたく、ただ今生きてあるうちの難儀さ、かえって生を怨む気持ちにもなり、憤怒にこがされています。」

悲しみや憤りをこれほどに熱烈に書ける人は少ないのではないか。ただ一途に、主君島津斉彬の重病と島津家世子の夭折を悲しんでいる。西郷がただひたすら、斉彬一家と島津家の安泰を願っているのがよくわかる。

それにしても、この手紙にしても、またこの前の叔父宛の手紙にしても、西郷の感情の容量がおよそ並ではないことがわかる。嬉しいにせよ、悲しいにせよ、その感激ぶりや落胆ぶりは、およそ尋常ではない。西郷はまさしく感情の人、それも激情型の人であったことがわかる。西郷については、しばしば泰然自若、沈着冷静、豪放磊落（らいらく）などが言われるが、それらはみな、後の修養や克己によって習得されたものであって、西郷はもとは、あるいは素性はむしろ、感情豊かで、喜怒哀楽の激しい人であったと見てよい。

上に出て来る「奸女」というのは、「お由羅騒動」で有名になった「お由羅」のことだ。西郷は「お由羅」が斉彬父子を呪い殺そうとしているという、かつての噂を信じ込んで「奸女を倒す」ためなら、「死することは塵埃（じんあい）のごとくで、…、死の妙所を得て…、御国家の災難を除きたい」と言う。

「お由羅騒動」というのは、このときからすると四、五年ほど前、西郷が二十二歳のころに、薩摩藩で起きたお家騒動のことである。それは、藩主・島津斉興（なりおき）の嫡男で世子・島津斉彬をかつぐ高崎五郎右衛門や近藤隆左衛門らの斉彬派が、斉彬の藩主襲封が早くから決まっているにもかかわらず、斉興の側室「お由羅」が生んだ子（斉彬の弟になる）の島津久光を藩主に擁立しようとする陰謀があるとして、その主謀者の家老・島津豊後（ぶんご）（久宝）らの誅殺（ちゅうさつ）を企てたところ、それが事前に発覚して、逆にその豊後らから高崎ら斉彬派が激しく制裁を受けた事件を言う。

高崎・近藤らは斉彬に累（るい）が及ぶのを避けるため、事件の発覚と同時に一斉に自決するが、それでも抗争は収まらず、その後も、島津家家臣を二分して、互いに血で血を洗う凄惨な事件に発展する。西郷らの仲間やさらに若い層でも、家族が斉彬派側に立っていたため、厳しい処罰を受ける者が続出する。高崎の遺児・高崎正風（左太郎）は十四歳で奄美大島に流され、大久保利通も父の利世が事件に連座して喜界島に流され、自身も長男のため免職になり、一家の生活は困窮をきわめる。

西郷は、父の九郎隆盛が事件のために切腹した日置島津家の赤山靭負（後に西郷の盟友になる桂久武の兄）の家の用人を務めていた関係で、西郷自身も赤山をよく知っていて、その切腹に強い感化を受けたとされる。以来西郷は、斉彬派を粛清した家老・島津豊後らを激しく怨み、また、「お由羅」についても上のように「奸女を倒すほかは望みない」とまでに思い詰めるようになる。

江戸に来て二年余りたった安政三年の四月からは、西郷も庭方役としていよいよ島津斉彬のそばに仕えて、主君から直接に指示を受けるようになる。このころ、西郷は水戸藩の筋から将軍継嗣擁立問題で相談を受けたようだ。この擁立問題というのは、世まさに内憂外患の折、将軍・徳川家定に発話等身体上で支障があり、実子をのこすこともできないとされていたため、そのあとつぎ（継嗣）を決めておこうとして起きた政争を言う。ちょうど同時期に日米通商条約の勅許問題も起きていたため、それが絡んで、この継嗣擁立問題は朝廷を巻き込んで中央政局を揺るがす大事件に発展する。

水戸藩前藩主の徳川斉昭と徳川家・家門筆頭の越前福井藩主・松平春嶽（慶永）らに島津斉彬・山内容堂らの外様大名を加えた「一橋派」が、斉昭の実子で一橋家当主になっている徳川慶喜を擁立したのに対して、彦根藩主井伊直弼（なおすけ）ら幕閣と譜代大名から成る「南紀派」が、血筋の正当性から、家定の従弟に当たる紀州藩主の徳川慶福（よしとみ）を擁立して対立したのである。西郷はこの擁立運動に早くからかかわることになり、五月四日に国元の大山正円（綱良）宛に送った手紙で次のように書いている。大山は西郷より二歳年長で先に江戸詰めになって活動していたが、このころは国元の鹿児島に戻っていた。

「（徳川斉昭公周辺で極秘に）一橋侯（慶喜）を西上（西の丸）へ引き上げられる（将軍継嗣にする）ことに決し、福山公（老中・阿部正弘）もよくよくご理解になり、君公（斉彬）にひたすらお願いする訳です。このことを初めて言上した時は、実に難題になり確答はなさいませんでした。いよいよご許容なさらないとなると、ただ安然としてはおられず、両田の恩義を親しく受けており、こんな時に寸分なりと報いたく、もしも再三諫争（かんそう）（争ってでもいさめ）申し上げ、なお、お聞き入れられないときは、水戸へ顔向けもできず、とんとそれまでのことと、思いあぐねていました。…。

ところが、思いのほか君公の思し召しよろしく、深くお汲み取り遊ばされ、ありがたい次第で、天にも昇る心地がしました。天下のため、また我が御国家（薩摩）の難事もいたしやすく、かつ、水戸をお救い下さるにはこれより良策はありません。幕府の一改革もできるでしょうし、神州を扶持（ふち）する（助ける）道、これをもってほかにないことです。」

この手紙で西郷は、水戸の筋から、慶喜擁立で斉彬の協力が得られるようにしてほしいと頼まれ、斉彬に話をしたと書いているが、実際には、そのような順序で事が進んでいたわけではない。斉彬は以前に松平春嶽から慶喜擁立の相談を受けており、その件は十分に承知していた。しかし、斉彬は多分、そのことはおくびにも出さずに西郷の話を聞いてやったのだろう。西郷の説得ぶりに、ひそかに目を細めていたのかもしれない。

上で「両田」とあるのは、前年安政二年十月に江戸を襲った大地震(「安政の大地震」)で圧死した藤田東湖と戸田忠大夫(ちゅうだゆう)のことで、西郷はその二人から生前に受けた恩義に報いようと必死になっている。斉彬への説得の結果は、「思いのほか君公の思し召しよろしく」、「天にも昇る心地が」したと伝えている。また西郷は、慶喜を将軍継嗣にすることができれば、「天下のため」、「我が御国家の難事もいたしやすくなり」、かつ、水戸家を救い、幕府の改革もでき、「神州を扶持する道」にもなると、すべてうまく行くかのように書いている。

しかし、これは、西郷自身が慶喜の人物性や力量などを知って書いたものではない。慶喜はこのときまだ十九歳であったし、西郷は話したこともなかったはずだ。斉彬でさえ、慶喜に会ったのはこのあと、鹿児島へ帰国する直前が初めてで、斉彬はそのときの印象を春嶽に、継嗣にしたい人物ではあるが、「ご慢心のところを折角ならお慎み」になるよう話されてはいかがかと、忠告の言葉を書き送っている。慶喜のいかにも自信たっぷりのところが、鼻に付いたようだ。

西郷はこの三ヵ月後の八月五日にも大山に、水戸藩が起こしている内紛や幕府との紛糾の件で、自分が斉彬の使者として水戸藩邸に行ったことを次のように書いている。

「先月（七月）九日君公（斉彬）から密かにお呼びがあって、水戸老公（斉昭）へお手紙をもってご進言されるとのことで、その際、手紙では言えないことを（斉昭側近の家老）安島（帯刀）に申し伝えるようにとのことでした。それは、老公へのご諫言（いさめる言葉）の趣のあることで、はなはだ私の身に余り恐れ入ることでした。

水戸藩は誠に難しいことになり、苦心とはこのことです。武田（耕雲斎）にも会って申し入れたところ落涙に及び、私としても感服しました。君公（斉彬）ある限りは水戸も闇にはならないだろうと、忠心より発したもので、これもひとえに、君公がお尽くし遊ばされるからのことであって、実にありがたき幸せなことです。

どうして私ごとき者に、このように水戸の人傑が腑腸（腹の底）を打ち明けたりするものでしょうか。実に、君徳（斉彬公の功徳）のしからしめるところで、恐れ入っています。」

西郷は、斉彬の斉昭公への諫言の趣旨を家老の安島帯刀に口頭で伝えるとともに、武田耕雲斎にも会って伝えたところ、武田が水戸の苦境を話した上で、斉彬公がおられる限りは「水戸も闇にはならないだろうと」、「落涙に及」んだのに「感服」し、「私のような者に、このように水戸の人傑が腑腸を打ち明けたりする」のは、ただひとえに斉彬公の「君徳」のおかげだと伝えている。西郷は自分を拾い上げてくれた斉彬への思いがことのほか強く、常にその鴻恩に報いたいという気持ちでいっぱいなのだ。その思いは、斉彬がこのあと安政五年七月に死んだ後も、斉彬に仕えた矜持を胸に生涯消えることはない。

安政三年十二月に国元の薩摩藩庁に勤める妹婿の市来正之丞に送った手紙では、

「さて、君公ますますご機嫌よく遊ばされ、恐悦なことに存じています。おとよ（側室）孕まれたことは蓑田（伝兵衛、江戸詰めの家老座書役）より細事を伝えることと思いますが、大慶この一挙にあります。駕籠かき（奸臣ども）のことは自然自滅を招くことと思います。（中略）神明宮に参詣し、私儀、死をもって男子がお誕生になるよう祈り、生涯不犯（女性と交わらない）の誓いを立てました。この上は、誠と不誠実とにかかわることになりますので、息ある限りは誠心を尽くしますべく、私の命も延びてもあと両三年かと考えており、そのうちに若君がお生まれになるのを拝見したいこと山々です。」

と書いている。

世子であった虎寿丸は先年亡くなったが、斉彬に新たに子が生まれるのを喜び、「宮に参詣し、私儀、死をもって男子がお誕生になるよう祈り、生涯不犯の誓いを立て」たと言う。今日の感覚からすれば、主君に男子が誕生することと、西郷の「生涯不犯の誓い」などとはそれほど関係があるとは思えないが、西郷自身は大まじめである。

この手紙でもまた、「駕籠かき」のことが出て来る。それは、国元の島津豊後一派を指す。「私の命も延びてもあと両三年」と書いているのは、西郷自身がその一派の成敗を考えているからであり、また、斉彬の命を受けている慶喜将軍継嗣擁立の任務遂行があるからでもある。

この「私の命も延びてもあと両三年」という言い方は、西郷の生き方をよく物語っている。先の福島宛の手紙でも、「身命なき下拙でありますれば、死することは塵埃のごとくで、明日を頼まぬことです」と書き、また、虎寿丸の夭折の際には「眼前に拝しているゆえ、なおさら忍びがたく、ただ今生きてあるうちの難儀さ、返って生を怨む気持ちにもなり」とも書いている。

先々（さきざき）長く生きることよりも、いかに主君や「御国家」のために尽くすかを考え、常に死を眼前に置いて生きる生き方である。また、「私の命も延びてもあと両三年」といった思いを常々持ち合わせているために、西郷はいきおい、あまり先々のことを考えたり構想したりすることをしない性質（たち）にもなっている。

注

1 龍馬は天保六年十一月十五日生まれで、西暦に換算すると一八三六年一月三日生まれになる。西郷は文政十年十二月七日生まれで、西暦では一八二八年一月二十三日生まれになる。龍馬の生誕年の天保六年は一般に西暦では一八三五年とされ、また西郷のそれの文政十年は一般に西暦一八二七年とされる。それらのため、龍馬、西郷ともに、諸書でそれぞれの活動時の年齢が、実年齢と一歳から二歳ずれて書かれることが少なくない。たとえば、龍馬が初めて江戸に出たときの年齢は、多くの書で十九歳になっているが、満年齢で正確に記すと十七歳三ヵ月になる。本書では、二人については、その時々の満年齢で表記し、他の登場人物についても原則同様とする。

2 この有名な狂歌は近年、著名な歴史学者が当時につくられたものではなく、明治に入ってから創作されたものと新説を唱え、そのために一時、教科書から消えてもいたそうだ。しかし最近また、やはり当時に実際に詠まれていたという証拠が見付かって、元にもどったそうである。

3 この手紙について、一坂太郎氏は近著『坂本龍馬と高杉晋作』(二〇二〇)で、原本が確認されておらず、その「真贋」については、「偽筆と決めつけるわけではない」ものの、「疑問符を付けざるをえない」とされている(二四―二五頁)。なお、本書で使っている史料については、すべて凡例等に示した活字化された史料集等を原本にしており、書簡等の原典に戻っての史料批判等は行っていない。ここで、ことわっておく。

4 信濃教育会『象山全集』下巻、五〇〇―五〇三頁。

5 山田一郎『坂本龍馬―隠された肖像―』新潮社、一九八七年、第三部等、参照。

6 川澄哲夫編『中浜万次郎集成』小学館、二〇〇一年、四二五頁。

# 第二章　流転

## 一　龍馬の夢

龍馬は一年一ヵ月ほど江戸にいて、嘉永七年（安政元年）の六月二十三日に高知に帰着する。龍馬は帰国後、河田小龍を訪ねている。小龍は七十歳になるころ、明治二十年代に、かつての自分の門下生で後に活躍した近藤長次郎・長岡謙吉・新宮馬之助それに坂本龍馬らを回想して『藤陰略話』という冊子をのこしている。そのなかで、龍馬が自分のところにやってきたときのことを次のように書いている。[1]

「嘉永六年九月か十月の際、坂本龍馬が小龍の茅廬（拙宅）に来て突然に時態のことについて君の意見を聞きたいと言う。小龍大に笑って、我は隠人にして、…、何ぞ一説などあろうかと言うと、坂本肯かず。…。

止むを得ず、賊説（自説）を畧説した。その説は、近来外人が来航して、攘夷、開港諸説紛々。…。愚存では攘夷はとてもできない。仮に開港となっても、攘夷の備えはないといけない。…。すでに諸藩が使ってきた勢騎船（関船、軍船）などは児童の戯れにも足らないものなり。…。外国の航海に熟した大艦を迎えたとき、何をもって鎖国の手段を為すことができようか。その危うきことは論を待つまでもない。」

回想録にありがちなことだが、冒頭にある「嘉永六年九月か十月」は間違いである。龍馬はこの時期は江戸にいて、高知で小龍に会うことはできない。「近来外人が来航して、攘夷、開港諸説紛々」とあることからして、おそらくはペリー来航後で、龍馬が帰国した嘉永七年のことであろう。しかしまた、嘉永七年の「九月か十月」とすれば、この時期は小龍が藩命を受けて、薩摩藩の反射炉（鉄の精錬施設）や蒸気船建造の先進技術研修の視察団に加わって鹿児島へ行っていたとき（八月中旬出発、十一月初旬に帰国）に当たり、高知にはいないので「九月か十月」でもない。

したがって、「龍馬が小龍の茅廬に来」たという時期ははっきりしないが、「対面は数度に及び（下記引用部）」としていることからして、とりあえず龍馬帰国した七年の六月下旬以降ということにしておく。

小龍の話は続いて、龍馬との対話に移り、

「（藩政府などに頼らず）ひそかに一の商業を起こし、利・不利は格別、せいぜい金融を自在にして何とかして一艘の外国船を買い求め、同志の者を募り、これに搭乗させて東西往来の旅客、官私の荷物等を運搬し、それをもって商用として船中の人件費を賄い、海上を練習すれば航海の一端を心得ることにもなるだろう。…。

我が思うところを語れば、坂本手を拍して喜ぶ。…。今やそのときなり。君（小龍）の言うこと我（龍馬）すべて意に同じ。君の志どうして成さないでいられようか。互いに尽力すべしと堅く盟契して別れる。

そしてまた（龍馬が）来て言うのには、船や器械は金策すれば得られるだろうが、それらを使うに適した同士がいなければどうにもならない。我（龍馬）甚だこのことに苦しんでいる。何か工夫はないかと言うので、小龍が伝えるには、従来、俸禄に満足している人は志がない。下等人民、秀才の人にして志あれども業に就くべき資力なくて、手を拱いて慨嘆する者少なからず。それらを用いるつもりなら、多少の人員もいると言えば、坂本も承諾し、…。対面は数度に及び、君（小龍）は内に居て人を造り、僕（龍馬）は外に在りて船を得るべしとしてあい別れた。」

と言う。

山田一郎氏は上のような小龍の論をもって小龍の「通商航海策」とされているが、[2] これからすると、龍馬は第一回江戸遊学後のこの時期、すなわち第二回江戸遊学以前に、高知ですでにこういった策を小龍と共有していたことになる。

小龍は土佐の「御水師」（藩主の船に乗り込む水主の敬称）の長子に生まれ、航海や水運を生業にする家で成長し、後に吉田東洋に見いだされて、京都に出て狩野家九代目・狩野永岳に学んで絵師となり、また、長崎に遊学して蘭語を学んだりもしたようだ。高知に戻ってからは「墨雲洞」を開いて絵と学問を教え、また、藩命を受けて先に見た『漂巽紀畧』を編んだり、また鹿児島視察団に加わったりもしている。

この小龍を重用した吉田東洋も、安政二年から四年にかけて高知の郊外で私塾「少林塾」を開いていたことがあり、これには、後藤象二郎・福岡孝弟(たかちか)・神山佐多衛(さたえ)ら「上士」たちや、「土佐の三奇童」と呼ばれた俊才の間崎哲馬、それに、身分は低かったが岩崎弥太郎が通っている。山手の東洋の「少林塾」に、下町の小龍の「墨雲洞」とでもいったところだ。もっとも、そこで講じられた内容は、師匠同士が師弟関係にあり、どちらも同じく開明的で、海防や海運・通商などの講話に及ぶものであった。上で名前を挙げた「少林塾」の門生たちはみな、後に龍馬が親しくなる面々だ。

坂本家は代々家老職を務める福岡家の当主・福岡宮内(くない)(孝茂)の預かり郷士で、その宮内は吉田東洋の常に最も強力な支援者であった。坂本家の本家に当たる商家・才谷家は福岡家に経済的支援をし、その代わりに藩の保護を受けるという持ちつ持たれつの関係にあった。龍馬はそれらの関係を通じて吉田東洋の活動や思想にも触れていたと思われる。

吉田東洋は海防の重要性を説き、「海軍」の充実や航海術の訓練にも力を入れていた。文久元年(一八六一)九月に山内容堂に提出した建言書では、

「来秋ごろには蒸気船をお買入れになり、水夫のほか有志の者も二、三十人乗せて江戸へ遣わされ、万次郎の如き者および公辺の海防掛の人にお頼みになり、右船にて調練されますれば、一年に及ばず近国の航海ができるようになりましょう。そのとき軍艦をお買入れになり、またまた、かくのごとく両三艘にもなれば、南洋にある無人島六、七も手に入れられて、交易差し許し、…。」

などと建言している。平尾道雄氏は著書『吉田東洋』(一九八九)で、東洋のこのような考えを

「航海遠略の策」と呼んでいる。確かに、同じころ長州の長井雅樂が唱えていた「航海遠略策」と同類である。

土佐では、早くから東洋に見られる開明的で合理的な思想が指導層のもとで根付くとともに、優れた啓蒙家でもあった彼や小龍らを通じて、それが広く土佐の人々にも及んでいた。上の建言書にある「軍艦をお買入れになり、…、南洋にある無人島六、七も手に入れられて、交易差し許し」云々のところなどは、まさしく龍馬が終生、自身の夢にしていた「海軍」の活動そのものだ。龍馬は高知に育って、早くから小龍や吉田東洋の所論に感化を受けていたと見てまず間違いない。

龍馬は二年二ヵ月ほど郷里で過ごし、再び自費遊学で安政三年八月二十日に江戸に向けて旅立つ。一般の郷士身分の者にはできることではない。やはり、龍馬が裕福な家の次男坊で、かつ、坂本家が家老職を務める福岡宮内家の保護を受けていたからこそ、できたことであろう。今回の江戸行きも前回同様に名目は剣術修行のためであるが、今回はそれだけが目的であったとは思えない。小龍の回顧談を信用すれば、彼と話し合ったことを実現するためでもあっただろう。

同時期、武市瑞山（半平太）もやはり剣術修行の許可を得て、龍馬より一足先に高知を立っている。武市も郷士出身であるが、文武両道に優れ、龍馬より六歳年長で遠戚になる。二人は築地にある土佐藩の中屋敷の一房で、やはり同郷の郷士・大石弥太郎（武市と同年）とともに三人で同居している。[3] 大石は龍馬より早くに佐久間象山の砲術門をたたき、また短期間ながら、勝海舟の門下に入ったこともある人物で、龍馬はその後の活動から見て、この大石から武市以上に影響を受けたと思われる。

しかし、龍馬のこの二度目の江戸遊学については、手紙も江戸に着いたときのものと、江戸を離れる直前のものの二通しかのこっておらず、史料が少なくて語ることが難しい。諸書でも、この二年近くもの江戸遊学中で語られることと言えば、安政五年正月に千葉道場から「北辰一刀流長刀兵法目録」を授かったことと、武市といっしょに親戚筋の山本琢磨を窃盗事件から救ってやったことぐらいだ。

しかし、二年近くものあいだ、龍馬がただ剣術修行だけをやっていたとは思えない。先の河田小龍との話し合いからしても、また、第一回目の両度にわたるペリー艦隊来航の経験、それに、佐久間象山の砲術塾に入門したものの、それが短期間で不本意な形に終わったことなどからして、砲術や航海術それに蘭学・洋学といったものも学びたかったに違いない。

想像するほかはないが、龍馬はまずは、象山の弟子の勝海舟に会いたかったのではないか。しかしこのとき、勝は安政二年十月から安政六年一月のあいだ長崎で、幕府が創設した海軍伝習所に入りオランダ人指導官から海軍の訓練を受けていた。勝に出会うのは、もう少し後のことになる。

このころ江戸にいた中浜万次郎に会おうとしたとも想像できる。小龍あたりから紹介状をもらっておれば、会うのはそう難しいことではなかったはずだ。万次郎はこのころ、江川太郎左衛門のもとで洋式船の建造や軍艦教授所の教官等をして、安政六年までほぼ江戸にいた。しかし、龍馬と万次郎が出会ったことを示す史料は、今のところ見付かっていない。万次郎はこのあと安政七年（万延元年）には、勝海舟が艦長を務める咸臨丸に乗り組んで、江戸―サンフランシスコ間の太平洋横断の往復航海で海舟を助けている。

いずれにしても、龍馬が満二十歳から二十二歳のあいだの二回目の江戸遊学は、その後の龍馬にとって、きわめて重要な意味を持つものであったはずだ。しかし、残念ながら、このときの様子はほとんど何もわからない。龍馬は安政五年八月に江戸をたって帰国の途に就く。このころには、次節で見るように、西郷が京都から大急ぎで江戸に入り、継いで、朝廷から出た「戊午(ぼご)の密勅」が江戸に届く。政情は緊迫の度合いを増し、やがて「安政の大獄」の嵐が吹き荒れる。

## 二　西郷の迷走

西郷は出府して三年余り江戸にいて、安政四年四月三日に島津斉彬の帰国に随従して江戸をたつ。一行は帰路、京都・大坂・熊本などに立ち寄るが、その間、西郷は京都では近衛家の忠熙(ただひろ)・忠房(ただふさ)父子や近衛家出入りの清水寺成就院の僧・月照(げっしょう)に面会し、また、漢詩人の梁川星巌(やながわせいがん)、頼山陽の息子で儒学者の頼三樹三郎(らいみきさぶろう)らにも会う。さらに、大坂では大坂城代の土浦藩主・土屋寅直(とらなお)の側近・大久保要(かなめ)らと会い、熊本では熊本藩重臣の津田山三郎、長岡監物(けんもつ)（是容）らと江戸で会って以来の旧交を温める。

鹿児島には五月二十四日に帰着するが、西郷にとっては三年四ヵ月ぶりの帰国になる。出て行ったときは参勤交代の随員の一人に過ぎなかったが、帰藩のときには藩主の近侍(きんじ)になって帰って来たのだから、錦を飾る帰郷である。一族挙げての歓迎を受けたに違いない。

しかし、帰藩後一ヵ月ほどの六月下旬に、江戸から老中・阿部正弘病没の訃報が届き一同を驚かせる。斉彬と親交が深かった幕府の実力者阿部の死去は薩摩藩にとっても大きな痛手であった。斉彬は阿部の死去による中央政局の成り行き、なかんずく将軍継嗣問題の先行きを心配して、再び西郷を江戸に送ることにする。西郷は安政四年十一月一日に鹿児島を立つが、このとき、熊本まで大久保正助（利通）を連れて行く。西郷と大久保とは年齢では二歳半ほど西郷が年長だが、大久保は同世代の同志のなかでも、嘉永朋党事件の影響を父子ともに受けていたこともあって、他の仲間が江戸や京都に出て活躍していたのにくらべて、その機会に恵まれていなかった。おそらく、そういうこともあって、このとき西郷が連れ出したのだろう。熊本で肥後熊本藩重臣の長岡監物らに会わせている。

西郷は熊本で長岡から徳川御三家の尾張藩家老・田宮如雲への紹介状をもらい、また、越前福井藩（以下、越前藩）主・松平春嶽の側近・橋本左内宛ての手紙も託されて、途中福岡と下関に立ち寄り、そこから海路をとって安政四年の十二月六日に江戸に着く。西郷は左内とは藤田東湖が安政二年十月の大地震で死んだ直後に江戸で知り合い、六歳年少の若きこの俊才から、開国論や公議政体論などの開明的な思想の教示を受ける。

江戸に着いた翌々日の八日に、西郷はさっそく越前藩の江戸藩邸に左内を訪ねて、斉彬の春嶽宛の手紙や長岡の左内宛の手紙を手渡す。斉彬の春嶽宛の手紙には、

「吉兵衛（西郷）を遣わしましたので、ご家臣と思召（おぼしめ）して心置きなく召し使われたい。」[4]

と書かれていた。

以後、西郷と左内は一体のごとくになって慶喜の将軍継嗣擁立運動に邁進する。しかし、老中阿

部正弘の死は幕府の勢力地図をいっきに塗り替え、将軍継嗣問題でも情勢は徳川慶福を推す「南紀派」に有利に動き、彦根藩主井伊直弼が安政五年四月二十三日に大老に就いたころには、その「南紀派」が徳川斉昭・松平春嶽・島津斉彬らの「一橋派」をほぼ抑え込む形勢になっていた。

そのようななか、西郷は改めて斉彬の指示を仰ぐことにし、急きょ江戸をたって六月初旬に鹿児島に帰着する。斉彬から新たな指示と松平春嶽ら宛の書状を受けて、再び江戸に向けて六月十八日に鹿児島をたつが、七月七日に大坂に着いたところで、幕府が勅許を受けないまま日米修好通商条約に調印したこと、併せて慶福の将軍継嗣決定を発表したことを聞き、慶喜将軍継嗣擁立運動で完全に敗北したことを知る。

さらに、西郷は京都にのぼったところで、幕府が七月五日に一橋派有力大名に対して一斉に処分を下したことを聞く。前水戸藩主徳川斉昭を蟄居謹慎、尾張藩主徳川慶恕（慶勝）と越前藩主松平春嶽を隠居謹慎、水戸藩主徳川慶篤と一橋家の徳川慶喜を登城停止、に処すものであった。有力諸侯へのこの厳しい処分は、本来、徳川宗家の専決事項である将軍継嗣問題に局外の者が首を突っ込み、あまつさえ朝廷を動かして慶喜擁立を謀ろうとしたことに対し、幕府が強い不快感を示すものであった。

西郷はこのあと京都で七月二十七日に、今度は鹿児島から、さらに衝撃的なニュースを受ける。主君島津斉彬が七月十六日に急死したというのである。西郷にすれば、つい一ヵ月ほど前に斉彬に会って新たな指示を受けたばかりであった。西郷は直ちに鹿児島に帰ると周りに告げたようだ。帰国して殉死するつもりであったと言われるが、まずはその前に、自身で斉彬の死因を確かめたかったのではないか。西郷の脳裏には、国元の「奸物」の仕業（しわざ）や「奸女」の呪詛が浮かんだに違いない。

しかし結局は、月照らが西郷に斉彬の遺志を継いで活動を続けるべきことを熱心に説いて、西郷は帰国を思いとどまる。また実際、このとき西郷のまわりで起きていたことは、西郷がその場を去って鹿児島に帰ってしまうことを許すものではなかった。西郷はこの直後の八月二日に急きょ、月照を通じて左大臣近衛忠熙から「密書」を授かり、それを江戸の水戸と尾張の各藩邸に届けるために京都をたつ。

しかし、西郷が江戸に着いたときには、両藩邸周辺はすでに、幕府が上記処分と同時に取った厳戒態勢のために、部外の者が近づけるような状態ではなかった。西郷は仕方なく、預かってきた「密書」を返却することにし、急きょ有村俊斎を京都に向かわせる。そのとき、西郷は月照宛に八月十一日付で「密書」返却の事情を書き、その最後に、

「右のようなことで、返す返すも恐れ入る次第ですが、実に致し方のないことで、ご存じの通り、（私は）船を失い、ただ孤島にたたずんでいるようなことでいかんともしがたく、かようなことに至り、なおさら残恨千万のことにございます。」

と書いている。

「船を失い」というのは主君斉彬を失ったことを言う。西郷は斉彬を失ってすっかり打ちのめされている。実際このあと西郷は、羅針盤をなくした船のような有り様になる。安政五年（一八五八）七月、斉彬の死は西郷にとって、人生を画する運命の転換点となる。斉彬の行列に加わって江戸に出てから五年、西郷満三〇歳のときであった。

西郷が「密書」を携えて江戸に着いたころ、朝廷から八月八日に水戸藩に宛てて「戊午（安政五年の干支）の密勅」が降下される。おそらく、西郷が預かった「密書」と「戊午の密勅」はほぼ同じ内容であっただろう。どちらも、左大臣近衛忠熙らが、譲位を口にする孝明天皇の意向を汲んで発したものであった。「密勅」は朝廷から水戸藩京都留守居の鵜飼吉左衛門に手渡され、鵜飼はそれを息子の幸吉と日下部伊三治に江戸に運ばせ、ふたりは首尾よく八月十六日夜に小石川の水戸藩邸に到着する。

ここに名の出る日下部は、元薩摩藩士・海江田連を父として水戸で生まれ、徳川斉昭に仕えていたが、その後、安政二年に島津斉彬の計らいで薩摩藩士に復帰し、水戸と薩摩の両藩に通じる志士として活躍していた。日下部は西郷より一回り以上年配で、西郷もこの日下部には一目置いていたようだ。安政二年六月に国元の大山正円に送った手紙で日下部のことを、

「先日は日下部伊三次を（斉彬公が）お召し抱えになり、誠にありがたく大いに力を得て、かれこれ教示を受けています。水戸に罷りおられたころには決死の儀四度、幕府に捕われに就かんとすること五度、かく大難に処しおり人物にて、…。」

などと書いて、その豪傑ぶりを伝えている。

「戊午の密勅」の中身は、徳川御三家の水戸藩に対して、条約調印に携わった幕吏たちの責任を問い、徳川宗家を「扶助」して国内を整え「外夷へ侮り」を受けないよう周旋せよと命じるものであった。また、その添書では、その勅諚の「御趣意」を徳川一門さらに列藩一同にも伝達するように命じていた。

しかし、幕府にとって、朝廷がこういった政治向きの勅命を幕府の頭越しに出すことは看過しがたいことであった。朝廷から大政委任を受けて、幕藩体制を敷いている幕府にすれば、全国の諸大名・諸藩に示しがつかず、まさしく沽券（こけん）にかかわる大問題であったからだ。それに、このようなことを許しておくと、朝廷や公家たちがますます政治づいて、ただでさえ尊王攘夷で勢いづいている朝廷や京都の地が反幕活動の温床になりかねない。

とりわけ大老井伊直弼は、この「戊午の密勅」を幕府の屋台骨を揺るがす由々しき大問題と捉え、次々に強硬な措置を取る。安政五年九月初旬に京都で摘発が始まり、元・小浜藩士の梅田雲浜（うんぴん）が捕（つか）まり、梁川星巌（やながわせいがん）の自宅からは多数の証拠書類が押収され、それらを皮切りに、京都で鵜飼吉左衛門・幸吉父子が九月十八日に、鷹司家諸太夫（しょだいぶ）の小林良典（よしすけ）が九月二十二日にそれぞれ捕縛され、江戸では日下部伊三治らがほぼ同時期に捕縛されて、以後、一年以上にわたって「安政の大獄」の嵐が吹き荒れる。

西郷は江戸で、在府の同藩の有馬新七・堀仲左衛門や他藩の同志らと会合を重ねていたが、「戊午の密勅」が水戸藩に届いたこと、また同時に水戸藩が、その「密勅」が幕府を通さず朝廷から直接に届いたことで困惑し内紛を起こしているのを知り、ともかくいったん京都に戻ることにする。西郷は八月三十日に、続いて有馬も九月七日に着京して、二人は在京の伊地知正治・有村俊斎らと、大老井伊や老中間部詮勝（まなべあきかつ）がさらに暴挙に及んだ場合は、東西で同時に義挙することを決め、その計画を練る。

有馬はその計画を江戸側に伝えるため九月十日に京都をたち再度江戸に向かうが、このころには、すでに西郷の周辺にも捕吏の手が伸び始めていた。西郷は同日、近衛家から月照の身柄の保護を頼まれ、その日の深夜に有村俊斎とともに月照を大坂に移し、自身はまた京都に引き返す。風雲急を告げるなか、西郷は九月十三日に捕縛される直前の水戸藩京都留守居の鵜飼吉左衛門に会い、また、右大臣の鷹司輔熙に働きかけるために小林良典にも会っている。

十五日には大坂に行き、江戸から帰国途中の前々藩主・島津斉興（斉彬の父）に面会し、斉興が帯同している兵の一部を禁裏の警護に当てるよう願い出る。この嘆願は、先に西郷が江戸から月照に送った手紙で、左大臣・近衛忠熙から斉興に申し入れてもらうように頼んでおいたもので、西郷自身も斉興に願い出て、何とか五十余名ほどの兵を残してもらうことになる。西郷はこの兵を計画中の義挙に使うつもりであった。そのことは、このとき江戸にいた日下部と堀の両名宛に送った九月十七日付の次の手紙で読み取ることができる。

「老公（斉興）の件は実に苦心しました。…。今ひとつと振り切って仕掛けましたところ、老公お聞き取りになって、ご英断なされ、江戸表を出立した守衛人数を大坂お屋敷へ備えられることになり、…。あす間閣（老中の間部）が京都到着予定で、もしや暴発すればすぐさま義兵を挙げるべく、大坂の土屋（大坂城代・土屋寅直）の兵が応じ、尾張も同様になるだろうと考えています。

間・若（老中の間部と京都所司代の酒井若狭守忠義）等の兵は軟弱ゆえに打ち破って、彦城（井伊家の彦根城）を乗り落とすようにしますので、その節は関東で兵を合わせ打ち崩すように、お責め下さるよう頼みます。
一、関東の模様、有馬新七が着府の上は、かならず（義挙の方向に）変わるでしょうから、なにとぞ雷発の向きになれば、早々お知らせくださいますよう。（後略）」

ここで西郷が、老中の間部（まなべ）が明日京都に入るが、「もしや暴発すればすぐさま義兵を挙げる」と書いているのが、先に有馬らと相談して計画している義挙のことである。斉興が残していった兵を、そのために使うつもりのようだが、いきなりそんなことをしても、うまく行くとはとても思えない。斉興や藩首脳がそんなことを許すわけはないし、また、五十余名ほどの兵力では、幕府方に立ち向かえるはずがない。

自分たちが義挙すれば、西郷は、大坂にいる土浦藩の兵や尾張藩の兵が呼応してくれるだろうと書き、また、間部や京都所司代の兵は「軟弱ゆえに打ち破って、彦城を乗り落とす」などとも書いているが、いずれも自己中心の勝手な臆断だ。大坂にいる土浦藩兵や尾張藩兵と義挙の打ち合わせができていたとは思えない。事実このころ、土浦藩の藩主・土屋周辺にも「戊午の密勅」事件の嫌疑がかかり、土屋は十月七日に江戸参府を命じられ、同月十三日には藩兵全員を連れて大坂を引き上げている。また無論、老中間部や京都所司代の兵が「軟弱」ということはないし、大老井伊の国元の彦根城が簡単に「乗り落と」せるといったものでもない。義憤と激情に駆られた無謀な義挙計画というほかはない。

実際、この義挙計画がもし実行されていたなら、ほとんど自爆的な義挙に終わっていただろう。

さいわい義挙どころか、本人たちの身が危うくなって、西郷が江戸の日下部・堀両名宛に先の手紙を書いた翌々日の九月十九日には、西郷ら全員が京都を脱出したため、何とかそうはならずに済む。このころ、江戸では日下部が捕縛されていた。

また、もし脱出が少し遅れて捕まっていたなら、捕縛され拷問を受けて獄死した梅田雲浜や日下部、あるいは斬首の刑に処せられた鵜飼父子らと同じ運命をたどっていたであろう。やはり、斉彬を失った西郷は、羅針盤を失った船同様のあり様になっていた。

西郷らは大坂に寄って月照をひろい、九月二十四日に大坂を船で出て薩摩に向かう。下関で月照を有村俊斎に託し、西郷自身は月照の受け入れ準備のために鹿児島に急行する。月照は有村に連れられて筑前（福岡藩）に入り、尊王攘夷派の志士平野国臣らに付き添われて十一月八日に鹿児島に入る。西郷は国元での月照保護のために八方手を尽くすが、斉彬の死後、藩の様子は一変していて、ことごとくうまく行かない。藩庁は結局、近衛家から出ている月照保護の依頼を黙殺して、十一月十五日に月照の「東目筋送り」を決める。「東目筋送り」というのは薩摩の国境に連れて行って処分することを意味する。西郷にそんなことができるはずはなく、自分もいっしょに死ぬことを決め、翌十六日に月照とともに錦江湾で入水（投身自殺）を図る。

このとき、月照は死に西郷は息を吹き返すが、その西郷の処置については、家老・新納駿河が、薩摩藩主相続のために江戸に向かっている島津忠徳（久光の長子。茂久さらに忠義に改名）に供奉している家老首座の島津豊後に、

「御小姓組　西郷三助　右の者、入水いたした節、少々呼吸が通っていたので親類へ引き渡し養生させていたところ追々快気に向かい、…。存命の儀、公儀あたりに伝わっては誠に不容易、…、秘密の取り計らいをして、変名の上、島送りにして、いずれその節、表向きは溺死の筋にしてはいかがか。（後略）」[6]

と通知していることでわかる。

西郷自身、入水事件のことについては、後にほぼ同様の話をしているので、月照とともに投身したのは間違いない。西郷と同い年の薩摩藩士で、明治中期には帝国大学文科大学（後の東京帝国大学）の歴史学教授になった重野安繹が後にこの件について、奄美大島で西郷と再開して（ともに江戸詰めをしていたが、重野が先に流罪になっていた）聞いたこととして、

「『和尚をひとり死なして、自分ひとり死に損ない生きているのは残念至極だ。武士の剣戟を用いずに、身を投げるなどということは、女子のしそうなことで、まことに天下の人に対しても言い訳が付かない。ただ、和尚は法体（仏門の身）のことであれば、剣戟を用いずして死んだ方がよろしかろうという考えで、投身したけれども、いっそ死ぬのなら、…。』と言うて、歯をかみ涙を流して拙者に話した。

南洲（西郷）はこのことあってより後は、自分が死に損なって、和尚が気の毒であるという考えが脳髄に留まっていて、始終死に急ぐ心持があったものと思われる。そのことは後に追々、考え当たることがある。」[7]

と語っている。

西郷は入水自殺を図ったことについては、月照が法体であったためだと弁明したようだ。また重野は、西郷にはこれ以後「始終死に急ぐ心持があったものと思われる。そのことは後に追々、考え当たることがある」とも述べている。

西郷は死に損なって一ヵ月余りたったころ、十二月十九日付で肥後熊本藩家老・長岡監物に送った手紙で次のように書いている。

「(京都からの帰国途中)拝謁いただいた節はご懇志の段、ありがたく感佩(かんぱい)(感じ入り)致しました。こちらに着いてからはいろいろ混雑に取り紛れ書状も差上げず、はなはだ不敬の至り、ご海恕下さい。したがって、私事、土中の死骨にて、忍ぶべからず儀を忍んでまかりおる次第を、はや、お聞き届け下さったことでしょう。天地に恥ずかしき儀にございますが、今さらにまかり成っては、皇国のために暫(しばら)く生を貪(むさぼ)りおることにございます。ご笑殺下さい。」

死に損なった自分のことを「土中の死骨」と呼び、「天地に恥ずかしき儀」ながらこのようなことになったからには、今しばらく「皇国」のために「生を貪りおる」つもりだと伝えている。

この手紙はさらに次のように続く。

「さて、同藩の堀仲左衛門と申す者がこの節帰って参り、関東の事情を承り、誠に越侯(前越前藩主松平春嶽)のご忠誠、感服奉ります。ついては弊国(薩摩藩)の義、いかにも残念の至りですが、すべて瓦解して、とても人数など差し出す情勢にはなく、同志の者どもが申し合わせ突出するほかなく決心しております。仲左衛門はまたまた出足しますので、なにとぞ、お会い下されたく合掌奉ります。詳しいことは彼から直接聞いていただきたく、省略させていただきます。
越藩橋本（左内）も捕らわれた由ですが、このたびの儀にとっては、決して崩れることはないとも申し来ております。いずれこの機会を失っては、実に本朝はこれ限りと考えております。仰ぎ願わくは、天下のためにご腹蔵なく堀に仰せ付けられたく、これのみ祈り奉ります。」

堀は有馬新七の『都日記』によると、十月十三日に江戸を出て京都に向かっている。その後のことはわからないが、ともかく無事に帰藩して江戸情報を伝えたようだ。西郷らは堀から、越前侯・松平春嶽が意を決し朝廷守護と幕政改革のために義挙すると聞き、それを西郷は長岡に「越侯のご忠誠、感服奉ります」と伝えている。

一方それに比べて、薩摩藩の方は「すべて瓦解して、とても人数など差し出す情勢には」ないとし、それでも自分たちとしては、越前侯義挙の機に合わせて、同志の者だけでも「突出」する決心であると長岡に伝え、堀に会ってくれるように頼んでいる。この「突出」というのは、藩の命令や意志に背（そむ）いてでも断固行動を起こすことを意味し、多くの場合、藩に迷惑をかけないように脱藩して義挙することを指す。

しかし、西郷が「誠に越侯のご忠誠、感服奉ります」と言う春嶽の義挙は、実際には、反幕派の志士たちにあいだに広まった希望的観測による風聞に過ぎなかった。幕府から隠居謹慎の処分を受

けた春嶽は、その通達があった安政五年七月五日の翌六日には家臣一同に対して、

「親藩家門の身として将軍家のためを考えて努力したが、こうなっては慎んで幕命に従うまで。一同、心違え致さずその職分を励め。」

とする主旨の訓告を発し、[8] 春嶽自身は直ちに謹慎の生活に入り、十一月にはそのために急普請した霊岸島（隅田川河口）の別邸に移り、二年五ヵ月にわたって蟄居を続けている。江戸詰めの家臣団の前で上のような訓告を発し、しかも、春嶽本人が国元の越前ではなく江戸で蟄居しながら、江戸で越前侯の義挙の噂が立つというのはいささか不可解である。

しかし、噂というものは、タイミングよく、もっともらしく立てられると、それを聞く側の願望や思惑も働いて、それなりに信じられていくものだ。堀や有馬らもその噂を真に受け、また西郷自身も、八月に近衛忠煕の「密書」を江戸に運んだときにそれに近い話を聞いていたのだろうか、堀の話を鵜呑みにしている。

もっとも、堀や有馬にとっては、それは単なる噂話ではなかったと思える。有馬の『都日記』によると、その話を橋本左内などから直接聞いているように読めるからだ。しかし、その辺の正確なところはわからない。当時は、情報が信じられるものかどうかの確認は、特に遠隔地などでは容易にできることではなく、そのためどうしても、少々あやふやな情報でも、推測や予断のもとで行動を起こすことになる。西郷らの先の京都での義挙計画やこの突出計画がそのことをよく物語っている。

上で西郷が「同志の者どもが申し合わせ突出するほかなく」と書いているように、鹿児島では、「島送り」になる西郷に代わって、大久保利通が同志のまとめ役になり突出計画を練っていた。大久保は、山川港（薩摩半島の南端にある外洋船の港）で「潮待ち」（出船の天候待ち）をしていた西郷のもとに伊地知正治を送って、その計画についての西郷の意見を求めている。西郷はそれに応じて、安政六年「正月二日夜認め」たとする応答書を伊地知に手渡す。この応答書は西郷渾身の作とも言えるもので、西郷の考え方や生き方がよく表れている。少々長くなるが、省略を少なくして引いておく。まず前文で次のように言う。

「大義の一挙（突出計画）についてご策問の趣意、十分に承知できますが、小生は土中の死骨にて、武運に拙く、今、大義をあとにして島に逃れる身、例えるなら敗軍の降参兵のようなもので、たってお断りすべきところではありますが、数にもならないとは言え、先君公（斉彬）の朝廷ご尊奉のお志を親しく承知している身、いかにしても天朝の御為、忍ぶべからずのところを忍び、ともかく、道の絶え果てるところまでは尽くすべき愚存でありますれば、汚顔を顧みず、拙考するところを申し上げます。ご親察され、ご用捨て下さるよう。」

ここでも「土中の死骨」の言葉が見える。「敗軍の降参兵のようなもの」だとも言う。とは言え、今ここに生きて「先君公の朝廷ご尊奉のお志を親しく承知している身」、「汚顔を顧みず、拙考するところを」述べると言う。以下、大久保の質問の順に次のように答えている。

「一、堀（仲左衛門）より肥後（熊本）藩の決心一左右（一報）があったとき云々の件。

思いますのに、いよいよ（肥後藩が）決心したとしても、越（越前藩）へ一往の返事を承け届けず事を挙げても決してうまくいかず、越と事を合わせて繰り出すべきと考えます。それのみならず、筑（筑前）・因（因幡）・長（長州）の一左右も必ず見合わせるべきと考えます。

ついては、事を挙げる機会が十分調えば、かねて覚悟のことですので、ご突出願います。その節に遅疑することがあっては忠義の人にあらず。しかし、機会を見合わさずして、ただただ死を遂げさえ致したなら忠臣と心得るようであれば、それは甚だもって悪しきことです。是非ご潜居（雌伏）下さるよう合掌します。

一、堀がもしや幕吏の手にかかった節の盟中の憤激云々の件。

思いますのに、盟中の人が難に掛かったとしても、無謀の大難を引き出す儀は有志のすべきことではないでしょう。大小の弁別を分けないことになります。人により、なるほど残念の至りではありますが、堀も何のために奔走しているのでしょうか。その志をお汲み取り下されるべく。彼は死を決して天朝の御為に尽くそうとしているのではないでしょうか。そうであるなら、その志を受けてこそ、盟中の盟たる大本と考えます。（中略）

一、三藩（水戸・尾張・越前）へ（幕府から再度の）暴命があった場合云々の件。

思いますのに、三藩へ暴命を発したなら、いよいよ破裂すべきときです。そのときは（三藩の藩主が）死を賜うもののほかはなく、その節は必ず彼の方からも応援を申し込んでくるはずです。事が速やかに進めば、そのことも間に合わないかもしれません。しかし、盟中は三藩と死生をともにすべきです。何とならば、先君公は（三藩と）共に天下の大事をご相談なされ朝廷の御為に尽くされたのであり、同じく決心すべきだと思うからです。三藩が動き立ったなら、共に動き立つべきです。

一、（幕府が）堂上方に恐れ多くも難を掛けた場合云々の件。

思いますのに、堂上方に手を掛けたなら、きっと勤王の諸藩が空見することはないはずですから、必ず、粗忽に動き立つようなことをせずに、諸藩と合体して是非ともご難をお救いすべきことが肝要です。…。

一、陽明殿（近衛忠煕）に（西郷の）添え書を付ける件。

一同のご評議もあって、もし意見がまとまらず異議があっては、（小生が今、前もって書いたのでは）かえってよろしくないので、伊地知へ考え付いたことを、とくと話しておきましたのでご談合ください。捨文（突出の届書）の件も同断（同じ）ですので、そのようにご納得下さい。

一、諸藩の有志で見当になる人云々の件。

水戸　武田修理（耕雲斎）、安島弥太郎（帯刀）
越前　橋本左内、中根靱負（雪江）
肥後　長岡監物
長州　増田弾正（益田親施）
土浦　大久保要
尾張　田宮弥太郎（如雲）」

全項目を通じて、慎重さを求め軽挙妄動を戒め、かつ、決起すべきときには断固突出すべきことを説いている。突出に当たっては諸藩同志との連携が不可欠で、たとえ肥後が決心しても、なお越前と連絡を取り合い「事を合わせて繰り出すべき」で、さらには筑前・因幡(いなば)・長州とも連絡を取り合うことが肝要だと説く。

堀が幕吏につかまったときどうするかについても、「無謀の大難を引き出す儀は有志の為すこと」ではないとして、堀の「志を受けてこそ、盟中の盟たる大本」だと応じている。そして、三藩に対して幕府がさらなる理不尽な処置に出た場合は、そのときこそ「盟中は三藩と死生をともにすべき」とし、それはひとえに「先君(斉彬)公」が三藩と「共に天下の大事をご相談なされ朝廷の御為に尽くされた」からだと言う。

なお、上で何度も出る「盟中」は、諸書で「誠忠組」や「精忠組」と呼ばれているものである。しかし、西郷や大久保ら自身が自分たちのグループをそう呼んだことはない。常に「盟中」である。ただし、藩主側の文書に「精忠士の面々」などと呼んだものはある。

上で西郷が見せている突出への慎重な態度は、これよりほんの少し前に自身が京都で計画した義挙や、長岡監物に書いた「越侯」義挙への呼応にくらべて雲泥の差がある。どうして、短時間のうちに、これほどの違いが生じたのか信じがたいほどだ。

この違いは、自分が置かれている立場の違いによるものと考えるよりほかはない。今回の突出計画は、自分はもとよりそれに加わることができず、数日後には、突出がどうなったかさえ知ることのできない遠隔の地にいる。それ故に、自身が義挙計画の中心にいた京都のときなどと違って、ただひたすら客観的に冷静に思考し、この回答になったと考えられる。しかし、これをもって、西郷が一皮剥け、指導者として一歩成長したと見るのは早計である。このあとも西郷には、義憤に駆られた行動や直情径行気味の行動が付きまとう。

なお、上の応答書の最後で、諸藩で頼りにできる有志八名を挙げているが、そのなかで、このときから明治維新まで、あと十年を生き延びた者は中根雪江と田宮弥太郎の二人のみである。あとの六人は、長岡監物が安政六年に病死したほか、いずれも安政の大獄やその後の戦乱で死んでいる。幕末の志士たちは自身の命を投げ出すことによって、自身の自己実現の道を切り拓こうとした。そして実際、多くの者が死んだ。志士が「死士」（当時の文献でもこの用語が見られる）と言われる所以である。

## 三　龍馬の脱藩

龍馬は安政五年（一八五八）の八月初旬のころ江戸をたち高知に九月三日に帰着する。高知に帰着した日は、『福岡家御用日記』に「お預かり郷士・坂本権平弟龍馬儀、…、昨日帰着いたした旨、届け出る」とあってはっきりわかる。帰国の準備をしていたころ、姉乙女に送った手紙（日付無し）に、

「私が帰るのは今月の末より来月初めになりますが、御国へ帰るのは時間がかかろうかと思います。」

とあるので、陸路を取り、途中、京都や大坂に寄ったとも想像できる。西郷が左大臣・近衛忠熙

の「密書」を携えて八月二日に京都をたち、急行して江戸に着いたのが八月七日であるから、龍馬が江戸をたったのは、ちょうど西郷と行き違いになるころになる。もっとも、この時期では、二人のあいだに、まだどのような関係も生じていない。おそらく、西郷は必死の形相(ぎょうそう)で江戸に着き、龍馬の方はいくらかのんびりした様子で江戸をたったことであろう。

もっとも、江戸では七月にはすでに、幕府による日米修好通商条約の調印と徳川斉昭・松平春嶽ら諸侯への処分が発表されてもいたので、龍馬も政情不穏の雰囲気を感じつつ帰国の途に就いたはずだ。

実際、その一波は間もなく龍馬が帰国した土佐にも押し寄せてくる。十一月半ばに、水戸藩尊攘激派の大物・住谷(すみや)寅之助と大胡(おおこ)聿蔵(いつぞう)が土佐藩領国境の立川関にやって来て、龍馬らに土佐に入国するための助力を求める。彼らは、朝廷から水戸藩に下った「戊午の密勅」をめぐって、水戸藩と幕府とのあいだ起きた軋轢ならびに藩の内紛について諸国に説明して、尊王攘夷活動での共闘を説いて回っていた。

このとき住谷らは結局は、土佐には入国できずに立ち去るのだが、その際、住谷は龍馬について、

「龍馬、誠実、かなりの人物、しかしながら撃剣家、事情迂闊、何も知らずとぞ。」

と書き留めている。

龍馬は住谷と江戸で何らかのつながりができていたのだろう。しかし、深い関係ではなかったようだ。龍馬がこのとき、彼らの力になれなかったのは、龍馬が実際に藩内でまだそれほどの力を持っていなかったからであろうが、龍馬自身としても、彼らの活動が十分に呑み込めないなか、遠来

の客とは言え、ほどほどの付き合いで済ましたからであろう。

安政の大獄によって、安政六年の十月には橋本左内・吉田松陰らが斬首の刑に処せられる。しかし、年が明けた安政七年三月には、その大獄の主（あるじ）であった大老・井伊直弼が桜田門外の変で首を取られ、それによって幕府は以後、その権威を大きく失墜させていく。

それをくい止めるため幕府は、朝廷の権威を借りようと、井伊のもとで始められていた孝明天皇の妹・和宮の江戸降嫁に躍起になる。紆余曲折はあったものの、幕府が天皇に一〇年以内をめどに鎖国体制に復帰することを約束して、降嫁が決まる。和宮は文久元年十月に京都を出発し、翌二年二月には江戸城で将軍徳川家茂と和宮の婚儀が催される。しかし、その直前の一月には、和宮降嫁推進の中心人物であった老中・安藤信正が水戸浪士らに襲撃される事件（「坂下門外の変」）が起きる。

そのような政治情勢のなか、土佐藩の武市瑞山や大石弥太郎らは江戸で文久元年八月に土佐勤王党を結成する。武市が九月下旬に高知に帰国すると龍馬もそれに加盟して、以後、龍馬の周辺も慌（あわ）ただしくなる。龍馬は九月十三日付で京都の三条家に仕えていた平井加尾に、次のような手紙を書いている。加尾は、土佐勤王党員の平井収二郎の妹で子供のころからの知り合いであった。

「先ず々々ご無事と存じます。天下の時勢切迫致しているにつき、
一、高マチ袴（ばかま）　一、ブッサキ羽織（はおり）　一、宗十郎頭巾（ずきん）
ほかに細き大小一腰各々一ツ、ご用意ありたく存じ上げます。

九月十三日　坂本龍馬」

「高マチ袴」と「ブッサキ羽織」は乗馬用の衣服で、「宗十郎頭巾」は覆面用の頭巾のことだ。身を隠してどこかへ行くつもりであったのだろうか。「細き大小」というのを女持ちの刀と解釈すれば、加尾を連れ出すつもりであったとも想像できる。

この短文の手紙だけで、話しが通じたとすれば、龍馬と加尾は以前からかなり親密な関係にあったことになろう。加尾が京都にのぼったのは安政六年なので、龍馬が安政五年九月に帰国後、ふたりは高知で会っていたことになる。この手紙の意味するところは、我々にはよくわからない。諸書でも「不可解な」とか、「謎めいた」などとされている。

龍馬は高知で長く通っていた日根野道場からこの文久元年十月初めに「小栗流和兵法三箇条」の皆伝免許を受ける。その直後、龍馬は藩庁に十月九日付で、

「剣術詮議のため讃州（現・香川県）丸亀の矢野市之丞へ罷り越したく、もって二十九日のお暇を…。」

の願いを出している。

これが許可になり、龍馬はさっそく十月十一日に高知を出立する。「剣術詮議」というのは、諸藩の有名道場などを巡って腕を磨くとともに、藩士との交流を図り、併せてその藩の様子を探るというものだ。「二十九日」というのは、この月が「小の月」で二十九日であったから一ヵ月という

意味であろう。

ところが、十月末に兄の権平が藩へ「剣術詮議未済につき芸州坊ノ砂に渡りたく」、「明年二月までの延期」を許してもらいたい旨を願い出て、それが十一月十三日に許可されている。そのような話し合い、ないしは連絡がいつどのようにできていたかはわからないが、確かに、龍馬は十月末ごろに丸亀から芸州（広島）に渡っている。そしてその後、大坂や長州の萩にも行っており、結果として、この龍馬の「剣術詮議」の旅は、一ヵ月どころか四ヵ月半余りにも及ぶものになる。その期間の長さからして無論、そのほかへも行っていたであろう。出発一ヵ月足らず前に書いた平井加尾宛の手紙からすれば、京都に行った可能性も十分にある。

龍馬がこの旅行で高知を立った文久元年十月十一日、樋口真吉が自身の日記『遣倦録（けんけん）』に、四文字「坂龍飛騰」と書き記している。「坂龍」は龍馬のことだ。樋口の『遣倦録』には、このあとも時々龍馬のことが出てくる。また、龍馬の手紙に樋口の名が出ることもある。樋口は龍馬より二十歳も年長で、剣術道場を開いて門弟が数千人とも言われる著名な剣術家であった。龍馬も子供のころ稽古をつけてもらったと言われる。樋口はずっと龍馬のことを気に掛けていたようだ。

歴史家の誰もが、この『遣倦録』の「坂龍飛騰」を取り上げて、これを、土佐勤王党員の樋口が、龍馬がいよいよ土佐勤王党員としての行動を起こしたことを喜んで「飛騰」と書いたと解釈している。しかし、そうだろうか。樋口は若いころから日本を広く漫遊して広範な思想に触れ、開明的な考え方をする人で、西洋流の砲術家でもあった。そのあたりは、龍馬が後にたどった足跡に似たところがある。また樋口は、土佐勤王党に理解を示す者ではあったが党員ではない。

筆者は、樋口がこのとき記した「坂龍飛騰」は、龍馬が土佐勤王党員として「飛騰」したというようなものではなく、龍馬が日根野道場から皆伝免許を授かり、剣術家として「剣術詮議」の旅に出たことを率直に祝って、「坂龍飛騰」と記したものと解釈したい。

この龍馬の四ヵ月半余りにわたる旅行については、龍馬脱藩前のものでもあり、諸書で取り上げられているが、筆者には、上の「坂龍飛騰」から始まって、ほとんどのものが不正確な捉え方をしていると思われるので、以下、やや詳しく追っておく。

龍馬が丸亀から広島に渡ったあと、その足取りがわかる史料は、大坂の住吉陣営に赴任していた同郷の友人・望月清平（もちづきせいべえ）の『陣営日記』に、[9]

「十一月六日、坂本龍馬、旅宿・新町より住吉陣営に書状来たる。長州より来たる趣」、

「同十一日、旅宿に訪ね面会」

と出るものだ。

住吉陣営というのは、土佐藩が幕命を受けてこの五月に完成させていた大坂湾の海防施設のことだ。これからして、龍馬は十一月十日前後には大坂にいたことがわかる。そして、史料の上で、次に龍馬の足取りがはっきりわかるのが、長州藩士・久坂玄瑞の日記の文久二年一月十四日の条に、

「土州の阪本龍馬、武市の書簡を携帯して訪托。」

と出るものだ。

龍馬は最初から「剣術詮議」を四国内で終えるつもりはなく、少なくとも長州までは足を伸ばすつもりであったことになる。旅の途中でこの旅行の延長願いを出すのも、当初から予定に入っていたことになろう。

ところで、望月の十一月の日記に「長州より来たる趣」とあり、それからすると、龍馬は大坂に行く前に、十一月初旬ごろ先に一度萩へ行っていたことになる。つまりは、龍馬は丸亀から広島に渡り、すぐに萩に行ったものの久坂に会えず、そのあと大坂に行き、再び萩に引き返したことになろう。そして、このことは、久坂の日記に「九月七日江戸発足十一月十一日帰家」とあることとも符合する。龍馬が萩に着いた十一月初旬には、久坂はまだ江戸から萩に戻っていなかったのだ。

さてそうすると、龍馬は最初萩に行って久坂に会えず、十一月六日には大坂に来ていて、再び一月十四日に萩で久坂を訪ねたことになるが、その間に望月に会うほか、二ヵ月以上をいったいどこで何をしていたのだろうか。京都にのぼる時間は十分にあったことになる。平井加尾宛の手紙通りに、龍馬は京都に行って加尾に会っていたのかもしれない。

龍馬は武市の久坂宛の手紙を預かってはいるが、それは必ずしも急いで久坂に届けなければならないものではなかったことになろう。先に「剣術詮議」で四国を回り、その後、上のようなことがあり、結果として久坂に届けるまでに三ヵ月余りもかかっている。

武市は十二月に久坂のもとに使者を送っている。久坂の日記に、

「十二月十六日、土州の山本喜之進（喜三之進）・大石団蔵二名、来萩府。二十二日去る。武市と

（薩摩の）樺山（三円）への書状を托す。」

と出る。

二ヵ月近く先に高知をたった龍馬よりも、この二人の方が久坂のもとに先に到着したことになる。この使者は久坂と何かを連絡し合うものであったようで、山本・大石のうち、山本は年末に武市のもとに帰って久坂の返書を届け、大石は久坂の樺山宛の書状を預かって薩摩に向かったようだ。

その久坂の武市への返書の冒頭に、

「僕十月十二日帰国しました。百事齟齬（そご）、…、お恥ずかしいことです。」

とある。

おそらく、この「百事齟齬」というのが、龍馬が自分の留守中に来たことに対して、詫（わ）びを入れたものであろう。

龍馬は、山本・大石が萩の久坂のもとを十二月二十二日に去ったあと、一月十四日に久坂のところに到着して、一月二十三日まで萩にいたようだ。その間、久坂の日記に、

「十五日、龍馬来話。午後文武修行館へ遣わす。…。藁束（わらたば）を斬る」、「二十一日、土人を寓する修行館を訪ね」、「二十三日、この日をもって土州人去る。」

とある。

「藁束を斬る」とあるのは、修行館の道場で、剣術の演武をしたことを指す。龍馬の呼び方は、来た日とその翌日は「龍馬」であるが、帰るころは「土人」や「土州人」である。

久坂はやはり、龍馬にも武市宛の返書を託しているが、それには、

「この内は山本・大石両君ご来訪下され、何の風景もなく、お気の毒千万に存じております。もはやご帰国になっているとお察しします。このたび、坂本君ご出不浮なされ腹蔵なく御談合しました。委曲お聞き取り願います。」

とある。そして、これに続いて、諸書でよく引かれる有名な、

「竟（つい）に諸侯恃（たの）むに足らず、公卿恃むに足らず、草莽（そうもう）志士糾合義挙のほかにはとても策なしの事と私ども志中申し合わせていることです。失敬ながら、尊藩も弊藩も滅亡しても大義なれば苦しからず。両藩共存し得ても、恐れ多くも皇統綿々、万乗の君の御叡慮あい貫き申さずしては、神州に衣食する甲斐はないかと友人どもと申している次第です。」

の一節がある。

久坂が、松陰譲りの「草莽崛起」の思想を引き継ぐとともに、「皇統綿々」の「神州」に生きることに絶対的な価値を置く熱烈な皇国主義者であることがわかる。この点では、龍馬は少し違う。

この三年後になるが、龍馬は姉・乙女に書いた手紙で、

「私は近々大きな戦争を致し、将軍家を地下にするつもりですが、それができないときは、もう外国へ遊びに行くことを思い立っています。」

と言う。龍馬には「外国へ遊びに行く」選択肢もあったわけだ。

武市はさらに、龍馬帰国以前に、土佐勤王党の吉村虎太郎を久坂のもとに送っている。久坂の二月十六日の日記にやはり、

「土州吉村虎太郎来訪。…、武市の書簡持参にて、…。」

と出る。

そして、この吉村が武市のもとに帰って来るのが二月二十七日で、龍馬が高知に帰って来るのは、その二日後の二十九日である。これらからして、龍馬のこのたびの四ヵ月半余りにもわたる旅行は、武市の久坂宛手紙を携帯して出掛けたものの、何か緊急の用務を果たすようなものではなく、もとから、龍馬個人の巡遊旅行とでも呼べるものであったと見てまず間違いない。

ところが、歴史学者は一般にそうは見ていない。龍馬のこの旅行は、武市が久坂のもとに派遣したもので、その久坂から龍馬が強い影響を受けたと見ている。近年の著作を取り上げても、磯田道史氏は『龍馬史』（二〇一〇）で、

「実はこのとき、龍馬は武市の密命を帯びていたのです。大坂や長州に出向き、諸藩の尊攘志士の動向を探るのが、本当の目的でした。」（三八頁）

とし、

町田明広氏は『新説 坂本龍馬』（二〇一九）で、久坂らから島津久光の、

「率兵上京の動向を伝え聞いた龍馬は、義挙に加わりたいとの思いが募った可能性が高く、この直後に龍馬が脱藩したのはそのためであると考える。…。久坂が志士・龍馬の形成に与えた影響は絶大であり、…。」（六〇頁）

とし、

また、一坂太郎氏は『坂本龍馬と高杉晋作』（二〇二〇）で、龍馬が久坂に接した、

「一〇日間で、明らかに龍馬が変わる。」、「ここに政治運動家としての龍馬が誕生した。」（一〇一―一〇二頁）

とする。

どうも筆者には、龍馬の四ヵ月半余りにもわたる旅行がそういうものであったとは思えない。むしろ、個人的な巡遊旅行であり、また、龍馬が久坂にそこまでの影響を受けたとも思えない。むしろ、龍馬と久坂の関係は、下で見る吉村虎太郎と久坂の関係にくらべると対照的であったと思われる。

また、龍馬が武市から受けて久坂に届けた手紙について、宮地佐一郎氏は『坂本龍馬全集』（一九八〇）で、久坂が山本・大石の二人が来たとき山本に託した武市宛の返書を解説して、

「龍馬はこの後すぐ〔翌二年正月〕瑞山の（山本が持ち帰った久坂の手紙への）返信を携えて長州へ急行する。」（五六三頁）

とし、また、飛鳥井雅道氏も『坂本龍馬』（二〇〇二）で、

「大石や山本はどうも子供のつかいのように玄瑞（久坂）にアジられて帰ってしまったが、そうなれば盟友・龍馬にのりだしてもらうほかはない。龍馬は瑞山の手紙を持って長州に急行した。」（一三九頁）

とし、

佐々木克氏もまた同様に『坂本龍馬とその時代』（二〇〇九）で、

「どこかで武市の手紙を受け取り、（龍馬は）武市の指示で萩に向かったのだろう。」（三二頁）

とする。

誰もが、龍馬が届けた武市の久坂宛の手紙は、山本が十二月末に萩から久坂の手紙を預かって帰って来たあと、それへの返書として武市が書いたもので、それを旅行中の龍馬にどこかで渡して、久坂のもとに届けさせたと言うのである。龍馬の上で見た旅程、ならびに武市と久坂のあいだの書通の内容からして、そんなことになるとは思えない。

まず、龍馬は二年一月十四日に初めて萩に行ったのではない。十月に高知を出発するときに武市から久坂宛の手紙をもらっており、それを携え、十一月初旬に一度萩に行っている。また、武市が十二月末以後に書いた久坂への返書を、郵便網などない時代に、領国外のどこを動いているかもわからない龍馬に渡し、龍馬がそれを一月十四日に萩の久坂のもとに届けるのは土台無理であろう。龍馬が久坂に渡した武市の久坂宛の手紙は、龍馬が高知を十月に出るときに武市からもらい受けたものであったとして何の問題もない。

それに、龍馬が萩の久坂のもとを去るときに預かった久坂の武市宛の手紙には、前掲のように、「この内は山本・大石両君ご来訪下され、…。もはやご帰国になっているとお察しします。」とある。久坂は、龍馬が一月十四日に自分のもとにやって来たときには、山本らの「ご帰国」はまだつかんでいなかったのである。これからも、武市が龍馬に託した久坂宛の手紙が、山本帰国後に書いたものでないことは明らかだ。上の歴史学者の諸論はいずれも作り話と言うほかはない。

また、龍馬は萩で久坂に会ったあとも、そこを一月二十三日にたって二月二十九日に高知に帰り着くまでに一ヵ月以上もかかっている。もし、龍馬が武市の久坂宛の返書を預かって「長州へ急行」したのなら、その帰りもそんなに悠長にしてはおれなかったであろう。この一ヵ月余りについても、龍馬の行動は不明であるが、西へ行けば、下関は十分行けたであろうし、長崎に足を伸ばすこともできたであろう。また、逆に東に行けば、京都へ行くこともできたはずだ。『維新土佐勤王史』はこの間に、龍馬が大坂住吉の望月のもとに行き、「京都へ向かい、そのあとで土佐への帰路に就いた」としている。

多くの歴史家は、この瑞山会編の『維新土佐勤王史』（一九一二）が創り上げた土佐勤王党史観の影響であろう、龍馬の活動についても、土佐勤王党や武市瑞山との関係に引き付けて見る傾向がきわめて強い。龍馬の今回の旅行を見る見方がそうであり、また、先の樋口の『遺倦録』の「坂龍飛騰」の解釈も、そういった見方から出たものであろう。

さて、吉村虎太郎は萩から二月二十七日に高知に戻り、武市に久坂と話し合ったことを報告する。吉村は武市に、薩摩の島津久光の率兵上京に呼応して、長州の久坂らとともに義挙すべきことを熱心に説くが、武市はそれを拒み、あくまで、老公・山内容堂を奉戴して、朝廷の青蓮院宮らの公卿と連携し、「挙藩勤王」で事を図る姿勢を崩さなかった。そのため、吉村は仕方なく武市と袂を分かち、同志の宮地宜蔵と沢村惣之丞を連れて脱藩し、再度萩の久坂のもとに行く。

なお、「脱藩」という言葉は、当時一般に使われた用語ではない。当時の文書に出てくるのは、「国抜け」・「亡命」・「逃亡」・「出奔」などである。しかし、武士にとってそれは、藩士としての一切の身分を捨て、また懲罰が親族にも及ぶ覚悟の行為であり、本書でも「脱藩」を用いる。

久坂は吉村らが再びやって来たことを、三月十一日の日記に、

「吉村虎太郎ついに亡命して来たる。二人同行、あとより十余人も来るべしとのこと。愉快千万、輩の決心には感じ入り候。」

と記す。

吉村は久坂に「あとより十余人も来るべし」と告げたようだ。確かに、このあと沢村が再び三月二十二日に高知に戻って、長州や下関の情勢を伝え、義挙に加わる有志を募っている。そしてこのとき何があったかは定かでないが、ただ一人龍馬が、沢村とともに脱藩する。二人は文久二年三月二十四日の夜、高知を出て翌二十五日には梼原(ゆすはら)村の那須信吾（このあとに起きる吉田東洋暗殺の実行犯の一人）宅で一泊し、翌二十七日には国境を越え隣国・伊予の大洲(おおず)に達している。

沢村は土佐の浪人の子で、すでに間崎哲馬（滄浪）の塾で吉村や中岡慎太郎らとともに学んではいたが、脱藩時はまだ十八歳の若さであった。後には、龍馬に誘われ神戸の勝海舟の海軍操練所で学び、さらに海援隊でも活躍している。龍馬と中岡慎太郎が暗殺された際には京都で復讐の仇討(あだうち)に加わってもいる。

龍馬は脱藩する前々日の三月二十二日に平井収二郎を訪ねて相談したようだ。平井が京都にいる妹・加尾に、

「坂本龍馬、昨二十四日の夜亡命。定めてその地へ参るだろう。龍馬、国を出る前々日、そこもとの事で相談に来た。たとえ、龍馬よりいかなる事を相談があっても決して承知してはならない。」

と伝えている。

龍馬と沢村は三月二十九日には長州の三田尻に着き、四月初めには下関に着く。しかし、吉村はすでにそこを立って海路大坂に向かっていた。このころ三月二十八日には、薩摩の島津久光の一行が下関に着いていたので、下関は相当に混雑していたはずだ。久光らが着く少し前の三月二十四日には、西郷が村田新八とともに下関に着いてもいた。もっとも西郷はそこで、後に見るように、平野国臣や小河一敏ら各地の尊攘激派の志士と会い、翌日には急いで大坂に向かっている。

龍馬と沢村は、二人のあいだで何があったかはわからないが、下関で別行動を取っている。沢村は吉村を追いかけて上方に向かうが、龍馬はそうはしていない。龍馬は逆方向の九州に向かったという説もあるが、いずれにしても、多くの志士たちが久光の率兵上京に呼応して上方に向かったのとは違う行動を取っている。

多くの志士たちが京・大坂に集まり、文久二年四月二十三日には京都で有名な寺田屋事件が起きる。率兵上京した島津久光が、朝廷から浪人排除の命を受け、京都伏見の寺田屋に集合していた自藩の尊攘激派ならびに各地からの呼応分子を武力で制圧した事件である。

龍馬はこのとき京都にはいなかったようだ。しかし、七月ごろには京都に入っていた可能性がある。江戸で前年八月に武市瑞山と土佐勤王党を立ち上げた大石弥太郎がこの年、文久二年六月に江戸をたち、その帰国途中に京都で龍馬に会ったとする説がある。それに、いっしょに脱藩した沢村惣之丞が下関で別れたあと、京都に来て公家の河鰭(かわばた)家に入って当主の公述(きんあきら)に仕えていたので、その沢村に会うために入京したとも想像できる。
龍馬がこのころ大坂にいたことは、樋口真吉の日記『遣倦録』に、

「七月二十三日、龍馬に逢う。一円贈る。」

と出ることでわかる。
樋口はこのころ、土佐藩主・山内豊範（とよのり）の上京に扈従（こしょう）して大坂にいた。これより前、『遣倦録』の文久元年十月十一日の条に「坂龍飛騰」と記して、その九ヵ月半あとのことになる。龍馬は流浪の身で、いささかみじめな姿をしていたのだろう、樋口は龍馬に「一円」を授けている。龍馬はその樋口や沢村から、京都で起きた寺田屋事件のことや、吉田東洋暗殺事件の下手人捜査のことを聞いたに違いない。龍馬は東洋暗殺に関係してはいなかったが、事件の直前に脱藩していたこともあって捜査対象になっていた。

このとき、土佐藩主に随従して警護に当たっていた部隊の首領は武市瑞山で、多くの土佐勤王党員もその配下にいた。龍馬はその気になれば、武市やそのほかの仲間とも会うことができたはずだが、武市がこのころ付けていた『滞京日記』に龍馬の名は出ない。

山内豊範の一行は、七月中旬に着坂して大坂で一ヵ月以上留まり、そのあと八月下旬に入京してそこでは、江戸に向かって十月中旬に出発するまで二ヵ月半（この年は閏八月がある）も滞京している。この間、京都では「天誅」と称す暗殺事件が頻発する。九条家家臣の島田左近暗殺、攘夷派の本間精一殺害、九条家諸太夫の宇郷玄蕃頭（うごうげんばのかみ）暗殺、目明しの猿（ましら）文吉惨殺、などである。これらのほか、穏健派の公家の家来や商人その他への殺傷事件もあって、京都の町はテロの嵐が吹き荒れていた。

これらの数件に、武市配下の岡田以蔵らがかかわっていたことは間違いない。武市はこのころ、上京してきていた久坂玄瑞と数回会ってもいる。武市の『滞京日記』には、そういったことが記され、殺害された者の名が「大奸」や「大姦」のもとに書き連ねられている。

龍馬はそのような情勢の上方を避けたのだろう、早々と江戸に向かっている。江戸の土佐藩邸に詰めていた間崎哲馬の『滄浪遺稿』に、

「壬戌（文久二年）秋日、門田為之助、坂本龍馬、上田楠次、会飲。時に、新令始まる。」

と出る。

ここにある「新令」というのは、閏八月二十二日に発令された参勤交代制の緩和措置を指す。龍馬は閏八月には江戸にいたことになる。

ところで、龍馬は一体何のために脱藩したのだろうか。長州から引き返してきた沢村に連れられて国抜けをしながら、途中からその沢村とも別行動を取っていることからして、吉村らとともに久坂らの決起に加わるためではなかったようだ。よくはわからないが、龍馬のこのときの脱藩は、何かをするためというよりは、むしろ、自分が今いる場を抜け出すためのものであったのではないか。

龍馬が脱藩をした三月二十四日のころには、武市瑞山のもとで吉田東洋暗殺の計画が大詰めの時期に来ていた。東洋暗殺については、事件後の捜査や後の裁判の審理から、相当に早い時期に計画が立てられ、実行までに相当の日時を要していたことがわかっている。東洋暗殺事件が実際に起きたのは文久二年四月八日で、龍馬が長い巡遊旅行から帰国したのは二月末日であった。旅行から帰

国して、龍馬もその計画を知ったはずだ。あるいは、相談を受けていたかもしれない。

しかし、龍馬には、東洋暗殺に与するようなことはできなかっただろう。前述のように、龍馬は東洋の考え方や所論には、むしろ共感さえ覚えていたと思われる。また、河田小龍との関係からしても東洋を殺すようなことはできなかったはずだ。とは言え、武市らに面と向かって反対するわけにもいかず、結局は自分自身がその場から消えることにしたのではないか。ちょうどそんなときに、沢村から国抜けの勧誘を受け、それに乗ったというのが実情ではなかったか。

龍馬は周りの雰囲気に乗って雷同するといったことの少ない人間だ。そのことは、これまでの事例で見ても、遠方からやって来た水戸藩の住谷寅之助らへの対応や、萩で会った久坂玄瑞との応対、それに、同志の武市瑞山や吉村虎太郎との付き合い方からも推察が付く。自分自身が納得できない限りは、同志のなかにあっても完全に一体化することはない。それを余儀なくされる場合は、いくらか韜晦気味になるか、少々の犠牲を払ってでも、その場から自分の身を外すかである。

## 四　西郷の遠島

西郷は安政六年（一八五九）から元治元年（一八六四）にかけて、続けて二度の遠島に処せられる。一度目は懲罰としてではないが、藩によって月照といっしょに死んだことにして奄美大島に「島送り」にされ、二度目は重罪人として徳之島さらに沖永良部島へと流される。年齢にすれば三十一歳から三十六歳のあいだの都合五年間を、南方の孤島で過ごしたことになる。ちなみに、龍馬が死んだのは、三十二になったばかりの歳であるから、当時の人間としては働き盛りの五年間であった。

安政六年一月十日、西郷は砂糖運搬船に乗せられて山川港を出帆し、十二日に奄美大島の龍郷村に着く。その一ヵ月後の二月十三日付で、税所喜三左衛門（篤）・大久保正助（利通）宛に手紙を送り、その文頭の尚々書きで、

「着島より三十日にもなりますが、一日晴天という日はなく雨がちです。まったく雨の激しい所ということですが、誠にひどいものです。島のよめじょたちの美しきこと、京・大坂にもかなう者は、そういそうにない。垢の化粧一寸ばかり、手の甲より先は入墨をしていて、あらよう。」

と書き、また本文でも、

「誠にけとう（毛唐）人には困り入っています。やはり、はぶ（毒蛇）性で食い取ろうとするような様子です。しかしながら、至極ご丁寧なことで、とうがらしの下にいるような塩梅で痛み入る次第です。」

などと書いている。

気持ちが荒んでいるところに、気候や文化の違いが追い打ちをかけたのだろう、島の生活に馴染めぬ様子がうかがえる。もっとも、かつて藩の郡方書役として長く農政の現場で働いてきた西郷らしく、島民の生活ぶりを見て、

「島の体、誠に忍び難き次第です。松前の蝦夷人（アイヌ人）さばきよりも、もっとはなはだしい次第で、苦中の苦、実にこれほどのことがあるのかと考えて、驚き入る次第です。」

と、藩の苛政に心を痛めている。

また、文尾の尚々書きでは、鹿児島を離れる前に、病床に就いていた親友・福島矢三太に会いに

行かなかったことを気に病んで、

「矢三太はいかがの塩梅でしょうか。（遠島になることを）手紙で書き残しておくべきだったのかもしれませんが、かえって気掛かりになると考え、わざと残さずに来ました。今に思えば、夜にでもそっと行って会っておくべきだったと残懐の至りです。…。あまりに無情のことですが、私はもう会うことはできないでしょう。」

と書く。病身の福島とは、互いに辛い別れになるため、会いに行けなかったようだ。

大島で生活を初めて十ヵ月ほどして、西郷は龍郷村の愛加那といっしょに暮らすようになる。安政七年の二月二八日付で、「大税有吉」宛に次の手紙を書いている。「大税有吉」は、大久保・税所・有村・吉井の四人のイニシャルを取ったものだが、何か意味ありげでもある。西郷は元来、風刺趣味の持ち主でもある。

「永久丸・恵泰丸・順恵丸三便の芳簡有り難く拝見しました。…。天下の形勢、漸々衰弱の体、実に慨嘆の至りです。橋本まで死刑に遭ったとは意外、悲憤千万耐え難い時世です。堀（仲左衛門）にも、ちと目角（嫌疑）が立っている様子で、残恨のことです。この先生、江戸を逃れては何の策もでき兼ねたはずと思うのですが。

この一ヵ年の間、豚同様に過ごしているので、何とか姿を替え、走り出たく一日三秋の思いでお呼び返しの時機を待っていますが、…、野生（私）が出ていけば、またまたどんな癇癪を起こすかも計り知れず、幸い孤島に流罪中のことで、黙って留め置こうと、猶予不断の輩が考えているのではないかと苦察しているようなことです。」

橋本左内が斬罪に遭ったことを聞いて衝撃を受け、「悲憤千万耐え難い時世」と言う。左内は、慶喜を将軍継嗣に擁立する運動で、互いに命を懸けて協働した盟友だ。六歳年下の左内が殺され、自分はまだ生きていることもあって、いたたまれない気分であったのだろう。続いて、堀にも嫌疑が掛かっていることについて、「残恨のことです」と書くものの、わざわざそれに続いて「この先生、江戸を逃れては何の策もでき兼ねたはず」と嫌みを付け加えている。

堀は西郷より一つ年長で、江戸での活動も西郷より早く、西郷が嘉永七年に江戸に出て以来、ともに同志として付き合っているが、上に「この先生、江戸を逃れては何の策もでき兼ねたはず」とあるように、安政五年末に別れたころの堀の行動で不信感を持っていたようだ。なお、自分自身についても自虐的で「豚同様」と言う。

西郷がこの手紙を書いた四日後の安政七年（万延元年）三月三日、江戸では桜田門外の変で大老・井伊直弼が殺される。西郷は翌月にはその報を受けていたようだが、一年後の万延二年（文久元年）の三月四日に税所・大久保宛に、

「昨日（三月三日）は斬姦の一回忌で、早天より焼酎を呑み終日酔っていました。」

と伝えている。

また、この手紙で「私はとんと島人になり切り、心を苦しめるばかりです」とも書き、文頭に置

いた尚々書きでは、

「野生は不埒な次第で、正月二日に男子を設けました。お笑いください。」

と書いている。

西郷は大島遠島中に愛加那とのあいだで、菊次郎と菊草の一男一女を儲（もう）ける。満三十三歳にして初めての男子（菊次郎）を授かり嬉しかったはずだが、「不埒な次第」と言う。

西郷はこのあと、妻子のために田畑を買い新居の普請もしている。新居が完成して、文久元年の十一月二十日に家族そろってそこへ入居するが、皮肉なことに、その翌二十一日に西郷に召還状が届く。三人で新たな生活を始めようとしていた矢先のことで、愛加那は生後一年に満たない赤子をかかえて、その運命を怨んだに違いない。愛加那は「島刀自（しまとじ）」と呼ばれる現地妻で、鹿児島について行くことはできない。

西郷が奄美大島から呼び戻されたのは、「国父」島津久光の率兵上京・出府という藩を挙げての「御大策」が実行されることになり、そのために、江戸・京都での経験豊かな西郷の力が必要となったからだ。西郷は鹿児島に帰り、任務に就いて東上するが、半月もたたないうちに、久光の命に背（そむ）く行動を取って、またまた遠島の処分を受ける。今度は重罪人として、奄美大島より南の徳之島、そしてさらに南の沖永良部島へと流される。

この再遠島になる経緯については、西郷自身が前回の大島遠島中に世話になった大島見聞役の木場伝内（こばでんない）に書いた手紙で、かなり詳しく知ることができる。木場は西郷より十歳ほど年長だが、西郷と同じ日置島津家の島津下総系の藩士でもあり、遠島中の西郷の面倒をよく見て、互いに気の許せる仲になっていた。手紙から再遠島になった経緯を見ておこう。この手紙は西郷が書いたもののなかでも最も長文のものになる。冒頭で西郷は、

「当月（文久二年七月）十一日付の（大島からの）ご丁寧なお手紙、同二十三日朝に届きありがたく拝読しました。実になつかしく、繰り返し巻き返し読みました。私がこのようになったことは決して申し上げないつもりでおりましたが、どんなご疑惑をお持ちかとも計りがたく、ご安心なりかねないでしょうから、よんどころなく委細申し上げます。どうか、ご一読のあと、丙丁童子にお与え（焼却）下るように。

大島で考えていたのとは雲泥の違いで、鹿児島御城下はすべて割拠の勢いになって、とんと致しようのない状態で、…。」

と言う。

この手紙は西郷の意に反して木場が焼却しなかったために、西郷の思いが率直に書かれた私信が、貴重な史料として今日に伝わることになる。上の末尾で、「城下はすべて割拠の勢い」と書いているのは、藩内で分派ができて抗争を起こしていることを指す。久光の率兵東上の計画を立て、それを推進している久光側近の派と、それを危険な賭けとして反対する島津下総の一派とが対立し、さらに、推進派でも、今や久光側近になっている、かつての「盟中」の大久保・堀らと、久光の率兵東上を機会に朝廷・幕府の両方の奸臣を成敗して朝権回復を図ろうとする、かつての「盟中」の有馬新七・田中謙助ら尊攘激派とが思いを異にして抗争を起こしているのだ。

続いて、手紙は西郷が大久保ら久光側近から呼び出されて相談を受けた話に移る。

「久光公の江戸参府について御大策と申す一件がありました。これは三、四人の者だけでごく内密に練られたものとのことでした。鹿児島にもどってすぐに小松（帯刀）の家に会していると承り、大久保同伴で参ったところ、中山尚之助も来ており、四人の席で御大策のことを承りました。今回は京師（京都）までのことで、一橋（慶喜）と越前（松平春嶽）をそれぞれ（将軍）御後見、御政事相談役にするという勅諚を申し下されるというので、詳しく承ったところ、私としてはとんと返答さえでき兼ね、ずいぶんの御大策も取るところのないものに思えました。

私の方から、勅諚をお下しになるのには、手ずるというものがなくては、とてもできるものではなく、…、よくよく地盤を整えた上でないと無理だと、問い質しますと、まったく手が付けられておらず、…。」

「御大策」というのは、西郷が上で書いているように、具体的には徳川慶喜を幕府の将軍後見職に、松平春嶽を政事総裁職（大老に相当）に就けようとするもので、まずは、朝廷からそのための勅諚を授かるというものであった。この策は以前、斉彬が死去する直前に取り掛かったことがあり、それを久光が今回、「順聖院（斉彬）様のご趣意を継いで」実行するというものであった。

ここに来て久光側近が「御大策」を実行しようとしたのは、これまで江戸・京都での活動経験のない島津久光を斉彬の後継者として中央政界に送り出して、久光の名を天下にとどろかせ、改めて薩摩藩の存在感を高めるためであった。桜田門外の変以後、幕権の衰退に乗じて、長州藩など雄藩が朝廷と幕府のあいだを取りもって活発に国事周旋に動き出しており、薩摩藩もそれに後れを取るわけにはいかなかった。朝幕両方の改革を訴え、そのもとで公武合体を図るべく、周旋に乗り出したのである。

しかし、かつて斉彬のもとで、江戸や京都で幕府関係者や朝廷との折衝で苦労してきた西郷としては、策はまったく準備不足で無鉄砲なものに見えたようだ。「御大策も取るところのないもの」と冷淡な見方をしている。しかし実際には、大久保ら久光側近は内々に、すでに相当の時間と労力をかけて準備を整えていた。堀は前年十月に側近の小納戸（こなんど）に任命されるとすぐに江戸に赴き、同じく小納戸の中山も前年末に京都へ上り、それぞれ江戸と京都で「御大策」を実行するための下準備をし、さらにそのあと、小納戸の大久保がこの年の文久二年一月に京都に上って詰めの朝廷工作をしている。[10] 大久保のその工作で、ちょうど西郷が鹿児島に帰還したころの二月中旬には、権大納言・近衛忠房から島津茂久（もちひさ）・久光父子宛に、

「入覧後、急速々々火中々々頼み入ります。
一蔵（大久保）より承ったご趣意、ごもっともです。とかく不穏な時節、ご参府（江戸出府）にて何とぞ天朝の御為、徳川家の御為、誠忠のほど、しかるべき哉に存じられます。
修理大夫（茂久）殿
和泉（久光）とのへ」[11]

の手紙が届いている。

これによってともかく、朝廷関係者から上京・出府の許可が出たわけで、久光の出兵東上の足掛かりはできていたことになる。西郷が二月十三日に小松邸で「御大策」の話を聞いたのは、大久保が京都で宮廷工作を終えて二月初めに帰国した直後になるが、その大久保も西郷にこういった話はしていなかったことになろう。

このあとさらに三月二十日には、堀が江戸から京都にもどって、近衛忠房や大原重徳（しげとみ）・岩倉具視（ともみ）ら朝廷関係者に会って、久光の上洛と出府の打ち合わせをしている。堀はこれの前、赴任した江戸では、藩主茂久の江戸参府を幕府に延期してもらうために、十二月七日に江戸の薩摩藩邸を自焼させるという、大胆不敵の謀略を実行している。

それは、江戸藩邸の焼失を理由に、幕府から藩主茂久の参勤猶予の了承をもらい、その後に久光の出府を願い出るという「御大策」実行の大前提になるものであった。この藩邸自焼という自作自演の謀略はうまく行き、結果として幕府から、茂久の参勤延期を引き出したばかりか、藩邸造営費の貸与を受け、さらにそれに対する返礼として久光が出府したいとする願いに幕府から許諾を得る。無論、こういった謀略が堀ひとりでできるわけはなく「三、四人」の久光側近で「内密に練られたもの」であっただろう。それにしても、これを江戸で実行した堀の豪胆と策士振りは相当なものだ。

木場宛の手紙で、続いて西郷は、久光に謁見して進言したことを次のように言う。

「今やろうとされていることは、先の斉彬公がされたお跡を踏もうとされているものですが、その時からは時態も変わっており、順聖公（斉彬公）と同じようには行きにくく、江戸に行かれてもご登城も難しく、諸侯がたとのお交わりもまだできておられず、一体に成され方を変えないと、見込みが付きません。

いずれ大藩の諸侯がたと同論になられた上で合従連衡して、その勢いをもって成されない限りはうまくいかず、…。もし、合従連衡の策ができないのであれば、固く（自国を）お守りになられるのが相応の処置ではないでしょうか。是非、ご病気を理由にご参府をお断りになって、なお行き詰ってしまえば、割拠という腹積もりであられたくと、私の考えを残らず申し上げたところ、二月二十五日のご出発が延期となって三月十六日になりました。」

西郷が久光に向かって「地五郎（地ゴロ：田舎者）」と呼んだという話がのこっているが、[12] それはこのときのことである。西郷自身が上のように話したと書いているのだから、「地五郎」と言ったかどうかは別にしても、西郷が久光に対してかなり横柄な態度を取ったことは間違いない。なお、西郷は「私の考えを残らず申し上げたところ」、「出発が延期」になったと書いているが、実際には、延期のわけは別のところにあったようだ。[13]

続いて手紙は、西郷が久光一行に先行して「出足」した話に移り、

「どんなことがあっても出仕せず隠遁のつもりでいたのですが、諸国より有志の者どもが、まるで自分の国元であるかのようにやってきたようで、そのことを湯治から帰って知り、また、大久保がやってきて実に心配して、いよいよ変が生じそうだと聞かされ、止むを得ず出足したような次第です。」

と言う。

「諸国より有志の者ども」と書いているのは、西国の尊攘激派で名の通った筑前の平野国臣、久留米の真木和泉、長州の来原(くりはら)良蔵、肥後の宮部(みやべ)鼎蔵(ていぞう)、豊後(ぶんご)岡藩の小河一敏(おごうかずとし)らのことを指す。西郷は「止むを得ず出足」するが、その結果、結局は久光から「大咎(おおとが)め」を受けることになる。そうなった経緯については、次のように言う。

「村田新八同道で下関まで行く考えで出発しました。もっとも、他国へ出るのは、大監察方が大いに難しいということで、下関まで行き、そこで久光公の行列に加われとのご内達がありました。ところが、途中の飯塚で森山新蔵が差し立てた飛脚に会い、早く下関まで急げということで、三月二十二日に下関の白石正一郎方に着き、そこに豊後岡藩の二十人が集まっていてそっと面会し、その者たちはすぐさま大坂に向かって出船していきました。新蔵も船を手配して出船しようとしていたところだったので、一封を書き残して、その日の暮れに出船して同二十六日に大坂に着いたところ、…。諸方の浪人らすべて、堀の計らいで大坂薩摩屋敷に潜んでいました。

下関で筑前の浪人平野次郎（国臣）と申す者に会いましたが、平野はこれより前、月照和尚の供をしてお国元へ参り臨終のときも同じくいっしょにいた者で、それより方々(ほうぼう)へ徘徊して周旋に奔走、勤王のために尽力し、艱難(かんなん)辛苦を経てきた人物です。平野は至極決心しておりましたので、また互いに死を共に致そうという我等になり、いずれ決策が立ったならば共に戦死しましょうと申しておきました。

もちろん皆、死地に就いた兵にて、生国を捨て父母妻子と離れ、泉公（久光公）に御大志があらせられる段、それを慕って出かけて来ている者で、このように言っては自慢のようになりますが、すべて私を当てにして来ているので、私が死地に入らなくては死地の兵を救うことはできません。

諸方の有志は大坂でも、すべて私より引き締めておいていたところ、有村俊斎が阿久根よりごくごく急に京都に行って、またまた早々、久光公の行列まで引き返していきました。そのとき平野と川下りでいっしょになり、私の決心を平野が俊斎に話した由で、それを俊斎がすぐさま久光公に申し上げたところ、至極ご立腹になって、このようなことになりました。

……。右の俊斎の口上のことがあって大咎めになってしまったのです。その咎めの趣きは四ヵ条で、

（一）浪人どもと組んで策を立てたこと。

（二）若者どもの尻押しをしたこと。

（三）（久光公の）ご滞京を図ったこと（江戸出府の邪魔立てをしたこと）。

（四）下関より大坂に飛び出したこと。

です。いっこうに腑に落ちません。」

西郷は上で「右の俊斎の口上のことがあって大咎めに」なったと書いているが、この有村俊斎と西郷とは青年時代からの仲間で、近いところでは、安政五年九月にはともに京都で義挙計画を立て、またその直後には、ともに月照を連れて薩摩に逃げ帰った同志でもある。

有村は久光から上方に参集する浪士たちの動静を探るよう命じられ、京・大坂に出向き、その報

告を姫路まで来ていた久光に四月七日にしている。なお、同時期、堀も京都から下って来て、京の情勢や上方での浪士たちの集結状況を久光に報告しており、そのときに西郷が言う有村と堀による「讒言（ざんげん）」があったようだ。西郷自身は決して「浪人どもと組んで」いなくても、彼らの懐に入って「死地の兵を救」おうとしている西郷の姿は、はたから見れば、当然ながら「組んで策を立て」ているように映ったであろう。

西郷は結局、鹿児島を出て一ヵ月足らずの四月十日に大坂で、久光の命を受けた薩摩藩の捕吏に拘束され、翌十一日には村田新八・森山新蔵とともに船で鹿児島に差し戻される。

西郷は堀についてこの手紙で、

「堀と久々ぶりに伏見において面会したところ、昔とは変わって、ただ智術をもって仕事をしているので、ひどく面責致しました。…。大事をやるについては、ただ誠心をもって尽くさなくては決して成らず、たとえ仕損じても誠心さえ立てておれば、感慨して立つ人も出てくるもので、智術にては決してうまく行くものではない。

（堀が）長州の永井（長井）雅樂（うた）と申す大奸物と腹を合わせ共同しているので、そのことをひどく責めました。もし永井と同論いたすのなら、永井については長州の有志どもへ刺殺すべきと申し入れているので、そのときはこちらでも、汝（堀）を亭主ぶり（刺殺の対象）にすべく二才衆（にせんし）（若衆）へ打つべしと申したのです。このことも、今になって思えば、大邪魔になったはずです。」

と言う。

長井雅樂が航海遠略策を掲げて、前年より京都・江戸間を奔走して朝幕の周旋を図っており、その際に堀も長井と接触していた。このときの薩長間の微妙な競合関係や、長井の唱える航海遠略策の内容などは、西郷は三年の遠島から帰ったばかりで、よくわかっていなかったはずだ。おそらく、長州藩内で内訌して長井排斥を企てていた久坂玄瑞ら尊攘激派の言い分を真に受けて、「大奸物」長井の「刺殺」を「申し入れ」ていたのだろう。

西郷はこのとき、若い者たちの面前で堀をつるし上げたようである。すでに久光の側近で小納戸の地位に就いている堀からすれば、屈辱的な仕打ちであっただろう。西郷は元来、自分の規準や尺度で人物評価をし、わりあい直裁に言動に及ぶところがあった。

いずれも明治になって親友や親族への手紙に書いたものだが、市来四郎を「山師」と呼び、大山綱良を「始終逃げを取り、盗犬の如く」、五代友厚を「利のみの人間」、大隈重信を「詐欺、何とも申され難く」などと形容している。元和歌山藩参政で幕末期に先進的な藩政改革をした津田出などは、後に西郷が明治政府で抜擢しながら、裏切られたという思いもあったからであろう、欧州回覧中の大久保に送った手紙で「まったく山師の親玉…。ひたすら金を貪る始末。沙汰の限り」と酷評している。

重野安繹は西郷のそのようなところを、後に回顧して、

「西郷はとかく相手を取る性質がある。これは西郷の悪いところである。自分にもそれは悪いということを言っていた。そうして、その相手をひどく憎む塩梅がある西郷という人は一体、大度量のある人物ではない。人は豪傑肌であるけれども、度量が大きいとは言えない。いわば度量が偏狭

である。…。やはり敵を持つ性質である。」[14]
と評している。
当然、西郷から上のように言われる相手も西郷を嫌う。市来四郎は西郷とほぼ同年（一歳年下）で、ともに斉彬と久光の両君に仕えた島津家臣だが、西郷のことを『丁丑擾乱記』で、
「性質粗暴。利財に疎く、事業を執るに短なり。…。ひとたび憎視するときは、積年孤視して容慮なく、…。議論なく、動ずるに腕力をもってせんとする僻あり。旧君の恩義を重んぜず、人を貶めるも少なからず、豪傑と言うべき風采なし。」[15]
と決め付けている。

上の木場宛の手紙で、西郷は京都伏見で起きた寺田屋事件についても、

「浪人どもをお屋敷（薩摩藩大坂藩邸）で引き受けるという件は、泉公はご承諾なさらないところ、堀が自分がお受け合いしますと返答申し上げ、それで久光公はご安心になられたとの由。それなのに、伏見の混雑（寺田屋事件）到来したことについては、どんな申訳が立ちましょうか。奸人の舌頭恐るべきものです。」

として、堀を責めている。

寺田屋にはこの日、有馬新七を首領格とする、かつての「盟中」の同志と、真木和泉や小河一敏一派ら尊攘激派の諸藩の浪士たち総計五十名ほどが集結していた。久光の率兵上京に合わせて、関白九条尚忠と京都所司代酒井忠義の誅殺を目論んでいたのである。しかし久光は、入京してすぐに

朝廷から過激派浪士鎮撫の命を受けており、決起を察知して直ちに奈良原繁・大山綱良・道島五郎らに鎮撫を命じる。奈良原らは寺田屋に駆けつけ、同朋であった有馬らと問答はしたものの、結局は乱闘になって双方に死者が出る。「盟中」側では、有馬新七・橋口壮介ら六名が現場で斬殺され、田中謙助と森山新五左衛門（新蔵の息子）の二名は重傷を負い、翌日負傷した身で切腹させられる。

また、寺田屋にいた他藩浪士の真木和泉父子、小河一敏、吉村虎太郎や田中河内介（かわちのすけ）父子ら二十名ほどは薩摩藩の捕吏に拘束され、そのうち、所属のはっきりしている久留米藩士の真木や土佐藩士の吉村らはそれぞれの藩に引き渡されるが、所属のはっきりしない田中父子や千葉郁太郎ら五名は薩摩に護送される船中で殺害される。

なお、このとき寺田屋に集結していて、乱闘には加わらなかった篠原国幹・西郷従道・大山巌・永山弥一郎ら二十一名は国元に送還されて謹慎の処分を受ける。この事件で久光が取った果敢な処置は、朝廷が下した命に久光が厳格に応えたものとして朝廷から高い評価を受け、孝明天皇はこれを機に久光を頼るようになる。もっとも、この武力制圧によって、朝廷や公家衆の不安が和らぐことにはならなかった。このあと七月になると、先に見たように、京都で尊攘派による「天誅」と称する暴力の嵐が吹き荒れる。

西郷はこの木場宛の手紙で、久光の江戸出府については、

「いよいよ勅旨の通りに事が整えば、御国家（薩摩）においても御大幸、泉公も御大功にて、この上もない御事になります。幕役人はなかなか、一通りのすれ者で、手も付き掛けるのが難しいだ

けでなく、いまだ（久光公は）幕情に不案内ですので、ちょっとした事にお乗りになられ、そうなると相手は直ちにつけ込んできますので、一藩の力で平押しに押しても、弱体化している幕であっても、ちょっと難しく、こちら方の勢いや取り扱い次第で、勅旨が立つか立たぬかの分かれ道になります。幕府にとってよほど難しい申し立てだという評判です。いかが成るのでしょうか。今ごろはもうわかっているはずですが、遠海のことゆえ、まったく伝わってきません。残情このことです。」

と言う。

ここで西郷は、久光の江戸での仕事は「ちょっと難しく」うまくいかないのではないかと推測しているが、実際には、久光は江戸でも慶喜の将軍後見職ならびに松平春嶽の政事総裁職の任用に成功して、久光の名は一躍天下にとどろく。西郷の推測は、ほぼ全面的に外(はず)れていたことになる。

この西郷の木場宛の長文の手紙は、次の言葉で終わる。

「大島にいましたときは、今日は今日はと待っておりましたので、癇癪(かんしゃく)も起こり、一日が苦しいものでしたが、このたびは徳之島より二度と出ることはないとあきらめていますので、何の苦もなく安心なものです。もしや乱になれば、その節はまかり登るべきでしょうが、平常であれば、たとえご赦免をこうむっても、島に留まる願いを出すつもりです。

骨肉同様の人々さえ、ただ事の真意も問わずに罪に落とし、また朋友もことごとく殺され、何を頼みにすべきでしょうか。老祖母がひとりおり、これぱかりが気掛かりでしたが、…、その祖母も私が大島から帰ってから亡くなりましたので、何も心置くことはありません。とても我々ぐらいでは補い立つ世上ではありませんので、馬鹿らしき忠義立ては取り止めました。お見限り下さるよう。」

ここで西郷が言う「骨肉同様の人々」というのは有村俊斎や堀仲左衛門を指し、「朋友もことごとく殺され」というのは、西郷が薩摩に連れ帰りながら死なせてしまった月照、安政の大獄で獄中死した日下部伊三治(いそうじ)や刑死した橋本左内、大老井伊の襲撃に加わって薩摩藩によって切腹させられた有村雄助、寺田屋事件で上意討ちに遭った有馬新七・田中謙助ら、また、自分とともに護送されながら息子の切腹を聞いて自害した森山新蔵らを指す。西郷の落胆のほどがわかる。

このあと、西郷は、久光のさらに重罰に処すべしとの命によって、文久二年閏八月に船牢につながれ、徳之島からさらに南の孤島・沖永良部島に流される。それから七ヵ月余りたって、大島遠島の際に世話になった島役人の得藤長宛(とくふじなが)に次のように書いている。

「昨冬はお手紙いただき、遠方へお心がけ下さり、かたじけなくお礼申し上げます。…。私は異議なく消光(日を送る)いたし、この島でも詰め役人がしごく丁寧で仕合せの至りです。囲い入りになっていますので、脇から見ればよほど窮屈に見えるようですが、拙者にはかえってよろしく、俗事に紛れることもなく、余念なく学問一辺にて、今通りに行けば学者にもなりそうな塩梅です。まずはご安心下さるよう。

さて、拙者にもまたまた、赦免帰国の模様があるなどの話がありますが、いつも通りの毎年の嘘ばかりで、その手のことかと考えています。もしや、ほんとうのことであったとして、赦免があればさっそく隠居して、そこもと（大島）へもどる考えですので、そのようにご納得下さい。…。

菊次郎などのこと、始終ご丁寧にしていただいている由、いよいよありがたくお礼を申し上げます。徳之島に（家族が）来たときには拙者を見知りしておらず、他人の塩梅にて別れました。このたびは重罪の遠島の故か、歳を取ったためか、いささか気弱くなって、子供たち（長女・菊草が文久二年七月に誕生していた）のことが思い出されてどうにもなりません。ご推察ください。全体強気の生れ付きと思っていましたが、おかしなものでございます。」

囚われの身ながら、政事や武事に関係のない安穏な暮らしで、「学者にもなりそうな塩梅」と言い、また、「子供たちのことが思い出されて」ならぬとも言う。

沖永良部島での「囲い入り」も島役人の計らいで解けていたころ、九月になって西郷のもとに衝撃的なニュースが伝わる。イギリス艦隊が鹿児島に攻め込んで戦争になったというのである。この戦争は、七月二日から四日にかけてイギリス艦隊が鹿児島湾に侵入して砲撃合戦になったもので、後に「薩英戦争」と呼ばれるものだ。沖永良部島の西郷のもとには二ヵ月以上もたって、そのニュースが届いたことになる。そのあと十月の中ごろには、薩摩藩がイギリス艦隊を追い払ったというニュースが届き、西郷も落ち着きを取り戻すが、その間の一ヵ月ほど、西郷は激しく動揺して、詳しい情報を得ようと北の徳之島や南の琉球に向けて手紙を送ったり、また、船の建造に取り掛かったりもしている。

落ち着きを取り戻して、西郷は先の得藤長に、

「野生（私）も、かような軍（いくさ）の世の中となっては、もしかすると、ご赦免などが届いて、まかり登ることもあるかもしれないと、詰役の人たちが言われるので、どのようになっているのか、この冬の下り船が届ける通達を待っているようなことです。

もう、どのようなことがあっても、大和（やまと）（本土）にはまかり登らない考えではあったのですが、このような軍（いくさ）の世間になれば、また登りたくなりました。名残（なごり）の狂言に軍までしてみたく思い返し、右のようなことです。」

と書く。

戦争や国の危難となると、やはり血が騒いで、いてもたってもおられなくなるようだ。またまた、赦免の通知を今か今かと待つようになり、喜界島に流されている村田新八には、

「天下の所論、どのようになりますやら。一度戦声が響けば、必ず内乱が始まるでしょう。（諸藩）割拠の姿になるのは必至と考えています。幕威は日々に衰えていると伺われますので、必ず（天下取りの）覇業を起こす邪心を抱く諸侯も出てくるでしょう。

いずれ、夷人と結ぶ者が出て、その（西洋）列強国は結んだ者をもって内を痛め、鋒（ほこさき）をくじいて衰えを待ち、事を計られ、どれほどの国衰にもなろうことやら。恐るべき世上になります。京師（京）の模様も紛々の様子と伺われ、慨嘆このことです。お互い努めて正気（せいき）を養うべき時節とわきまえます。…。」

と伝える。

以前に得藤長に「赦免があればさっそく隠居して、そこもとへもどる」と書いたことなどは、すっかり忘失のかなたのようだ。村田には「正気を養うべき時節」とも言う。まったく旧(もと)の木阿弥(もくあみ)である。このような西郷の隠居願望と活動願望は、この後も繰り返し現れる。

注

1 『坂本龍馬関係文書』一、三八―四九頁より引用。

2 山田一郎『海援隊遺文―坂本龍馬と長岡謙吉―』新潮社、一九九一年、第一部、2節、参照。

3 同宿の期間は定かでないが、武市瑞山の安政四年八月十七日付の岳父・島村源次郎宛の手紙に「龍馬、大石弥太郎、私同宿です」(『武市瑞山関係文書』第一、二〇頁)とある。

4 『昨夢紀事』二、二八一頁。

5 このころの有馬新七の行動は望月茂編の『都日記』による。これは国立国会図書館デジタルコレクションで公開されている。

6 『大西郷全集』三、一九〇頁。

7 『西郷隆盛全集』六、一二〇頁。

8 三上一夫『幕末維新と松平春嶽』吉川弘文館、二〇〇四年、七二頁、及び『昨夢紀事』四、三四一―三四二頁、参照。

9 『陣営日記』は瑞山会編・坂崎紫瀾著『維新土佐勤王史』、一九六九年、八六頁に引かれているが、その原本は確認されていないようである。平尾道雄氏は『維新土佐勤王史』の付録「『維新土佐勤王史』について」で、「私は望月清平の『陣営日記』を捜索したが、ついに発見することができなかった」(五頁)とされ、史料性に疑義を投げかけられている。しかし、この日記がわざわざ意味のないことや虚偽を書いているとも思えないので採用した。

10 久光の文久二年の率兵東上の構想や準備での小松・山中・堀・大久保の活動については、町田明広『島津久光=幕末政治の焦点』講談社(二〇〇九)や佐々木克『幕末政治と薩摩藩』吉川弘文館(二〇〇四)に詳しい。

11 佐々木克、同上書、七八頁。

12 久光自身が明治十九年に市来四郎に話したこととして『史談会速記録』にのこっており、また、市来四郎の日記の明治十九年六月十六日の条にもそういった記述がある。

13 町田明広、前掲書、五〇頁、参照。

14 『重野博士史学論文集』下、一〇五頁。

15 『鹿児島県史料　西南戦争』一、一〇一四―一〇一五頁。

# 第三章　勝海舟との出会い

## 一　龍馬の出会い

龍馬が脱藩後、文久二年の閏八月下旬には江戸にいたことは、先に取り上げた間崎哲馬の『滄浪遺稿』に「門田為之助、坂本龍馬、上田楠次、会飲」とあることからわかる。その後、久坂玄瑞の日記に、

「十一月十二日、暢夫（ちょうふ）（高杉晋作）同行、勅使館に往き、武市を訪ね、龍馬と万年屋で一酌、品川に帰る。」

とあることから、龍馬はこのころには久坂や高杉らと会い、武市にも会っていたことがわかる。この時期は、攘夷督促の「別勅使（恒例の年頭勅使以外のものを言う）」として三条実美（さねとみ）（正使）・姉小路公知（あねがこうじきんとも）（副使）一行が東下して江戸の「勅使館」に滞在中で、その護衛に当たっていた武市とその配下の者、それに長州藩尊攘派の久坂らが入府していた。

十二月に入っての龍馬の足跡については、越前藩の記録『続再夢紀事』の十二月五日の条に、

「（春嶽公）帰邸後、土藩・間崎哲馬、坂下龍馬、近藤昶次郎来たる。公、対面せられしに大坂近

海の海防策を申し立てた。」

と出る。

この拝謁については、「坂本龍馬」を表題にする本の著者たちが、いずれも龍馬を主人公にしているためか、その紹介者を千葉重太郎・横井小楠・勝海舟・間崎哲馬などといろいろに推察しているが、それはみな間違いであろう。上の記述および以下で述べることから、この拝謁を申し込んだのは、上で筆頭に名が挙がっている土佐藩山内家家臣の間崎である。

間崎はこのころ、山内容堂の信任が厚く江戸藩邸で容堂に近侍していた。また、その容堂が春嶽と親交が深かったことからして、間崎が龍馬と近藤を伴って春嶽に拝謁したと見るのが自然である。そのことはまた、春嶽の近臣・中根雪江がのこした、次に示す『枢密備忘』の一連の記事によっても裏付けられる。

それの十二月前半の記事から関連事項を引き出すと次のようである。[1]

「四日、土州の間崎哲馬・山下龍馬・（三人目の欄が空白）、お逢い願い罷(まか)りだし拝謁を願う。明晩を約す。武市半平太（瑞山）、拝謁今晩仰せられずはずのところ、ご帰殿後お認め物ご用につき、お断りになる。

五日、ご帰殿の上、昨日願った土州の間崎哲馬・坂下龍馬・近藤長次郎へお逢いこれあり。大坂近海の防御の策を申し立てたにつき、しごくもっともなるに、お聞き受けになり遊ばす。

六日、今朝、ご出殿前、武市半平太へお逢いになる。

九日、坂下龍馬・近藤昶次郎罷り出、建白書一封差上げる。ただし、摂海の図は十一日差上げる。

十五日、近藤昶次郎儀、先日来、陰の忠義少なからず。貧生の儀ゆえ、何となく金十両下され、勝麟まで渡す由。但し、昶次郎横浜へ罷り越し、捜索のところ暴客三人ばかりいたに付き、諭解したため引き取った由。……。」

先の『続再夢紀事』の記載は、中根雪江によるこの『枢密備忘』の記録をもとに編集したものだ。『枢密備忘』の上の記載から、間崎らは春嶽に実際に拝謁する前日に、拝謁願を出していることがわかる。さらに、土佐藩の武市瑞山が拝謁の予定になっていたこともわかる。つまり、間崎も武市も、ともに土佐藩要路の者で容堂の側近という身分で、春嶽に拝謁を申し込んでいることになろう。また、四日の拝謁願の名前に「山下龍馬」とあることからも、龍馬の筋の紹介ではなかったことがわかる。いくら何でも、紹介された本人の名前を間違えたりはしないであろう。なお、龍馬の苗字が「坂下(さかもと)」となっているのは、間違いではない。勝の日記や大久保一翁の書状などに出る龍馬も、初めのうちはすべてそうである。

上の引用部最後の十五日に「近藤昶次郎儀、先日来、陰の忠義少なからず」とある記事も興味深い。これから、近藤はこのとき以前から越前藩と関係があったことがわかる。そして、褒賞金を「勝麟まで渡す由」とありことからして、近藤は勝麟太郎（海舟）を通じて越前藩と関係を持っていることもわかる。

勝の日記のこの年の十二月十一日の条には、

「当夜、門生、門田為之助、近藤昶次郎来たる。興国の愚意を談ず。」

と、近藤の名前が、門田もともに「門生」として出る。

つまり、近藤も門田もこの日より以前に、すでに勝の門下に入っていたことになる。龍馬は門田とこの年の閏八月二十二日に江戸で間崎哲馬らと「会飲」しており、龍馬も門田・近藤と同時期に勝に会っていた可能性がある。

さて、勝の日記に龍馬の名前が初めて出るのは、この年文久二年の大晦日の十二月二十九日（この月は「小の月」）である。続いて、翌日の三年正月元旦にも出る。このとき、勝は幕府が十月に購入したばかりの蒸気船・順動丸に老中・小笠原図書頭長行（ずしょのかみながみち）を乗せて江戸から兵庫にやって来ていた。下に勝の日記を二日続きで引く。

「二十九日、千葉十（重）太郎来たる。同時、坂下龍馬子来たる。京師（京都）のことを聞く。」

「元旦、龍馬、（近藤）昶次郎、十太郎ほか一名を大坂へ到らしめ、京師に返す。…。昨夜、愚存の草稿を龍馬子へ属（しょく）し、ある貴家へ内呈する。」

大晦日に勝のところへ千葉と龍馬がやって来て、勝はその二人から京都のことを聞き、翌元旦には、龍馬と千葉に近藤のほか一名を加えて大坂に遣り、さらに京都に戻らせている。ここで、京都から来た千葉・龍馬とは別に、近藤の名が突然に出るが、近藤は勝に同行して順動丸で兵庫に来ていたのだろう。

上の日記で、龍馬については「坂下龍馬子」や「龍馬子」とあるが、この「子」は今日の「氏」に当たる。勝にとって龍馬は最初から単なる門下生ではなかった。諸書では、龍馬は勝に出会ったことで「海軍」の活動に触発されたとするものが少なくないが、事実はそうではない。無論、勝が「海軍」の見識や経験において龍馬より格段に上で、師匠であったのには違いないが、龍馬も既述のように「海軍」についても、また、日本の政治情勢についてもかなりの見識を備えていた。勝の「龍馬子」には、その意味合いが込められている。

そのことは、龍馬が故郷の姉・乙女に、勝との出会いを最初に書いた文久三年三月二十日付の手紙と、その二ヵ月足らずあとに書いたものの変化からも読み取れる。最初のものでは、

「今にては日本第一の人物勝燐太郎殿という人の弟子となって、日々かねて思っていたことに精を出しております。」

と書いているが、それが二ヵ月足らずあとの手紙では、

「この頃は天下無二の軍学者勝麟太郎という大先生の門人となり、ことのほか可愛がられて、まずは客分のようものになっています。」

になっている。最初「弟子」であったものが、「客分のようもの」に変わっている。

ところで、勝が元旦に「昨夜、愚存の草稿を龍馬子へ属し、ある貴家へ内呈する」と書いている「ある貴家」というのは、いったい誰のことであろうか。わざわざそのような表現を取っているのには、何かの訳があったのだろうが、その人物とは、結論を先に言うと、公家の姉小路公知であったと見てまず間違いない。

龍馬は千葉とともこの文久二年十二月の大晦日に勝のもとに来るが、二人は江戸を十二月十二日にたって京都に着き、そこからやって来ていた。龍馬らが着いた京都はちょうど、三条実美と姉小路公知が攘夷督促の勅使の仕事を終え、江戸から十二月二十三日に京都に帰着したばかりのときであった。勅使に随行したのが土佐藩主・山内豊範で、一行の護衛を担当したのが武市瑞山を首領にした多くの土佐勤王党員たちであった。武市はまた、副使・姉小路の雑掌に任じられて柳川左門の名をもらい、二ヵ月半にわたって姉小路の身辺近くにいて、彼とは相当に入魂になっていた。

また同時期、間崎哲馬も十二月七日に江戸をたって同月十三日に京都に着き、十七日には平井収二郎らとともに青蓮院宮（中川宮・伊宮・朝彦親王）に謁見する（後の「令旨授受事件」のもとになる）などして、間崎も平井も京都にいた。平井がこのころ綴っていた日記によると、一月七日の条に龍馬の名が出、また平井はこのころ、姉小路や三条にも会っている。[2] 龍馬が京都で姉小路に接触できる手立てを得ていたと見てまず間違いない。自分が勝海舟に会って進めようとしていることを、上記の誰かと相談していた可能性もある。

京都から勝のもとに来た龍馬は、勝にその話をし、公家の姉小路に「海軍」充実のために働いてもらおうと話し合ったと考えられる。それが、大晦日の勝の日記にある「京師（京都）のことを聞く」であり、翌元日の「昨夜、愚存の草稿を龍馬子へ属し、ある貴家へ内呈する」になる。勝は姉小路に内呈する「草稿」を龍馬に渡し、龍馬はそれを読んだ上で京都に向かっている。つまりは、「ある貴家へ内呈する」という件は、勝の発案ではなく、龍馬が勝に持ち込んだ話なのである。勝が主導するものなら、「愚存の草稿を龍馬子へ属し」といった書き方はするまい。

このあと、勝の一月九日の日記に、

「昨日、土州の者数輩、我が門に入る。龍馬子と形勢の事を密議し、その志を助く。」

とある。龍馬は「土州の者数輩」を連れて、兵庫の勝のもとに戻って来たのである。そして、ここに「龍馬子と形勢の事を密議し、その志を助く」とあるのは、姉小路に「内呈」したあとの成り行きを「密議」し、龍馬の「志」を助けたという意味であろう。これからも、この件が龍馬の「志」から出たものであることがわかる。

「土州の者数輩」というのは、望月亀弥太・高松太郎・千屋寅之助らのことである。[3] 彼らは勅使の三条・姉小路の東下に武市のもとで随行し、十二月二十三日に帰京して二十五日にはお役御免になっていた。お役御免になった者のなかには、勅使ならびに土佐藩主の護衛と称して勝手に随行した土佐勤王党の「五十人組」もいた。龍馬がそれらで用済みになった者たちを連れて来て、勝のもとに入門させたのだ。上の三人のほかにも、龍馬はこのころ新宮馬之助・安岡金馬・鵜殿豊之進（白峯駿馬）や公卿の河鰭家にいた沢村惣之丞らを勝の門に入れており、その誰もが後に「社中」や海援隊の中心メンバーになって活躍する。

龍馬・勝の「内呈」がうまく行って、姉小路公知はこのあと四月二十五日に勝の順動丸に乗って

摂海を巡遊する。勝はその日の日記に、

「朝、姉小路、旅館に至り面会。摂海警護の事を問われる。答えて言う。海軍にあらざれば本邦の警護、立ちがたし云々。長談、皆聞かれる。即刻、順動丸に駕して兵庫港に到られるべき旨なり。午後、ご上船、直ちに出帆。従属百二十余人、船内、なお、前件の事を申す陪従の諸氏と弁論する。大抵同意の旨なり。」

と記している。

勝は順動丸に姉小路一行を乗せ、姉小路や「陪従の諸氏」に航海をしながら海軍充実の必要性を説き、姉小路から支援の約束を得る。しかし、この約束は、この一ヵ月足らずあと、文久三年五月二十日に姉小路が京都で暗殺されて（「朔平門外の変」）水泡に帰す。公卿の姉小路は尊攘派の象徴的存在であっただけに、尊攘激派の者にとっては、開国派の幕臣・勝を支援するなど、とても許せることではなかった。それが暗殺の一因になっていたことも考えられる。勝が日記に「ある貴家」と名を伏せたのも、そういう心配があったからではないか。

勝は一月九日に龍馬に会ったあと、翌々十一日に江戸から、

「（将軍の）御上洛、御軍艦にて遊ばされる旨の趣き、仰せ出があり、かつ、春嶽公、容堂侯もまた海路ご上京の由。右に付き一刻も早く帰船致すべしとの事なり。」

との通知を受ける。

勝はかねてから、将軍の上洛に艦船を使うことを何度も申し出ていた。海軍充実のためでもある。

ところが、海路の危険などを理由に、前例を変えたがらない「因循の諸有司」に反対され、話しがいっこうに前に進んでいなかった。そこへ飛び込んできた朗報である。勝は喜び勇んで順動丸で江戸に向かう。

その途中、勝は一月十五日に下田港に入港したとき、たまたまそこへ潮待ちのため入港してきた大鵬(たいほう)丸に乗っていた山内容堂に会う。勝のその日の日記に、

「午後、下田港に入る。大鵬船入津、滞泊するを見る。この夜、容堂公を訪ねる。生徒教育を頼まれる。」

とある。

「生徒教育を頼まれる」とあるのは、土佐藩はこのころ、懸案の蒸気船の購入が決まっていたものの、乗組員不足に悩んでおり、容堂の方から勝に頼んだことのようだ。勝にとってもまた、それは願ってもないチャンスで、すでに自分のところにいる土佐出身浪士たちの赦免を頼み込んで、このとき龍馬ほか土佐藩浪士八、九名の脱藩の赦免と航海修業の許可を得る。

これをもって、龍馬ほか望月亀弥太・高松太郎らがいっせいに無罪放免になり、大手を振って勝のもとで海軍修行に邁進できるようになる。このあと、土佐藩の重役会議でこの件が評議されたようで、容堂の側近・寺村左膳は二月二十二日の日記に、特に坂本龍馬の名を挙げ、

「この者郷士なり。先年勤王論をもって御国出奔、薩長の間を奔走し、すこぶる浪士輩の名望ありと云う、当時勢いに付き召し返されてしかるべきという論あり、…。」[4]

と記している。

龍馬もこれによって、土佐藩から文久三月六日に正式に赦免の伝達を受ける。姉・乙女宛の先に一部取り上げた三月二十日付の手紙で、その喜びを、

「さてもさても、人間の一世（一生）は合点の行かぬはもとよりの事。運の悪い者は風呂より出でんとしてキンタマをつめ割って死ぬ者あり。それとくらべて私などは、運が強く、何ほど死ぬる場ででも死なれず、自分で死のうと思っても、また生きねばならんことになり、今にては、日本第一の人物勝燐太郎殿という人の弟子となって、日々かねて思っていたことに精を出しております。

（中略）

国のため天下のため力を尽しております。どうぞ、おんよろこび願いあげたく。」

と伝えている。

勝の弟子になった上に脱藩の罪が許され、「国（土佐）のため天下のため」大手を振って尽せる身分になり、いろいろつらかったことを思い起こしながらも、冗談まじりに、大喜びの胸の内を綴っている。

## 二　勝のもとで

龍馬は勝海舟の人脈のもとで自身の世界を広げていく。文久三年四月二日には江戸で勝門下の仲間を連れて大久保一翁を訪ねている（龍馬自身は二度目である）。一翁は前年十月には幕議の場で、攘夷の不可を唱え、もし朝廷にそのことが理解できず、なお幕府に対して攘夷実行を強要するのであれば、徳川家は政権を返上して旧領国を治める一大名に戻るべしとする発言をして皆を驚かせて

いた。そのことも災いしてか、このころ一翁は、側用取次の要職から外(はず)され講武所勤務になっていた。

一翁は、龍馬らの来訪を受け、その日に龍馬に、京都にいる政事総裁職の松平春嶽への手紙を託している。その春嶽宛の手紙の末尾で一翁は、

「このたび坂下龍馬に内々逢いましたところ、同人は真の大丈夫(だいじょうふ)と存じ、素懐(そかい)もあい話し、この一封も託した次第です。」

と書いている。

ここに「素懐」とあるのは、攘夷の不可と大政奉還論を唱える一翁の意見のことだ。おそらく、龍馬とその意見で完全に一致したため、龍馬にその春嶽宛の手紙を託したのであろう。

また一翁は、龍馬らに会ったことを福井にいる横井小楠(しょうなん)に四月六日付の手紙で次のように書いている。小楠は熊本藩士だが、このころ、春嶽から越前藩の「賓師(ひんし)」として迎い入れられ、幕府政事総裁職・松平春嶽の政治顧問にも就いていた。

「京地（京都）云々の儀、勝に従っている土州の有志五人が拙宅に参ったので大方のことは承っております。ただただ歎息の極みではありますが、その来人中、坂本龍馬・沢村惣之丞両人は大道を解する者と見受け、話し中に刺されても仕方なしの覚悟で、懐(ふところ)を開いて、公明正大の道はこのほかにはないと素意（私の考え）の趣きを話したところ、両人だけは手を打って会得したので、…。」

ここで一翁は龍馬とともに沢村の名を挙げて「大道を解する者」と見ている。一翁がここで「話し中に刺されても仕方なしの覚悟で、…話したところ」と書いているのは、やって来た「土州の有志五人」のなかには尊攘激派の者がいて、攘夷の不可などについて話すと刺されるかもしれないと思ったからである。実際このころ、一翁にしても、勝や小楠にしても、常に、幕府の守旧派と尊攘激派の両方から狙われる危険にさらされていた。

もっとも、一翁が上で書いているような心配は、「土州の有志五人」については不要であった。勝のもとにいた龍馬ら「有志」の者は、勝から単純な攘夷の無謀はもちろん、一翁が主張している大政奉還論についても聞いていてはずである。

近藤長次郎・門田為之助らがすでに勝の門下に入っていた文久二年十一月の勝の日記をひもといてみると、六日の条には、

「昨日、大越（一翁）講武奉行に転役。この人、幕府中の英傑。幸いに先日、御用お取次に抜擢せられたものの、（たった四ヵ月の在職で）今日また武官に転ず。当時、東武（幕府）にて開国説を主張する者、大越がその魁（さきがけ）、次に小栗豊後（ぶんご）（忠順）、岡部駿河（するが）（長常）の三子なり。京師（京都・朝廷）でそれはならぬとの風評があり、故に転ずという。

ああ、区々と（ちまちまと）して開鎖を論ずるは、天下の形勢を知らざる無識者の言。今、危急の秋（とき）なり。朝廷、衆説に雷同せず、有識をもって要路に置かなければ、いったいいつ大政一新ができようか。…。吾云う、おおよそ開鎖は、かつて（ペリー来航のとき）和戦（和か戦か）をもって論じたのと同じで、無用の談のみ。武備充実の基（もとい）は人心一致にあり。人心一致が成れば、何ぞ彼を恐

れん。…。」

とあり、続いて九日の条では、

「このごろ、世間に雑説紛々。ある人云う。今や、新政の施行は春嶽公、その最たり。次に大久保越州（一翁）、肥後藩士で春嶽公の師・横井小楠の議なり。愚拙もまた加わると。あるいは、それらは皆、不良のことのみなりと。
ああ、古より、忠良の言容れられず、区々として嫌忌、防止せられ、空しく憤死する者、比々として歴史上に充満する。しこうして、棺を蓋いて、是非定まるときに至って、天下皆その忠良の明詳を許す。この如きでは、当今の国家にあって何の益あらん。愚説が人心を惑わす。実に酸鼻するに堪えず。歎息、また日に極まる。」

とある。

こういった勝の憤懣と慨嘆は龍馬らにも十分伝わっていたであろう。

龍馬は一翁の春嶽宛の手紙を預かって上京するが、春嶽はすでにこの文久三年三月に政事総裁職の辞職を申し出て、そのまま京都を去って福井に帰っていた。そのため、龍馬はいったん大坂の勝のもとに帰り、そのあと四月十六日に大坂をたって福井へ向かう。そのとき、勝も龍馬に越前藩重臣の村田氏寿宛の手紙を託している。勝のその日の日記に、

「龍馬、越前へ出立。村田へ一封を遣わす。」

とある。このときの龍馬の福井での足跡は史料がなくわからない。

龍馬は福井から帰ったあと、再び五月十六日に京都をたって福井に向かう。今度は勝の命によるもので、勝の五月十六日の日記に、

「龍馬子を越前へ遣わす。村田生へ一書を附す。これは、神戸へ土着（赴任）命ぜられ、海軍教授の事（神戸海軍操練所とは別の勝の私塾）につき、（運営の）費用（幕府が）供さず、（そのために）助力を乞うためなり。」

とある。

このとき龍馬は勝の依頼で、勝が神戸で開設する私塾のための資金援助を越前藩に依頼するために福井に向かったのである。福井で龍馬は、横井小楠、三岡八郎（由利公正）や長谷部甚平らに会い、大いに話をはずませたようだ。後年、由利公正が語ったところでは、

「龍馬君、我が藩に来遊。小楠横井翁の客寓を訪ねる。余また相会し、ともに時事を討論し、談は数刻に及ぶ。これ余が君と相知った初めにして、すこぶる意気相通じる。爾後（じご）弊居へもしばしば来られ、交情いよいよ親密、互いに心肝を吐露する。

一日ともに酒を酌（く）む。君は君が為の国歌を高唱せられる。その声調すこぶる奇なり。弊藩の壮士輩、酒間に常に国歌を唱歌するのはこれを濫觴（らんしょう）（始まり）とする。」

とある。由利の耳には、龍馬が「高唱」した「その声調すこぶる奇」の印象が強く残ったようである。

龍馬が京都から二回目の福井行きをしようとしていたころ、下関では長州藩が、文久三年五月十

日を期限とする攘夷実行令に応じて、その当日に「奉勅攘夷」の旗を掲げ、馬関海峡通過中のアメリカ商船を皮切りに異国船に対して無警告での砲撃を開始する。この実行令については、幕府は外国側が「襲来した節は掃攘」すべしとしていたのに対し、朝廷は「醜夷掃攘」として、かつて幕府が発した「無二念打払令」を思い起こさせるような発令の仕方をしていたようである。いわゆる「政令二途」の形になっていたわけだ。

この朝廷の方の命令は、長州藩の働き掛けで決まったもので、期限当日の長州藩の攘夷実行は、言わば自作自演の色合いが濃い。朝廷は、長州藩のその実行に対して、六月一日付で直ちに称賛と激励の勅語を授けている。しかし無論、無警告砲撃を受けた外国側は黙っていない。六月中に米・蘭二ヵ国の軍艦が、数次にわたって下関砲台と長州艦船に報復砲撃を加えて、長州海軍は壊滅状態になる。

龍馬は福井から帰った京都で、長州の攘夷実行と、それへの外国側の報復攻撃を聞いて、六月二十九日付の姉乙女宛の手紙で次のように書いている。

「誠に嘆かわしいことに、ながと〔長門〕の国に軍(いくさ)が始まり、六度の戦いに日本ははなはだ利すくなく、あきれ果てたる事には、その長州で戦った船〔外国の軍艦〕を江戸で修復して、また長州で戦っているようなことです。これは皆、姦吏(かんり)が夷人と内通しているためです。その姦吏などはよほど勢いもあり大勢ですが、龍馬二三の大名家と約束を固くして、同志を募り、朝廷より先ず神州を保つ大本を立て、それより江戸の同志〔旗本、大名その他段々〕と心を合わせ、右のような姦吏を一事に軍をして打ち殺し、日本を今一度洗濯する事にいたすべくとの神願です。」

後によく知られるようになる「日本を今一度洗濯する」というのは、龍馬がこの手紙のなかで書いたものだ。それは、幕府の「姦吏」を一掃して、「日本」の汚辱を洗い落とすというものである。龍馬としては、外国を助けて、自国の藩をいじめるような、卑劣なやり口に我慢がならなかったようだ。

この姉宛の手紙は長文のもので、続いて、

「この思い付きを大藩でもすこぶる同意して、（当藩でいっしょにやらないかの）使者を内々に下さること両度。でも、龍馬は少しも（その藩）に仕えることを求めません。（中略）土佐の芋堀とも何とも云われぬ居候に生まれて、一人の力で天下を動かすべきは、これまた天よりすることとなり。こう申しても、決して付け上がりはせず、ますます、墨をかぶって泥の中のスズメ貝のように、常に土を鼻先に付け、砂を頭にかぶっております。ご安心ください。」

と書いている。

「仕えることを求めません」や「一人の力で天下を動かす」などと書くところには、浪人の孤独と無力に耐えながらも、独立独歩を維持する、今で言うフリーランサーの気概を示している。しかしまた、姉には、豪語を発し少々ホラも吹くけれども、自制して時には小さくもなってもいるので、そう心配するなと安心の言葉を投げかけてもいる。「土佐の芋堀」とか「泥の中のスズメ貝」とか、龍馬の手紙には、郷土の山海にちなんだ比喩がよく出て来る。

この手紙を書いた六月晦日、龍馬は京都に来ていた村田氏寿を越前藩邸に訪ね、長州藩の攘夷実行について意見を戦わせている。越前藩の記録によると、龍馬が長州の意気を称賛して彼らを助けるべしとしたのに対し、村田は長州の無謀を責めて、論戦が長時間に及んだようだ。その日は喧嘩別れのようになったためであろう、龍馬は翌日も、今度は近藤長次郎を連れて村田を再度訪ね、さらに議論を重ねて、最後はお互いの共通点を見出して和解したようである。村田は龍馬より十五歳年長であったが、龍馬はつねづね人との交わり方や交遊で独特の才能を発揮した。

六月の米・蘭艦隊による下関砲撃に続いて、七月初旬には鹿児島でも、イギリス艦隊が鹿児島湾に侵入して「薩英戦争」が起きる。昨年八月に島津久光一行が江戸からの帰京の途次、生麦（現・横浜市鶴見区）で起きていた「生麦事件」への報復であった。戦闘は二三日の砲撃合戦で終わるが、薩摩藩側は市街地の焼失と虎の子の艦船を失い、イギリス側は艦船に甚大な損傷を蒙るとともに艦長らが戦死してもいる。

一方、高知ではこのころから、土佐勤王党への弾劾が強まる。六月には、いわゆる「令旨（皇族が出す文書・命令書）授受事件」の廉で、間崎哲馬・平井収二郎・弘瀬健太の三人が山内容堂から「死を賜って」切腹させられる。三人は、昨年文久二年の暮れに京都で青蓮院宮に会って、彼から先々代藩主・山内豊資（藩主豊範の実父）宛の、勤王のための藩政改革を推進せよとする令旨を授かっていた。そのことが直後に、青蓮院宮本人の口から容堂に伝わり、容堂が激怒して処断したのである。当時の大名は、家臣の生殺与奪権を持っていたため、わりあい簡単に家臣を死罪に処すことができた。

このあと、京都では文久三年八月十八日に政変（以下、八・一八政変）が起きて、長州藩関係者ならびに三条実美ら尊攘激派の公家が京都から放逐（「七卿落ち」）される。この政変は、薩摩藩の京都藩邸詰め藩士・高崎正風（まさかぜ）と京都守護職松平容保配下の会津藩士・秋月悌次郎らが、青蓮院宮や近衛忠熙・忠房父子らと謀議して起こしたもので、孝明天皇はこの成功に大喜びして、青蓮院宮に、

「元来、攘夷は皇国の一大事、何とも苦心堪え難い。さりながら三条（実美）初め暴烈の処置、深く心痛の次第、…、浪士輩と申し合わせ、勝手次第の処置…。実に取り退けたいこと、かねがね各々へ申し聞かせていたところ、去る十八日に至り、望み通りに忌むべき輩（やから）取り退け、深く深く悦に入っている。…。」[5]

と書き送っている。しかしこの政変は、以後の国内政治混迷の大本（おおもと）になる。

吉村虎太郎らは天誅組を結成して八月に大和で「義挙」したものの、この政変のあおりを食って「賊徒」になってしまい、吉村は九月下旬に戦死する。また高知では、土佐勤王党への風当たりがいっそう激烈になって、武市瑞山らが捕縛され中岡慎太郎らは脱藩する。併せて、吉田東洋暗殺の取り調べが再開され、数人が斬罪に処せられ、武市も一年九カ月牢獄につながれたあと、慶応元年に切腹を命じられる。

土佐勤王党への弾劾は龍馬らにも及び、文久三年十二月には龍馬にも土佐藩庁から召還令状が届く。土佐に召還されてしまうと、生命の危険もあるため、心配した勝が土佐藩庁に、

「坂本龍馬儀、…。この節ご軍艦乗組も仰せ付けられ、かつ別段の憤発、勉励仕り居り次第。

旁々、今、暫時、修行方、相成りますよう、…。」

などと、帰国猶予を求める嘆願書を提出するが、このたびは効き目がなかった。

翌文久四年（元治元年）年二月初旬には、龍馬ら勝門下にいた土佐の者全員が藩庁からの召還を拒否して、再び皆脱藩の身となる。大久保一翁が二月十二日付勝宛の手紙で、「坂龍始め、土への呼び戻しは如何。容堂侯に似合わず小気の処置…」と気遣っている。

文久三年末に島津久光・松平春嶽・山内容堂・伊達宗城らが京都に集まり、四年初めに「参預会議」を開いていたころ、軍艦奉行並の勝は、将軍後見職・徳川慶喜から英仏蘭米の四国が計画中の長州への本格的な報復攻撃を止めさせるよう交渉に当たれとの命を受け、文久四年二月十四日（二月二十日に元治に改元）に幕府艦・長崎丸で神戸を出航して長崎へ向かう。このとき船上には、土佐藩の召還命令を拒否して今や追われる身になっている龍馬・近藤・新宮・千屋・望月・高松らの姿があった。勝が彼らに外人との折衝の現場を経験させようと連れ出したのである。

長崎丸はこのとき関門海峡の通過が難しいため、神戸を出て紀伊水道を南下し、龍馬らの故郷の土佐沖を回って豊後水道に入り佐賀関（現・大分県佐賀関）に着いて、そこからは陸路を取って長崎に向かう。龍馬はこのとき、勝の用命を受けて途中、熊本郊外の沼山津に閑居中の横井小楠を訪ねる。小楠は越前藩の藩論が変わってお役御免になり帰国していたが、龍馬の来訪で二人は久しぶりに話をはずませる。龍馬は勝の意を受けて、小楠に神戸に開設する神戸海軍操練所についての意見書を求める。小楠はこのあとすぐに「海軍問答書」を起草して長崎にいる勝のもとに届けている。

その内容は、神戸に新たにつくる「海軍」のあるべき姿とその運営のための「経綸（経営）」を提言するものだ。「天朝・幕府が兵庫において海軍を起こす命令を出され」、「総督官に海軍一切の全権を命じ」、その人事については「才能・長技によって匹夫たりとも一艦の長、一軍の将にも上げ、貴族たりとも長けるところなければ用いず」とし、その「経綸」については、「一大経綸局」を設けて、銅山・鉄山を起こし、木材の運用にも工夫を加え、軍艦の製造費から海軍の経営管理に至るまでの費用を自ら賄うべしとする。これを「維新の令」をもって「天下に布告すべし」とするもので、ここに出る「維新」の用語は、明治維新に先立つ最も早い用例の一つである。

これらの大方は、小楠が万延元年（一八六〇）に春嶽に建議した『国是三論』で「海軍に過ぎたる強兵はなし」としてすでに唱えていたものであり、また、勝が以前から論じているものでもあるが、ただ「兵庫において海軍を起こす」ものを「天朝・幕府」の命によるものとしているところなどは、龍馬がすでに姉小路公知らに働き掛けて尽力してきたことを成文化するものになっている。

勝一行は四月中旬に九州から神戸に帰り、その一ヵ月後の元治元年五月十四日には神戸海軍操練所が正式に発足し、勝も正規の海軍奉行に昇格する。しかし、龍馬の足取りについては、このころまた、はっきりしなくなる。もっとも、京都でお龍と良い仲になったのや、蝦夷地開拓の計画を立てて、その実行ために奔走したのはこのころだ。

この蝦夷地開拓については、龍馬自身が書きのこしたものはないが、勝が龍馬から聞いて、六月十七日の日記に次のように記している。この日、勝は乗っていた船が故障して下田港で待機中であった。

「黒龍丸入津。坂本龍馬、下東。右船で来る。聞く、京摂の過激輩数十人〔「弐百人ほど」とも〕、みな蝦夷地の開発・通商、国家のため奮発する。この輩、ことごとく黒龍船にて神戸より乗廻すべくのつもり。このこと御所（朝廷）ならびに水泉公（老中・水野和泉守忠精）もご承知なり。かつ、入費三、四千両、同志の者、所々より取り集めた。速やかにこの策を施すべくと云う。志気はなはだ盛んなり。」

蝦夷地開拓については、これより九年ほど前の安政二年に、幕府がロシアの侵入防御策の一環として、全国諸藩に蝦夷地開拓民を募ったことがある。そのときは、越前大野藩がそれに応募して三十数名を蝦夷地へ送り込んだことがあるが失敗に終わり、その後はそのようなことがあったこともほとんど忘れられていた。

龍馬にとって蝦夷地のような未開発地の開拓は、以前にアメリカの建国を知り、また、河田小龍との話し合いや吉田東洋の南海の島々の開拓構想などを知って以来、夢に描いてきたことだ。このとき、蝦夷地開拓の計画が具体的に動き始めたのは、龍馬が唱える説に強力な支援者が現れたからだ。龍馬が唱える説というのは、京都や大坂にあぶれている浪人や過激の輩（やから）を北海道に移住させて彼らに活動の場を与えるというもので、それに、京都の治安に悩まされている朝廷と幕府老中の水野忠精（ただきよ）が乗ってきたのだ。

また、ちょうどこのころ、土佐の浪士仲間の北添佶摩（きつま）らが前年に奥州や蝦夷地を周遊して上方に戻ってきて、同様の考えを持って動き始めており、龍馬はその北添らと合同し、大方の資金調達のめども付いたとして、それを勝に話したようだ。勝はそのことを「入費三、四千両、…取り集めたとのこと」、「（龍馬の）志気はなはだ盛んなり」と記している。

しかし、龍馬と勝が下田港で六月十七日に会い、勝が上のように記したときには、二人はまだ六月五日に京都で起きていた池田屋事件のことを知らなかった。京都守護職の配下にある新撰組が池田屋を襲撃して、長州藩士をはじめ多くの尊攘派の志士が闘死し、そのときに北添佶摩や望月亀弥太も死んでいた。さらに、この池田屋事件が導火線になって、七月には京都で禁門の変が起きて京摂の情勢は一変し、龍馬の蝦夷地開拓計画も頓挫する。勝は神戸に戻って池田屋事件のことを聞き、六月二十四日の日記に、

「壬生（みぶ）浪士（新撰組）輩、無辜（むこ）（罪なき者）を殺し、土州の藩士また我が学僕の望月生などこの災い遭う。」

と記している。

## 三　西郷の出会い

元治元年二月二十一日、西郷召還のために吉井友実と弟の西郷従道が藩船・胡蝶丸で沖永良部島に迎えに来る。そこから帰航の途中、喜界島に寄って村田新八を拾い、船は二月二十八日に鹿児島に着く。直ちに、西郷・村田は島津久光がいる京都への赴任を命じられ、三月四日に鹿児島をたって三月十四日に京都に着く。

西郷は二年ぶりの久光への拝謁となるが、処罰した者とされた者同士の再会で、周りの者も気を

揉んだようだ。大久保利通は江戸留守居の新納嘉藤二（立夫）に書いた手紙で、

「大島（西郷）義も上京にてさっそく拝謁仰せ付けられ、軍賦役にて応答掛（渉外役）を仰せ付けられ、この節は一体議論もおとなしく少しも懸念なく安心しました。」

と伝えている。

西郷本人もその辺のことは承知していて、国元の桂久武に書いた手紙（これには日付・宛名がないが、このころ大目付に就いて復職していた桂宛と見てまず間違いない）で、

「よほど心配されたことかと思われ、どんなにか狂言を話すかもしれずと胸を焦がされたのではないでしょうか。おかしなことでございます。しごくおとなしくしていましたところ、あまり程よいのが過ぎてご機嫌取りとなり、たびたびのお役替え（昇進）にて、どうもはじまらぬことでございます。ご笑察下さい。」

と伝えている。

いかにも西郷らしい言い回しである。また、この手紙で、

「大坂や伏見あたりより有志の方々に面会、昔日に替らず交わったところ、どうも心持ち悪そうに思われたようなことです。」

とも書いている。

西郷は鹿児島で月照とともに死んだことになっており、その西郷が何年もたって、大島吉之助と名乗って突如京都に現れたのだから、以前に知っていた者から「心持ち悪そうに思われた」としても何の不思議もない。それに、外見・風貌が変わっていたことも考えられる。回顧談になるが、熊

本藩家老・長岡監物の子息で、後に明治天皇の侍従長を務めた米田虎雄が、西郷のことを、

「もっとも今の人は知るまいが、あの上野にある銅像や世間によくある西郷の肥満した肖像は、あれは島に流されて帰った以後の風采で、西郷は島へ流されるまでは、ごく痩せぎすな人であった。」[6]

と語っている。五年ほども、食事や風土の違う南の島で、以前とはまったく違った生活を送っていたのだから、体形が変っていたとしても、これまた不思議ではない。

島津久光の今回の三度目になる上洛は、久光が朝廷から受けている信頼のもとで、「公武合体」の体制をつくり、攘夷問題や長州処分問題に挙国一致で当たることを目的にするものであった。そのため、久光はまず朝廷と折衝して、越前侯松平春嶽・宇和島侯伊達宗城・土佐侯山内容堂ならびに将軍後見職徳川慶喜・京都守護職松平容保と自分の六名を「朝廷参預」という新設の公職に就かせることに成功する。長く「公武一和」や「公武合体」が唱えられてきたなかで、ここに初めて、朝議に武家が参加する公武連合の公議機関が設置されたことになる。しかし、これも結果的には、武家の朝議参入を嫌う古参の廷臣たちによって、すぐに諮問機関のようなものに形骸化されてしまう。

「朝廷参預」が生まれたのに併せて、武家「参預」による「参預会議」も二条城を会議所にして発足するが、これもまた、それが文久四年の一月と二月（この月に元治に改元）に数回開かれているうちに、久光と慶喜のあいだの不和が顕わになって、結局は二ヵ月ほどで解体する。慶喜が幕府の

攘夷実行措置として横浜鎖港を主張したのに対して、久光らの「参預」諸侯ができるはずもないと反発する一方、慶喜は久光の天皇の宸翰をも誘導する朝廷操作に不信の念を顕わにして、[7] 結局は収拾がつかなくなったのである。

『徳川慶喜公伝』は、二月十六日に中川宮（青蓮院宮）邸であった慶喜・春嶽・久光・宗城と中川宮の五人の酒席で、慶喜が酔っぱらって宮に対し、

「この三人は天下の大愚物・天下の大奸物であるのに、どうして宮はご信用遊ばれるか。大隅守（おおすみのかみ）（久光）へはお台所（家計）お任せなされているにより、余儀なくご随従にもなるのでしょうが、……。」[8]

と、暴言を吐いたことを記している。

二月十九日には再度上洛していた将軍家茂が横浜鎖港方針の奉答書を朝廷に差し出し、慶喜も鎖港実行を約束して天皇の歓心を買い、朝廷を幕府側に引きもどすことに成功する。慶喜は孝明天皇の信頼を取りもどし、逆に久光らは天皇から開国論者と見られて遠ざけられる。

もっとも、この横浜鎖港は現実にはとてもできるものではなく、この半年ほどあとになるが、八月に四ヵ国連合艦隊の下関砲撃で長州藩が完敗したのを機に、幕府は各国の駐日公使に横浜鎖港方針の撤回を通告する。久光ら諸侯は、幕府の姑息なやり方に幻滅し、また、朝廷の相変わらずの無定見と不甲斐（ふがい）なさに失望して、「朝廷参預」を辞任して四人とも四月中には帰国の途に着く。久光は三月六日に参預辞退と官位返上を中川宮と近衛忠煕に伝え、その日の日記に、

「公武ともにご因循きわまりなく、とても十分のことも整えがたい模様。ただ無益に滞留しても、

疲弊重なり、後来の尽力もできがたいのは必定につき、このたびは引き取るべし。」[9]と記している。

久光は、自分たちがいくら公武合体を進め、朝廷・幕府・諸藩が一体となる挙国一致体制を築こうとしても、幕府が望んでいるのは要するに朝幕の一体化に過ぎず、天皇・朝廷も結局は、攘夷を実行して自分たちを守ってくれる方に依存しようとするばかりで、「とても…整えがたい」、「後来」を待つというわけだ。久光が慶喜と幕府に対して明確に反感を持ち、朝廷についてもまた、信義にもとると判断したのは、おそらく、このときであっただろう。

孝明天皇は有力諸侯を幕府に協力させるために京都に呼び寄せたものの、ここにきてまたその方針を変えて、久光ら諸侯が京都を去ったあとの元治元年四月二十日には、改めて将軍家茂に対し、「幕府へ一切ご委任遊ばされた故、以来、政令一途に出て」云々とする勅諚を授けている。

西郷と村田が上京してきたのは、久光が京都での活動に見切りをつけて、帰り支度を始めたころである。久光は四月十八日に半年余にも及んだ京都滞在に終止符を打って、大久保利通らを従えて帰国の途に就く。あとは家老の小松帯刀を筆頭に、西郷・吉井・伊地知正治(まさはる)らが協力して京都の政局に対応していくことになる。

西郷が上で引いた桂久武宛の手紙を書いたのはちょうど久光が離京したころで、そのなかで西郷は、自分が一ヵ月ほどで見た京都の政局について次のように書いている。

「京師の形勢を観察しますのに、朝廷においては確固たる基本が立たず、ただ今日の様子によって処置を付けているようなもので、幕府においては詐謀勝ちでいかんとも為すべきすべがなく嘆息の次第です。また、五六の侯盟会（「参預」）の御方々も幕府の離間の策に陥り瓦解して、とんと致し方ない訳です。

独木侯（慶喜）、誠に不思議な具合で、禍心が芽生えている模様に伺えます。伊宮（青蓮院宮、中川宮）も昔日に変わり頼りない次第で、嘆くべき第一のことです。おいおい着府（帰鹿）の方々よりお聞きになるでしょう。いずれ変乱を待つほかはありません。」

慶喜については、「禍心が芽生えている模様」と書いている。どういう「禍心」なのか、この手紙ではわからないが、久光らとともに「参預」になっていた伊達宗城は、その慶喜について、自身の『在京日記』の元治元年三月二十二日の条で、

「主上（天皇）の咽喉元の要地よりついに天下に号令する勢い」

と書いている。

おそらく、西郷も同様のことを感じていたのだろう。慶喜は三月二十五日に将軍後見職を退いて、新たに設けられた禁裏御守衛総督と摂海防禦指揮を兼務する役柄に就く。これらの機関は、公家が「天誅」を加えられたり脅迫されたりする事件が頻発し、また、外国艦隊の摂海終結による京都侵入が噂されるようになって、朝廷からの要望に応えるものであったが、無論、それだけで設置されたわけではない。慶喜の狙いは、幕府の権力が衰え、相対的に朝廷の権威が高まるなか、京都に朝

廷と直接結び付く軍事指揮権を有する幕府機関を設け、その采配を取ることにあった。宗城が「主上の咽喉元の要地より」「天下に号令する」というのはそういうことを指す。

それに、慶喜がこれまで務めてきた将軍後見職も、将軍家茂はこのときすでに十八歳になっており、近いうちに退かねばならないことは必至であった。慶喜自身このときまだ満二十六歳であり、自らの政治生命を保つためには、上のような職に就くことが何としても必要であった。慶喜にとっては念願の役職であり、いずれの面でも絶妙のタイミングであった。

禁裏御守衛総督に就いた慶喜は、京都守護職の会津藩主松平容保（かたもり）とその実弟の京都所司代・桑名藩主松平定敬（さだあき）とともに朝廷との結び付きを強め、やがて、この権力が京都にあって中央政治を動かし始める。西郷が慶喜の「禍心」と呼んだものは、そのような慶喜の狙いを指し、西郷はそれをもって「いずれ変乱を待つほかはありません」と言う。今日、この公武抱合政権を、歴史書では「一会桑（いっかいそう）権力」や「一会桑政権」などと呼んでいる。

西郷はこのときから八年ほど前、かつて主君斉彬のもとで慶喜の将軍継嗣擁立運動を始めたころ、安政三年五月に国元の大山綱良に書いた手紙で、慶喜が将軍継嗣に就けば、「天下のため、また我が御国家（薩摩藩）の難事もいたしやすく」云々と、まるでいいこと尽（づ）くめのように書き、擁立運動を橋本左内と懸命に推し進めた。しかし、それがもとで左内は安政の大獄で斬罪に遭い、月照も死に、自分は死に損なって遠島になった。

将軍継嗣擁立運動に失敗したあとも、薩摩藩は慶喜の擁立になお邁進し、久光が藩挙げての冒険的とも言える「御大策」を実行して、慶喜を将軍後見職に就けることに成功する。久光のもとでその仕事に全力を傾注した大久保は、江戸で慶喜の将軍後見職が決まった日、自身の日記の文久二年七月六日の条に、

「数十年苦心、焦思したこと、今さら夢のような心持ち。皇国の大慶、言語に尽くしがたい次第なり。」

と記している。

この「数十年苦心」には、斉彬のもとでの西郷の苦労、その後に西郷・日下部伊三治・橋本左内らがたどった過酷な運命、さらにその後の久光や大久保らの苦労が含まれる。

このような経緯からして、元治元年春に西郷や大久保それに久光が抱いた慶喜への失望と落胆は、いかばかりのものであったか想像に難くない。落胆というよりは、遺恨になるものであった。

久光らが帰国したあと、京都で六月に池田屋事件、七月に禁門の変と続き、八月には下関で四国（英仏蘭米）連合艦隊による報復攻撃があり、そのいずれでも長州藩は甚大な被害をこうむる。もっとも、このうち、外国艦隊による報復攻撃は早くから予期されていたもので、この二月には、勝海舟が徳川慶喜の命を受けて長崎へその回避のための交渉に出向いてもいた。勝がどのような交渉をしたかよくはわからないが、報復の時期等について世間ではさまざまな憶測が飛び交っていた。

西郷はその件で、六月一日付で国元の大久保に、

「今朝、承ったところでは、因州（鳥取藩）の益田正人と申す者が一橋（慶喜）より呼び出されて

達せられたのには、この節、長州へ（外国艦隊の）襲来の儀、相違はないものの、日限はわからない由。（中略）

一橋は長州を挫（くじ）いてその上で攘夷の筋を始める考えのようにうかがわれますが、夷人の手を借り、長州を押さえる始末は憎むべき業（わざ）です。」

と伝えている。

また、六月八日付では、池田屋事件が起きたことを知らせ、その最後に、

「この末、いかが成り行きになるのか、長州もただただこのまま止まり居るとは考えにくく、大破となるか、または大挙して発起するかでしょう。」

と書いている。

実際、長州ではこの五月に、三家老（国司・福原・益田）の率兵上京と長州藩世子毛利定広（広封）の進発をほぼ決定していた。前年の八・一八政変で京都から追放された「七卿」ならびに藩主父子に課せられた処罰への赦免を求めるためだ。出兵に反対する者も少なくなかったが、そこへ池田屋事件の報が飛び込んできたため、進発は必至の勢いとなる。

西郷は六月二十五日付で大久保に、長州兵が京都周辺まで進出してきたことを告げ、薩摩藩の対応について次のように知らせている。

「このたびの戦争はまったく長州と会津の私闘ですので、無名の軍を動かす場合ではなく、誠にご遺策（久光の残していった命）の通り、禁闕御守護一筋に守るほか余念はありませんので、そのよ

うにお含み下さい。いずれ長人は、内には外夷（外国艦隊）の襲来を待ち、外では出軍の次第で、実に死地に陥っての窮闘ですので、おそらくは破れ立つと思われます。」

元治元年七月十八日の夜、長州兵が山崎方面から京都に侵入して、禁門の変の火ぶたが切られる。この戦いは今日「禁門の変」や「蛤御門（はまぐりごもん）の変」などと呼ばれて、禁裏近辺の局地戦を印象付ける呼称になっているが、実際には、長州部隊の総勢一五〇〇人が山崎のほか伏見と嵯峨方面からも「会津討伐」を掲げて侵入し、戦火も京都の広範囲に及んでいる。三万戸ほどが焼失したとされ、当時から「どんどん焼け」などとも呼ばれている。

西郷は上で「このたびの戦争はまったく長州と会津の私闘」とし、薩摩藩としては「ご遺策の通り、禁闕御守護一筋」で行くとしていたが、結局は「禁闕御守護」のため、小松や西郷も前線に立って指揮を取り西郷は負傷もしている。薩摩兵は勇猛果敢に戦い、西郷は七月二十日付で国元の大久保にその活躍ぶりを伝えている。

しかしこの戦争では、西郷がかつて同志とした志士たちが、敵方で多数死んでいる。長州藩士の来島又兵衛が最初の市街戦で戦死し、久坂玄瑞・寺島忠三郎・入江九一らは鷹司家の屋敷内で退路を断たれて自決し、久留米藩浪士の真木和泉らは山城国天王山で十六名の同志とともに自刃し、また、但馬（たじま）の国・生野で挙兵して捕まり京都の六角獄舎に入れられていた平野国臣は、逃亡の恐れがあるとして、三十数名の囚人とともに獄舎内で殺される。西郷はこれら、かつての同志の死をどう思ったのだろうか。特に平野は、西郷が月照を連れて九州に帰ったときに助けてくれた同志であり、下関で再会したときには「いずれ決策が立ったならば共に戦死しましょうと申して」別れた人物であった。

朝廷では、有栖川宮幟仁（たかひと）・熾仁（たるひと）（父子）両親王や中山忠能ら長州サイドの公卿らが宥和策に努めるものの、孝明天皇は強硬姿勢を崩さず、七月二十三日には長州追討令を発し、幕府は西国二十一藩に出師（すいし）（出兵）の命を布達する。

西郷は、先には「長州と会津の私闘」と書いて傍観の姿勢を見せていたが、御所に向けての発砲があり、薩摩藩も戦い、直後に長州追討令が発令されてからは、その即時実行を強硬に主張するようになる。八月一日付で大久保に書いた手紙では、

「長崎で異人の軍艦借入れの手段はないものでしょうか、一艘ぐらいも調えば（長州を）攻め破るのにはよほど良いと思います。何分ご勘考下さるよう。こちらでも幕人どもへ申し入れてみるつもりです。」

と伝えている。

このとき四国連合艦隊による下関砲撃が始まる直前で、西郷としては外国に手を付けさせる前に、自分たちで長州を成敗しておきたかったようだ。しかし、二ヵ月足らず前には、前掲のように、幕府が「夷人の手を借り、長州を押さえる始末は憎むべき業」と書いていたことからすれば、西郷もいささか節操に欠ける。もっとも、目の前の戦争ともなるとそんなものなのだろうか。

長州藩は、八月五日から八日にかけての四国艦隊十七隻による下関砲撃で完敗するが、それを知

った西郷は八月十七日付で大久保に、

「長州の儀、異人に攻め崩されたとなると人心の居座り具合も誠に難しいことになるでしょう。後難のことが今から心配されます。きっと、幕吏の策をもって異人を募った（勢い付けた）と考えられます。またこれより、暴客（過激攘夷派）が盛んに起き立つことでしょう。始終、世運を縮める策ばかりです。」

と、「異人に攻め崩された」ことで、「後難」が起きることを心配している。

なお、ここで西郷が「幕吏の策をもって異人を募った」と書いているのは、先に龍馬が「姦吏が夷人と内通している」と書いていたのと同じである。実際このころ、外国奉行の竹本正雅がフランス公使ロッシュに対して、四国側が領地占領をしないと約束するなら、「下関遠征計画に暗黙の同意をする」と言明していたようである。[10]

西郷と龍馬がこのとき、上のように同じ思いを持っていたとしても不思議はない。実は、西郷が上の八月十七日付の大久保宛の手紙を書いたころ、龍馬もちょうど京都の薩摩藩邸に滞在していた。勝海舟の日記の八月三日の条に、

「薩・吉井幸助、龍馬同道にて上京。」

とあり、八月二十三日の条には「坂本生、京地より帰る」とある。

つまり、龍馬は吉井友実とともに、（このとき大坂にいた）勝のもとから京に上り、京都で二十日近くを吉井と同宿ないしは薩摩藩邸の一房で止宿していたことになる。龍馬は脱藩の身であり、そ

うどこにでも自由に寝泊りできるわけではない。

西郷はこのころずっと京都にいて、しかも「応答掛（渉外役）」でもあったので、西郷は吉井が連れてきた龍馬に、早い段階で会っていたはずだ。西郷と龍馬の初対面はこのときであったと推測できる。[11]

龍馬は八月二十三日に勝のもとに戻ってくるが、勝はその日、龍馬から受けた報告を日記に長々と書き留めている。

「坂本生、京地より帰る。聞く。当節、征長の説に撓（たわ）みあり、薩にも策略なし。初めは薩人も橋公（慶喜）をもって（征長の）総督将軍とし、大兵馬の権を附せんとしたが、橋公もまた恐れながら嫌機（嫌忌）あり、これを御主張するにあたわず。そのうちに薩の間者（密偵）が帰って来て言う。小倉藩、下関に異艦（四国艦隊）が来たとき出て告げて曰く、『我が藩（小倉藩）は幕府功労の家、命を奉じて敢えて（「異艦」と）敵対せず。汝（なんじ）ら、意とするなかれ』と。また、従前に小倉に幕府の命あり、『下関に異艦向かうとも決して動ずることなく、その成すがままなるべし。』と。

これらの伝聞が大きくなって、『異艦戦争（四国艦隊による下関砲撃）は幕吏が頼んだものではないか。たとえ長州に罪があるにしても、同じ皇天の地、異人の手を借りてこれを征す。あに、これ皇国同人種の成すところか。その幕吏の罪たる、実に国体を恥ずかしめるものなり。よろしくこれを糺問せずしてあるべからず』と。この説、京摂、西国間に盛んで、実に征長の命を奉ぜず。あるいは、尾州・因州・芸州の国々では、征長はあとにして、攘夷して後、長州に及ばんという説が沸騰。…。」

ここに引いている部分はすべて、勝が龍馬から聞き取った話の内容だ。特に『』内は、龍馬から聞いたことを、直接法で記している。龍馬は、四国艦隊による報復攻撃は「幕吏が頼んだものではないか」云々とする説が旺盛になっている、と報告している。これは、龍馬自身の意見であり、また、西郷が八月十七日付で大久保に「幕吏の策をもって異人を募った」と書いているものでもある。

そのほか龍馬は、京都で聞いた、西国諸藩の長州征討への反応や四国艦隊の報復攻撃への受け止め方を勝に報告している。勝も、この二月から四月にかけて龍馬らを連れて長崎に行き外国艦隊の下関報復攻撃回避の交渉をし、それ以来この問題には、勝自身海軍奉行でもあり、当然ながら深くかかわっている。この七月下旬には、四国連合艦隊が総計十七隻・兵員五千で横浜をたったという報告も受けている。龍馬がこのとき吉井とともに上京したのは、龍馬も望んでのことではあろうが、おそらくは勝が、薩摩藩の内情や京都の様子を探らせるために送ったものであろう。勝の龍馬の呼び方も、ここでは「龍馬子」などではなく「坂本生」である。

なお、このとき家老の小松帯刀も在京中であったが、龍馬は後に見るように、このときは面会していない。小松はこの時期、禁門の変のために率兵上京してきていた島津図書久治（ずしょひさはる）（久光の次男）に付き添っており、八月十三日には彼に随従して帰国の途に就く。このときの小松の帰国は、長州追討についての薩摩藩の方針を確定するためでもあった。小松が戻って来たのは、下で見るように十月二日である。

勝は晩年（明治二十四年）に著した『追賛一話』で、龍馬の西郷評を次のように書いている。

「氏（龍馬）、かつて西郷隆盛に会す。後に余に語りて曰く、初めて西郷に会するに、その人物茫漠（ぼうばく）として捉えがたい、これを大きく叩（たた）けば大なる答えを見、これを小さく叩けば小なる答えを見ると。余、深くこの言葉に感じ、実に知言とした。およそ人を見る標準は自家の識慮にあり。氏が西郷氏を評する言葉、それをもって氏の人物を知るに足らん。」

勝は、龍馬の西郷評を「余、深くこの言葉に感じ、実に知言とした」と言う。また勝は、龍馬の評を評して、「およそ人を見る標準は自家の識慮にあり」とも言う。「人は自分の器（うつわ）で人を見る」といった意味であろう。筆者などが、龍馬や西郷らを評するのは無謀と言われているようなものだが、続けよう。

西郷は外国艦隊の下関攻撃に関しては龍馬と同じような見方をしているが、しかしそれでもって、西郷が長州征討の強硬方針を変えたと言えるわけではない。西郷は九月七日付で大久保に次のように伝えている。

「長州ご征討の儀については、一日なりとご延引の訳はなく、速やかにお手を付けておられれば、異人の一挙（外国艦隊による下関砲撃）も空しいものになっていたと思われますが、このような異難が先になり残心のことです。長州ではこの両変（禁門の変と外国艦隊による報復）でよほど勢いもくじけ、段々歎訴いたす手段もあるでしょうが、畢竟、狡猾な長州人であれば、どんなはかりごとをしてくるかも知れず、益田等三人の家老打ち洩らした故に、ただ今は（長州支藩の徳山藩に）お預かりになっているとはいえ、きっとこれをもってしばらく動静をうかがっているに違いなく、是非兵力をもって迫り、その上で降伏を乞ってくれれば、わずかに領地を与え、東国辺へ国替えまでは仰せ付けられなくては、ゆく先、御国（薩摩）の災害になり、御手が伸びかねないことにもなりかねず、…。」

外国艦隊による下関砲撃を「異難が先になり残心」としながらも、長州征討については、「是非兵力をもって迫り」、「わずかに領地を与え、東国辺へ国替えまでは」やらねばならぬと言う。また、「ゆく先、御国（薩摩）の災害になり、御手が伸びかねないことにもなりかねず」と、「御国」大事も口にする。

西郷が勝海舟と初めて対面するのは、上の大久保宛の手紙を書いた四日後である。西郷は九月十一日の朝、大坂にいる勝に、

「今朝（京都より）下坂しました。ご都合によりいずれのご旅亭へ参上致しますとよろしいでしょうか。刻限、いつごろお手透きか、何とぞご面倒ながら、ご指示なし下されたくお願いいたしま

す。」

と書き送っている。勝との面会は先に越前藩からも申し入れており、越前藩士の堤五市郎・青山小三郎が西郷・吉井と同道している。この会見について、西郷は九月十六日付の大久保宛で、

「越前から勝安房守（海舟）殿に相談いたし、（勝が）幸い関東へ下向の由ですので、その際、将軍上洛の尽力をしてくれるよう、両藩より願い入れてはどうかということで、すぐさま同意して吉井と私が下坂いたし、越藩より両人差し遣わされ、越候（征長副総督に就くことが決まった越前藩主松平茂昭）の直書を差し出されたので、両藩（薩と越）より（勝に）段々に攻めかかったところ、幕府の内情も打ち明けられたので、承ったところ、誠に手の付けようもない形勢になっているとのことです。」

と伝えている。

このころ西郷ら薩摩藩在京指導部は、長州征討には将軍の上洛が必要として、それを越前藩とともに要請していた。大久保宛の手紙は、続いて、勝の人物評および勝から聞いた外国への対応策の話に移る。

「勝氏に初めて面会しましたところ、実に驚き入った人物で、最初は打ちたたくつもりで参ったのですが、とんと頭を下げました。どれだけか知略のあるやらも知れぬ塩梅に見受けました。まずは英雄肌合いの人で、佐久間（象山）より事の出来では一層も越えているでしょう。学問と見識においては佐久間抜群のことですが、現時に臨んではこの勝先生と、ひどく惚れ申した。

摂海へ異人が迫ったときの策を尋ねたところ、いかにも明策がありました。ただ今は異人も通常、幕吏を軽侮しているので、幕吏の談判ではとても受け難く、いずれこの節、明賢の諸侯四、五人もご会盟になり、異艦を打ち破るだけの兵力をもって、横浜ならびに長崎の両港を開き、摂海のところは筋を立てて談判になり、きちんとした条約を結べば皇国の恥にはならず、異人はかえって条理に服し、このさき天下の大政も立ち、国是も定まる機会になるとの議論で、実に感服した次第です。いよいよ左様の方向になってくるなら、明賢侯のお揃(そろ)いになるまでは、受け合って異人は引き留め置くとの説です。」

このとき、満年齢で言うと西郷三十六歳、勝四十一歳であった。勝は幕臣でありながら、幕府のやっていることに批判的で、むしろ「明賢の諸侯」の「会盟」による指導力に期待するといった話に西郷もすっかり感心したようだ。広い見識のもと、勝が繰り出す大局に立っての明言は、西郷には相当に刺激的でもあったようだ。勝の方は、龍馬を京都に遣(や)って京都薩摩藩邸の内情や西郷の考え方を探らせており、大方の見当は付いていた。西郷については「大きく叩(たた)けば大なる答えを見るとも聞いていた。

上の下段にある「摂海へ異人が迫ったときの策」というのは、ちょうどこのころ、英仏蘭米四国連合艦隊による下関砲撃後、その四国側と長州藩との講和が八月十四日に成立し、その艦隊がそのまま、今度は条約勅許と兵庫開港を求めて摂海にやって来ると噂されていた件だ。この艦隊の摂海来集はこのときはなかったが、この一年後の慶応元年九月に実際に起きる。

続いて、この手紙で、西郷は次のように現在の自分の考えと方針を書いて、国元にその了承を求めている。

「一度この策（「明賢侯の」「ご会盟に」よって国政を進める策）を用いた上は、いつまでも共和政治をやり通さずしてはあい済まないでしょうから、よくよくご勘考下されたく願います。もし、この策をお用いにならない場合は、断然、割拠の色を顕わにして、国（薩摩藩）を富ます策に出なくてはあい済まないと考えます。しかしながら、順序で言えば、長征のところが第一ですので、努めて促し立て油断はしない所存ですので、左様ご承知置き下さい。」

西郷がここで言う「共和政治」というのは、幕府専制の政治から脱して、諸侯・諸藩の公議によって進める政治を指す。そして、西郷は今もし、その策が取れないのであれば、「割拠」の策を取って、まずは自藩の富国強兵に努めねばならないと言う。しかし、いずれにしろ現時点では、長州征討が第一だと言う。そして、この手紙の最後のところでは、

「（今後）莫大の費用がかさみますので、…。ここもとで、ただ今、（生糸）買入れの手を打っています。今は（幕府から掛けられる）嫌疑どころのことではないので、振り切って沢山買い占め、…。私面（わたしづら）を突き出し、商法をやりたいと考えています。暴客（過激攘夷派）の天誅をこうむるか、または幕吏の刺客をこうむるか、いずれにしても、それらは知れた敵ですので、この件はぜひともやってみたく、気を付けて手を付け置きましたので、そのようにご承知置き下さい。…。のるかそるか

の仕事をいたしたく、あい含みおる次第です。」

と言う。

軍備の費用がかさむので、その捻出のため、自分も「のるかそるか」の「商法」（この場合は密貿易）をやると伝えている。「のるかそるか」の大仕事は、西郷の好むところだが、「商法」はあまり好むところではない。しかし今は、「御国」のため、その「商法」をも厭わないといったところだ。

## 四　勝門下生薩摩へ

勝海舟の元治元年十月二十二日の日記に、

「御城代よりお達しあり。江戸表にて御用あるにより、早々帰府すべき旨お達し、大隅守（松平信敏）より届く。」

とある。

勝に帰府の召還命令が出たのだ。勝は江戸で軍艦奉行罷免の通達を受け、間もなく神戸海軍操練所も廃止になる。罷免の理由は明確にはされていないが、操練所や私塾に浪人その他、好ましからざる輩を囲ったこと、それに、幕臣の身でありながら幕府批判を公言して憚らなかったことなどが災いしたのであろう。勝も、以前からいくらかは覚悟していたようで、九月十九日の日記には、

「このごろ、我が塾中の者、姓名、出所、ご内糺（お調べ）ありと云う。」

とある。

神戸海軍操練所ならびに勝塾の入所資格は幕臣のほか「諸家家来」までと定められていたが、勝

はそれに頓着せず、武家身分でない者や脱藩者までも多数入所させていた。

軍艦奉行でありながら、勝は陸路の帰府を命じられたらしく、その途次、日記帳の欄外に、

「いよいよ高く　天にそびえる　富士の根は　くだり行く世の　姿ありしな」

などの和歌をいくつか書き記している。

また、江戸で「お役御免」の通達を受ける前日の十一月九日には日記に、

「我、微力をもって奉仕することここに三年。その間、死生を弁ぜず尽力すること無数。ただ邦国の安危・損亡をもって任として顧みず。言用いられず。志達せず。ついに俗吏のために塞がれ、いかんともすること能わず。しかれども、一片の赤心、天下、あに、知る人なからんや。悠然として栄辱に志なし。ただ、累代の国恩に報いるのみ。ほか、何をか省みん。」

と記している。

やはり無念であったのだろう。勝の憤慨と不満は、常に幕府の内部に向かい、特にその「俗吏」に向かうところに特徴がある。それが龍馬らにも伝播している。

この勝の海軍奉行罷免によって、勝のもとにいた多くの者が行き場を失う。特に土佐浪士たちの多くは脱藩状態になっていたため、勝の罷免は隠れ蓑を失ったことにもなり、身の振り方に窮する。その彼らを救ったのが勝との関係が深かった薩摩藩だ。

京都にいた小松帯刀が十一月二十六日付で国元の大久保に次のように伝えている。

「神戸方に罷り居る土州人、異船を借用して航海の企てがあり、坂元竜馬と申す人が関東に行っ

て借用の都合を致しているところで、談判もうまく行っているとの由。それで、同藩の高松太郎（龍馬の姉の子供で甥）と申す者から、国元より帰藩の命令が来ているのを、…、帰れば命はないということで、その船が来ればそれに乗込むので、それまで潜居させてほしいとの相談があり、余計のことながら、（「異船借用」の話がうまく行かない場合は）それらの浪人体の者もって、（我が藩の）航海の手先に召し仕えさせてはよいのではないかと西郷なども、彼が滞京中に相談を致し、現在、大坂屋敷に内々潜め置いている。」

「坂元竜馬と申す人」という書き方からして、龍馬が八月三日に吉井に連れられて大坂から京都に上った際には、小松はやはり龍馬に会っていなかったことになろう。「西郷なども、彼が滞京中に相談」と書いているのは、このころ西郷はすでに長州征討の総督府参謀格に就いて西国に行っていたからだ。

龍馬はこのとき、江戸で「異船」を借り、それをもとに自分たちの「海軍」を立ち上げようとしていた。もしかすると、以前に頓挫していた「蝦夷地の開発・通商」等に再度取り掛かろうとしていたのかもしれない。しかし結局は、龍馬の「異船借用」はうまく行かず、高松らはそのまま薩摩藩に引き取られて、大坂藩邸に「潜居」することになる。龍馬自身は、このあとの消息はよくわからないが、仲間とは別行動を取って、この半年後の元治二年（慶応元年）四月に京都薩摩藩邸に現れる。

高松らのことも「潜居」していたため詳しいことはわからないが、薩摩藩にのこる史料からいくらかのことがわかる。まず、小松が上で「現在、大坂屋敷に内々潜め置いている」としているメンバーは、高松のほか、近藤長次郎・新宮馬之助・千屋寅之助らだ。そして、「航海の手先に召し仕えさせては」ということで、ただ潜居させていただけではなく、実際に薩摩船に乗り組ませて大坂—鹿児島間を行き来させていたこともわかる。

小松は上のメンバーでも特に近藤の才幹を高く借っていたらしく、この年元治元年十二月初めに小松が帰藩するときに、近藤を鹿児島に連れ帰っている。『鹿児島県史料　玉里島津家史料』に、元治元年十二月二十三日付の「上杉宗次郎（近藤の変名）より久光公への上書—海軍勃興の議—」という文書が収録されている。[12]

その内容は、「海軍の力を付け並びに広く世界に交通し、貿易の利を獲て」、「日本」の「国威更張」「軍勢盛大」に努めねばならぬなどと建議する堂々たるもので、多くは勝海舟のもとで研鑽を積んで得た知見にもとづく。文中に、

「私、当年長崎出張のみぎり、蘭軍艦のメジサ船将より承ったのは、今より十年を出ずして西洋諸州と魯国（ロシア）と大戦争あるべく、…。」

などとあるのは、この年の二月から四月にかけて勝海舟に同行して長崎に行ったときの経験によるものだ。なお、ここに「当年長崎出張のみぎり」とあることからも、この上書が元治元年に書かれたものであることに間違いはない。

近藤らは、このときの鹿児島行きから大坂に帰ったあと、翌元治二年二月にも再び鹿児島に行っている。『鹿児島県史料　忠義公史料』収録の「道島家記抄」に、「丑二月十八日」付で、「蒸気船

より便船にて差越し浪士の名前」として、

「土佐　寺田信左衛門（寺内信左衛門＝新宮馬之助）、上杉米次郎（上杉宗次郎＝近藤長次郎）、今野賀松太郎（多賀松太郎＝高松太郎）、菅野覚兵衛（千屋寅之助）、勝安房家来・黒木小太郎、越後長岡・鵜飼豊之進（白峯駿馬）、讃州塩飽・万次郎（浦田運次郎＝佐柳高次）」

ら十九名が記載され、「右は大乗院坊中威光院へ召され置かれた事」と記されている。[13]

この時期、鹿児島に滞在した彼らは、おそらく、そこで中浜万次郎に会ったであろう。万次郎はちょうどこのころ、昨年十二月からこの五月まで、短期間ながら薩摩藩に招かれ、鹿児島の開成所で航海術等の指導に当たっていた。近藤ら多くの者は土佐出身で、万次郎と同郷である。上に名前のある「讃州塩飽・万次郎」すなわち佐柳高次は、中浜万次郎とは勝海舟の太平洋横断航海船の咸臨丸で同じ釜の飯を食った仲でもある。

この万次郎の鹿児島招聘に力を振るったのは小松帯刀であった。小松は早くから薩摩藩の海軍の充実に力を入れ、この年元治二年四月（この月に慶応に改元）には薩摩藩の海軍を統括する「海軍掛」に就いてもいる。小松が近藤に「久光公への上書—海軍勃興の議—」を提出させたのもそのためであった。

注

1 以下の記事の抜粋は「福井県文書館企画展示二〇一〇　福井藩士の記録」の「復元『枢密備忘』」による。これはネット上に公開されている。

2 「隈山日記」、『史籍雑纂』二、三六五―三六七頁参照。

3 千屋菊次郎の『再遊筆記』の文久二年一月十七日の条の記載による。上掲の「隈山日記」の一月七日の条にも、龍馬とともに三人の名が出る。

4 青山文庫所蔵資料集4『寺村左膳道成日記』二、一四頁。

5 『孝明天皇紀』四、八四五―八四六頁。

6 佐々木克監修『大久保利通』講談社、二〇〇四年、一四二―一四三頁。

7 佐々木克『幕末政治と薩摩藩』吉川弘文館、二〇〇四年、二三六―二四三頁、参照。

8 『徳川慶喜公伝』三、平凡社、一九六七年、二四頁。

9 『鹿児島県史料　玉里島津家史料』二、七五五頁。

10 石井孝『明治維新の舞台裏』岩波書店、一九七五年、二九頁、参照。

11 佐々木克氏は、「龍馬が西郷に会ったのは八月中だったとされているが違うだろう。厳罰論者の西郷を龍馬が高く評価するわけがない。たぶん勝・西郷会談後、西郷が長州問題のために広島に出張（十月二十六日に大坂を発つ）する間のことであったと思う」とされている（佐々木克『坂本龍馬と京都』吉川弘文館、二〇一三年、二八頁、佐々木克『坂本龍馬とその時代』河出書房新社、二〇〇九年、六三―六四など）が、筆者はそれは違うと思う。

12 『鹿児島県史料　玉里島津家史料』三、七四五―七五一頁。

13 『鹿児島県史料　忠義公史料』三、七〇三―七〇四頁。この新宮・近藤らの鹿児島行きについて、皆川真理子氏は二月一日に大坂を出航した安行丸で渡ったものだとされている（「史料から白峯駿馬と近藤長次郎を探る」『土佐史談』二四〇号、二〇〇九年、参照）。

# 第四章　薩長融和

## 一　西郷の征長

西郷が長州征討（以下、征長）を急ぎ、かつ厳しい処分を考えていたことは前章で見た通りだ。禁門の変が起きる前の六月には、「このたびの戦争はまったく長州と会津の私闘ですので、無名の軍を動かす場合ではなく」と言っていた西郷も、七月になって実際にその戦争が起き、薩摩軍が長州軍と戦火を交え、さらにその後、長州追討令が下ってからは、強硬策を主張するようになる。

ところが、十月に入ると、西郷はまたまたその態度を変える。しかしこのときは、変えるというよりは、以下で見るように、変えさせられたのである。鹿児島に帰藩していた小松帯刀が、十月二日に京都に戻って来て、西郷に国元の情勢と征長方針の転換を伝えたからだ。小松はこのとき、もう一つ、西郷に鹿児島召還の達しが出ていることも伝える。

これら二つの国元からの通達に対して西郷は、小松が鹿児島から預かって帰ってきた大久保利通の手紙に返書する形で返答をしている。返書はともに元治元年十月八日付で、鹿児島召還についてのは大久保宛の私信の方で、征長方針の転換については、同じく大久保宛の公信に相当する手紙の方で、それぞれ返答している。

鹿児島召還について西郷は私信の方で、

「奈良原（幸五郎、繁）氏上京のことにつき、帰国の一条については私にはお受けする、何とも申し上げがたい次第で恐れ入るわけで、衆議（皆の意見）に任せているところですが、…、摂海に異船が来るとの話もあり、…。よろしくお取り成し下さるべく頼みます。…。貴兄独りのご心配、実にこれまた苦察しています。何分にも帯刀様より細事はお伝えがあるはずで、詳しくは申しませんが、左様お汲み取り下さい。…。」

と言う。

奈良原繁が西郷召還の辞令をもって上京して来たようだ。それに対して西郷は、「お受け」せねばならないが、この時期、どうしてもここを離れるわけにはいかないので、大久保から何とか久光公や藩庁に「お取り成し」をしてくれるよう頼んでいる。また、「帯刀様より細事はお伝えがあるはず」だとも書いている。

西郷に召還命令が出ている理由については、西郷のこの前後の国元との書通から二つのことが推測できる。一つは、禁門の変の論功行賞（「御褒賞の儀」）を、西郷がこのあとの征長のことも考え即刻にやるべしとして、藩主の許諾を得ないまま京都で勝手に進めたことで、もう一つは、征長を強力に進めるために将軍上洛の運動を、西郷がやはり独断で進めたことである。

もっとも、結果としては、このときは、国元での大久保の「取り成し」や「帯刀様より細事」の「お伝え」が功を奏し、西郷召還の件はともかく事なきを得たようだ。しかし、こういった西郷の独断専行によって生じる問題は、このあともよく起きる。それについては、また後に触れる。

次に、薩摩藩が国元で決めた長州征討の方針転換の件であるが、それは具体的には、薩摩藩が幕府から命じられている先鋒任務（薩摩兵が先鋒を切って海路「萩口」から決行する上陸作戦）を辞退すること、ならびに、長州藩に対する処分を厳罰主義から寛典容認に改めるというものだ。それらは、これまで西郷ら京都藩邸が進めてきた強硬策からすれば、ずいぶん大きな方針転換になる。

国元でこのような方針転換がどうして起きたのかはよくわからない。ただ、黒田清綱が国元で島津久光に、この年「子（元治元年）八月」の日付で提出した建言書 の内容から、[1] ある程度のことがうかがえる。それの要所は次のようなものである。

「長州侯よりこの節の儀につき、朝廷に頻(しき)りに謝罪のお詫びがあれば」、征討に拘泥せず、「ご処置の道ご評議もされるべきです」。無論、万一それがない場合は、「官軍の名義を明らかにした上で、大軍を率い征討」されなければなりません。

しかし、久光公が「ご出馬」され「ご上京、天機をお伺いになり…、長州ご処置の寛猛（緩やかなこと・厳しいこと）、公平正大のご議論を断然、幕府へお立て込み遊ばされてはいかがでしょうか」。

「幕府が忌み、かつ疑うところは薩長二藩の強盛にあり、以前より両雄をあい戦わしめる形跡は往々に見えるところ、長州のこの節の暴動については、…、御方（薩摩藩）をもって先手に使役せしめ、その鋭を抜き置き、他日またその災いをこれ（薩摩藩）に及ばさんと欲する素意無きにしもあらず。…」。

黒田清綱は「長州ご処置の寛猛、公平正大のご議論」を提言するとともに、幕府が薩摩藩を征長の「先手に使役」する「素意」に危険性があることを訴えている。この建言が八月のいつなされたかはわからないが、八月五日から八日にかけて起きた四国連合艦隊の下関砲撃（「下関戦争」）での長州惨敗の報を受けてのものであったことが考えられる。仮に、そうでなかったとしても、久光および藩庁は、この時期からしてその惨敗を知った上で、こういった建言を受け入れて、征長方針の転換を図ったと推測できる。

大久保はこのころ、長州征討に関して藩主名で朝廷に差し出す、次の建白書を起草している。

「…。今般、長州へ異艦数隻襲来、戦争なかばにて長州敗走のみの由、承（うけたまわ）っております。…。（征長をして）その罪はあくまで糺されねばなりませんが、寛急その所を得、名義判然のご処置専要と存じます。ただ今、軍勢を差し出すようお達しがあっても、（薩摩藩としては）差し控えさせていただきたく、未曽有の大事故故、後世の論にもかかわるものですから、恐れながらこの段いちおう言上致します。」[2]

これは外国艦隊の砲撃に長州藩が完敗したあとのものだが、明らかに先の黒田の建言書と通底している。薩摩藩は外国艦隊の砲撃で長州藩が完敗したことによって征長の方針を変えたと見るのが妥当であろう。

この大久保が起草した建白書は実際に、藩主名で朝廷に提出すべく京都藩邸に送られる。ところが、京都でこれを受けた西郷は、その提出を差し止めている。西郷は先にも引いた大久保宛の九月七日付の手紙の冒頭で、

「御建言の一書、あい達し、拝誦させて頂いたところ、もはや機会遅れ、長州襲来の異人も引き払い、和議が調ったと聞こえ、征討のところうまく運ばず、しきりに攻めかからんとするなかばのところですので、…、実に恐れ入りますが、このたびの建言は、先ずはお見合わせになるのがよろしいかと、…、不調法の筋は私幾重にも（私が）蒙るべきつもりですので、お差し出しにならないことに決定、…。」

と伝えている。

この差し止めは、家老の小松が帰藩中で留守のなか、西郷がほとんど独断で決めたものであろう。「不調法の筋は私幾重にも蒙る」という言い方は、西郷がよくするものだ。この建白書の差し止めも、上述の西郷の鹿児島召還に関係していた可能性が高い。

さて、西郷が小松から聞いた国元からの長州征討の方針転換の指示については、西郷は十月八日付の大久保宛の公信に相当する手紙で返答している。その最初で「帯刀様（九月）二十八日ご着坂になり、相分かったにつき」と書き、いろいろと弁解染みたことを書いているが、その最後では、自分たちが今後取る方針を次のように通知している。

「是非、長人をもって長人を処置させるようにさせたいものです。いずれなり、兵をもってあい迫ったところで降（降伏）をゆるすとも、征伐の御扱いを立てずに済ますわけにはいかないので、それらのところにて、わずか五、六万石にて国替えとは成らないでは、国を消すまでやっては、ゆく先、御国の御煩いもできるのではないかと考えております。…。」

この書き方は、「国替えとは成らないでは、国を消すまでやっては」あたりは、やや読み取りにくい書き方になっているが、これから一ヵ月前の九月七日付で同じ大久保に書いた手紙で、「是非兵力をもって迫り、その上で降伏を乞ってくれれば、わずかに領地を与え、東国辺へ国替えまでは仰せ付けられなくては、ゆく先、御国の災害を成し、御手の伸びかねない儀も計りがたく、…。」

と書いているものにそっくりだ。違っているところと言えば、今回の十月八日付のものには「国を消すまでやっては」が新たに挿入されているところぐらいだ。領地大幅削減の上、国替えという強硬姿勢は少しも変わっていない。

そのために、つい読み落とし勝ちになるのだが、実は、この似た言い回しのなかで、意味する内容が決定的に違っているところが一つある。それは、一ヵ月前の九月七日付では、「ゆく先、御国（薩摩藩）の災害を成し、御手の伸びかねない儀」とあるところの邪魔になる相手が長州藩であったのに対して、今回の十月八日付では、「ゆく先、御国の御煩いもできる」相手が幕府に変わっている点だ。[3]　つまりは、薩摩藩にとって面倒になる相手が、長州藩から幕府へと入れ変わっているのである。

西郷はともかく、こういう言い方で、方針転換の指示に従う旨を国元に知らせているのだが、それにしても、翻意する以前に書いた文章と、まるで瓜二つの書き方をしている点など、西郷の複雑な心理がうかがえる。西郷が自身の考えを途中で変更することが大変に難しい人間であることを物語っている。

西郷も以前から幕府に対して警戒の念を持っていた。しかし、ここに来て、幕府のもとで進める征長についても、長州を攻めることのみに現を抜かしてはならず、むしろ警戒すべきは幕府の方であるということを再認識したことになろう。

さて、ここで注意しておかねばならないのは、薩摩藩京都藩邸とりわけ西郷の征長の方針転換は、西郷らが自ら決めたものではなく、久光や大久保らの国元からの通達によるものであった点である。この転換について諸書では西郷自身の考えの変化であったように説明され、また、西郷が九月中旬に会った勝海舟の影響がよく言われるが、この転換は基本的に、西郷が国元からの指示に従ったものであった。西郷の征長（第一次長州征討）への直接的な関与はここから始まる。

禁門の変の直後の元治元年七月二十三日に長州追討の勅命が下り、幕府もその翌二十四日には西国二十一藩に出師準備の命令を下していたが、幕府自身の征長態勢がなかなか定まらなかった。朝廷や薩摩を含む諸藩が征長のための将軍の上洛を求めたのに対して、幕府としては、この春の将軍再上洛の際の苦い経験があり、また、将軍はこの五月二十日に帰府したばかりでもあり、容易にそれに応じることはできなかった。そのため幕府としては、征長については征討総督を立てて対応することにし、その人選を急いでいた。しかし、それがまた容易に決まらず、手間取っていたのである。

それでも、十月初旬にはようやく、尾張藩老侯（前々藩主）の徳川慶勝が、征長総督への全権委任を条件にして、征長総督に就くことが決まる。慶勝が全権委任の確約にこだわったのは、もしその後に、将軍の進発があるようなことになると、将軍とのあいだで、とりわけ軍事指揮権をめぐっての問題が生じるからだ。

軍事指揮権の掌握を確認した慶勝は、十月二十二日に大坂城に二十三藩（後に動員藩は三十四まで増える）の代表者を招集して軍議を開き、その場で、総勢十四万の兵を十一月十一日までに小倉や萩などの各攻め口に着陣させ、十一月十八日をもって総攻撃にかかることを決定する。

その翌々日西郷は、慶勝から呼び出しを受けて薩摩藩の考えを聞かれた上で、征長総督府の参謀に就くよう要請される。この会見について西郷は、十月二十五日付で京都にいる小松帯刀に、

「打ち明けて考えを聞きたいとのことでしたので、吉川（長州藩末家の岩国領主吉川家）辺りの内情の次第を詳しく申し説き、採られるべき策略についても申し上げました。敵方（長州）は両端に分かれ、暴党と正党から成っており誠に天の賜物と申すべきで、…、両立の者たちを一つにして、ともに死地に追い込むのは誠に無策と申すべきで、実にまずい次第です。

そこで、謝罪の筋を立てて帰順する者もことごとく賊人とするのでは、ご征伐の本意とは言えず、正当に帰順できるようお扱いになられてこそ、ご征伐の本旨だということを理を尽くし申し説いた

ところ、…。（慶勝公は私に）一張尽力してくれるよう、分けても頼むとのことでした。」

と報告している。

慶勝は征長総督に就くに当たって、もとから「寛厚の御処置」で穏便に長州藩を服罪悔悟させる方針であった。[4] そのために、大坂城軍議の直前に慶勝は、長州藩末家の岩国領主の吉川経幹（監物）のもとに密使を送り折衝をさせてもいた。西郷が上で申し述べた「策略」は、慶勝のその方針に合致するものであり、慶勝としては西郷に安心して任せることができた。それに、慶勝にとっては何よりも、雄藩の薩摩藩を総督府の陣営に取り込めることは喜ばしいことであった。

仮に、穏便策が失敗して全面対決になったとしても、薩摩藩を前面に立てて戦えば、長州藩を屈服させられるであろうし、併せて薩摩藩の勢力をそぎ落とせることにもなる。慶勝自身がもとからそこまで考えていたかどうかは別にしても、少なくとも幕府はそう考えていた。そのことはまた、薩摩藩側も上述の如く承知済みであった。

薩摩と慶勝がともに折衝した岩国領主の吉川経幹は、長州本藩から征長総督府との周旋に当たるよう依頼されていた。しかし、その長州本藩では、禁門の変で敗退したあとは椋梨藤太らの「俗論党」が主導権を握っており、吉川が受けていた情報の多くは、それから出ていたものであった。

長州では以前から「俗論党」と「正義党」（この命名は「正義党」の高杉晋作によるものと言われる）の両派が対立しており、禁門の変の失敗によって、九月二十五日には「正義党」側の家老・周布政之助が自刃し、またその同日には、「正義党」の井上聞多（馨）が「俗論党」の襲撃に遭って瀕死の重傷を負い、高杉晋作も十一月二日には筑前に脱出している。

もっとも、それらによって「正義党」が消滅したわけではない。「正義党」は、「俗論党」が幕府に恭順して藩の存続を図ろうとするのに対して、「武備恭順」を掲げ、禁門の変を起こした罪には服するが、さらなる処罰は断固拒否して武備に努めるとして、勢力を存続させていた。西郷が上で「暴党と正党から成っており」と書いているのは、その両者の対立を言うもので、西郷の言う「暴党」は「正義党」を、「正党」は「俗論党」を指す。

さて、西郷は吉井友実と税所篤（さいしょあつし）を伴って十月二十六日に大坂をたち、十一月二日に芸州（広島）に置かれた総督府本営に入り、四日に岩国で吉川経幹と交渉し、かねてからの話し合いの通り、禁門の変の首謀者、益田親施（ちかのぶ）（弾正）・福原越後・国司信濃（くにししなの）の三家老の切腹と四人の参謀の斬首の実行を申し渡す。なお、この三家老・四参謀処分案は、長州藩では、禁門の変での敗北が国元に伝わった八月初めに、毛利敬親と各支藩藩主とが集まった会合で早くに決められていたことで、吉川にも早くにそれが伝えられていた。三家老の首級（くび）が広島の総督府に差し出されて、十一月十四日には首級実検が済まされ、それをもって、総督府は征討軍の総攻撃開始日の十一月十八日の猶予（延期）を発表する。

併せて、総督府は長州側へ征長軍解兵の条件として次の三箇条を申し渡す。

一、大膳父子の謹慎待命（たいめい）の（命令を待つとの）「自判の書面」の提出。

二、五卿の差出（「七卿落ち」したうち、錦小路頼徳は病死し沢宣嘉は脱走して別行動を取っていたため五卿になっていた）。

三、山口政庁の破却（長州藩は文久三年に政庁を萩から山口に移し、この元治元年十月には藩主が再び萩に戻っていた）。

これらのうち、一と三については、長州側としてもさして難しいことではなく、このあと実行に移されるが、二の五卿の差出については、長州側もすぐに応じることはできなかった。五卿は、上の布達が出る直前の十一月十七日に、高杉晋作らが率いる諸隊が掌握して、山口から長府の功山寺に移しており、椋梨ら萩の政権が五卿を差し出すには、それを取り戻さねばならなかったからだ。

長州の諸隊というのは、藩の正規軍には属さない奇兵隊・遊撃隊・御楯（みたて）隊などを指し、それらが「正義党」の軍事基盤になっていた。「正義党」にとって、五卿は尊王攘夷の旗印であり、それを容易に差し出すわけにはいかなかったし、また、五卿としても、幕府や朝廷に差し出されてしまえば、あとは処分を待つのみの身になってしまうので、「正義党」とともに行動するほかはなかった。

その後、征討総督側にも長州のそういった情勢が伝わり、五卿の総督府への「差出」という条件が他藩への「お預け」（移転）に変更される。しかしそれでも、長州側すなわち「正義党」がそれをすんなり飲むとは限らず、また仮に「お預け」で決まったとしても、次には、その受け入れ先が問題になる。

征長軍の早期解兵に精力を注ぐ西郷としては、このころが最も苦しいときであったようだ。十一

月十九日付で京都にいる小松帯刀に、

「色々の難儀、実に困窮している次第です。ご苦察下さりたく。畢竟、難事に差し掛かっては、要路の者（自分としては）、人事の限りを尽くし、その上で名義条理が立ったところで戦うことになれば遺憾もこれないことで、戦って死ぬも、謀って斃れるも同様と考え、ひたすら尽力する所存です。ご安心ください。」

と書き送っている。

おそらく西郷としては、このような状況のままでは、総攻撃開始の「猶予」の期間が延びるばかりと判断したのだろう。十一月二十五日付で国元の大久保利通宛に送った手紙で次のように書いている。

「（高杉晋作らの）暴徒蜂起し、五卿を押し立て暴動の様子がわかり、…。徒に長評議に日を送り寒中に兵をさらしている儀、天下の物笑いになるべく、誠に済まぬ次第と、事を分け理を尽して申し立てたところ急速に運び、いずれ五卿・浮浪の輩へは私が踏み込んで、利害得失を論じ、納得できるよう、そこまでは尽くすべきだと決まりましたが、ちょうどそのところへ、筑前の喜多岡勇平と申す者が広島表までやって来て、その説得は筑前藩へご委任にいただければきっと尽力いたし、十に七、八はやり通すと申すので、さっそくそのことを総督府へ申し込みました。…。

すべて（私が）申し込んだ通りに運び、…、（喜多岡とともに）去る二十一日晩広島を出帆して、二十三日昼時分にここ小倉に着きました。（中略）。この上は、筑前藩の説得の一左右を待って、こと破れれば打ち砕くべきことに決し、その上は速やかに運び、遠からず兵を解くようにするつもりです。千人ぐらいの激党は一時に打ち破りますのでそのように得心下さい。」

ここに名の出る喜多岡勇平は、筑前福岡藩主・黒田斉溥（長溥）の指示で長州藩救済のために働いている筑前藩士だ。喜多岡は八月十四日という早い段階に岩国入りをし、[5] そのあと上京して薩摩藩士の藤井良節や高崎五六と話し合い、十月初旬には再びその高崎とともに岩国入りして、吉川経幹に会っている。西郷が十月二十四日に征長総督の徳川慶勝に会って、「吉川辺りの内情」を伝えたのも、その際に高崎が得てきた情報であったと考えられる。

なお、筑前藩主の斉溥がこのとき長州藩救済の労を取っていたのは、岩国領主吉川経幹の要請に応じてのものであった。吉川から要請を受け、斉溥は多分、自身の甥にあたる島津久光（斉彬・久光の父・斉興と斉溥は兄弟）に連絡した上で、喜多岡に薩摩藩との折衝に当たらせていたのだろう。つまりは、かなり早い段階に、岩国領主吉川経幹―筑前藩主黒田斉溥―薩摩藩国父・島津久光の長州救済ルートができていたと考えられる。

西郷はここに至っていよいよ、自分自身「五卿・浮浪の輩へは私が踏み込んで」説得してみるつもりになっている。総勢で十四万という兵をすでに一ヵ月近くも各陣地に留め置いたままになっており、各藩は財政負担にあえぎ、また領内での農民一揆や民衆による打ちこわしを恐れる一方、兵の士気の緩みも心配の種であった。大半の藩にとって、別段、自藩が長州藩と敵対しているわけではなく、藩兵の戦意はもともと高くない。そういった兵が長く劣悪な環境に置かれれば、士気は薄れ、脱退・脱走や自然解体さえ起きかねない。十四万の兵を束ねる指揮官の地位にある西郷としては、何としても、越年することなく年内に決着を付け、解兵にこぎ着けたかった。

西郷は、喜多岡の斡旋によるのだろう、小倉で十二月二日に筑前藩士の月形洗蔵らに会い、さらに翌々四日には同じく筑前藩士の早川養敬と五卿の警護に就いている中岡慎太郎にも会っている。それらの会談で、西郷が長州諸隊の首領や五卿周辺の者と接触する手はずが整い、現地に乗り込むことになる。しかし、西郷が下関に渡ることには、周囲が猛反対する。征長総督府の参謀が敵陣でつかまったり殺されたりしては大変である。当時、長州人のあいだでは「薩賊会奸」が唱えられ、「薩摩人にとっては、馬関海峡は三途の川」などとも言われていた。

しかし西郷は、もし長州が自分を殺せば長州は窮地に陥り、解決は容易になるとして、吉井と税所を伴って十二月十一日に下関に渡る。死地に入って、いっきに物事の解決を図ろうとする西郷得意のパターンだ。しかし、この度は、ただそういった冒険主義的なものだけではなかった。西郷がこれまで折衝してきたのは、長州の本体ではない。末家の岩国領主であり、しかもその吉川経幹は、椋梨藤太らの派を支持する側の人間だ。そのため西郷も、椋梨らの派を「正党」と呼び、それに対立する高杉らの派を「暴党」や「激党」と呼んでいた。しかし、その「暴党」や「激党」こそが、尊王攘夷を掲げて幕府に立ち向かっているのであれば、西郷もここに至って、その者たちと交渉するほかはないと判断したのだろう。

西郷が下関にいたのは、たった一日で、十二日には小倉に帰っているが、下関での会談について、十二月二十三日付で京都にいる小松に次のように報告している。

「私にも一遍は下之関へ来てくれるようにと、月形より申し遣わしがあり、吉井・税所両士（危険として）聞き入れず、（結局その二人）同道にて罷り越したところ、諸浪のうち四、五輩も参り一夜議論しました。諸浪の隊は一同帰順の運びになり、隊長の者とは両度も論判致しましたところ合点もでき、五卿の動座についても尽くすという次第で、実に大幸のことです。」

五卿を長州から筑前に移転させるために労を取っている月形洗蔵から、西郷に下関に来てくれるようにという申し入れがあったようだ。乗込んだ先で、西郷は「諸浪」や「隊長の者」と「論判」したとしているが、その「隊長」について、幕末の長州史に詳しい冨成博氏は『高杉晋作』（一九七九）で、

「小倉から西郷隆盛がひそかに下関に渡ってきた。月形、早川、五卿の側近、赤根（赤禰）武人をまじえて密談を交わす。…。（西郷が言う）隊長のものとはいうまでもなく赤根のことだ。…。このとき西郷隆盛と高杉晋作が密会したという俗説がある。しかし、この両雄が生涯を通して、顔を合わせたという事実はまったくない。」[6]

とされている。

中岡慎太郎が西郷に初めて会ったのはこのころだ。十二月四日に小倉で会い十一日に下関でも会っているが、中岡はその印象を慶応元年冬に書いた『時勢論』のなかで、

「この人学識あり胆略あり、常に寡言にして…、一言を出せば確然、人の肺腑を貫く。…。実に知行合一の人物なり。これすなわち洛西第一の英雄である。」[7]

と絶賛している。

西郷・吉井・税所らが長州戦闘集団のただなかに入って得たものは少なくなかった。自分たちも敵陣のただなかで危険にさらされたものの、長州藩の将兵たちこそ長期にわたって死地に立ち続けている。昨年（文久三年）の五月に下関海峡を航行する外国船に砲撃を加えて攘夷を実行し、その六月には米・蘭の軍艦による報復砲撃を受け、八月には薩摩藩と会津藩によるクーデターによって京都から追い払われ、今年（元治元年）七月には京都の禁門の変で敗退し、八月には四国連合艦隊の報復攻撃に遭って完敗を喫している。そして今また、十数万の征討軍に包囲されながらも、なお、屈せず戦い続けているのである。

薩摩藩も昨年七月には、イギリス艦隊と鹿児島湾で、ほんの数日のあいだであったが、幕府の支援も他藩の応援もなくただ一藩で外国艦隊と戦った。長州の兵士たちは、外国と戦い、幕府とも戦い続けている。その兵士たちには、今や後ろがない。その彼らを、ただの「暴党」や「激党」などと片付けられるわけがない。三人は敵陣のまっただなかに入り、「尊王攘夷」を掲げて戦い続ける長州兵士に、むしろ、武士（もののふ）の姿を見たのではないか。実際、このあと三人は、急速に「激党」との融和に傾いていく。

元治元年十二月十五日には高杉晋作らが、西郷らが三日前に入っていた下関と目と鼻の先の長府の功山寺で決起し、萩政権の椋梨藤太ら「俗論党」との戦争が始まる。いわゆる「元治の内乱」で、このために、西郷が下関に入って長州藩諸隊の「隊長」と約束した「五卿の動座」もいささか怪しくなる。

この内乱の勃発については、西郷は、小倉から二十日に岩国に移り、翌二十一日に吉川経幹と会っていた最中に知ることになる。萩から帰って来たばかりの吉川家臣が現地の様子を伝えたのである。萩の「俗論党」政権が、高杉らの決起に対抗して十九日に「正義党」幹部の毛利登人・前田孫右衛門・山田亦介・松島剛蔵ら七名を処刑し、併せて諸隊追討を布告したと言うのだ。西郷がこれを聞いたときの様子を『吉川経幹周旋記』は、

「右七士ご処置（処刑）の儀は本体（総督府）から派遣されている（尾張藩重臣）長谷川の勧誘によるものではないかの段など取り合わせて話すと、大島（西郷）は事、余ほど力を落とした様子で、…。」[8]

と記している。

これによって、長州藩の先行きの見通しが立たなくなる。西郷が「余ほど力を落とした」のも無理はない。とは言え、西郷としては急変する長州の事態に付き合っているわけにはいかなかった。翌十二月二十二日には広島の征長総督府に移って、慶勝と年内の征討軍解兵について合議し、二十七日には総督府の会議で、

「毛利大膳父子、服罪につき、国内鎮静の様子を見留めたところ、異儀無しのこと。よって、討手の面々は陣払い致されるべし。」


の、全軍解兵の布告を決定する。

実際には、長州では「国内鎮静の様子」などではまったくない。要するに、先に早期解兵ありき

で、征長総督徳川慶勝と参謀西郷が下した強引な裁定であった。

当然ながら、各方面から批判や反発が出る。禁裏御守衛総督の徳川慶喜などは、以前から総督府の動きに強い不満を抱いており、十二月十二日付の肥後藩・長岡護美（藩主細川慶順の弟）宛の手紙で、

「総督の英気は至って薄く、芋に酔うのは酒よりも甚だしいとの説、芋の銘は大島とか申す由。…。このような取り計らいをしたのか、凡人には総督の底意がわかりかねます。」[9]

などと書いている。

征長総督徳川慶勝の薄い「英気」への不満を述べ、それは「大島とか申す」銘柄の芋焼酎に酔っているからだろうと皮肉る。この「大島」が、かつて自分を将軍継嗣に就けるために走り回った西郷吉之助であることは、無論承知済みである。

ともあれ、外国艦隊の侵犯が心配される折、一度の戦火も交えることなく征長の内戦を終結させたことは、各方面で高い評価を受ける。全軍が解兵され、各藩は財政負担の重荷を下ろし、世間では物不足や物価高が収まっていく。当然ながら、そのために死力を尽くした西郷の名は天下にとどろく。薩摩藩も無論、胸をなでおろす。もし、戦端が開かれていたなら、征討軍側で最も大きな犠牲を払うことになるのは薩摩藩であった。西郷は自藩からも称賛されて、ともかくここに、（第一次）長州征討を終結させたのである。

西郷は征長軍の解兵が決まった翌十二月二十八日に広島をたち、一月一日に小倉で征長副総督に

解兵決定の説明をし、五卿の移転問題を話し合って、十五日に鹿児島に帰着する。

帰国した西郷は、同月二十八日に家老座付書役・岩山八郎太の娘イトと祝言を挙げる。帰国してたった十三日のあいだに結婚話がどうまとまったのかはわからない。前もって、親戚の者か誰かが縁談を用意していたのだろうか。西郷自身は前々年の元治元年二月二十八日に沖永良部島から帰還したあと直ちに京都に向かい、以来帰国したことはないので、結婚する数日前までイトに会ったこともなかったはずだ。

西郷は生涯に三度結婚するが、どのときもこんな調子で、結婚相手を見つけるのに自分から動いたというような形跡はまったくない。龍馬とはだいぶ違うところだ。もっとも、だからと言って、西郷に女性への関心がなかったというわけではない。だいぶ後のことになるが、明治四年九月に西郷が盟友の桂久武に送った手紙では、互いの苦労をいたわりながら、

「お互いに娑婆の難儀は引き受けねばならんでしょう。再生のときは、必ず美婦・美食をいたし、……。」

などと書いている。イトの写真がのこっているが、なかなかの「美婦」である。

## 二　中岡の奔走

西郷の征長の仕事は、十二月後半の最終段階では、すでに長州救援色の濃いものになっていた。五卿の移転の警護に筑前藩と薩摩藩が当たるというような形で、すでに薩長融和への道筋も付けられていた。事実、年が明けた元治二年一月末（四月に慶応に改元）には、さっそく融和に向けての具

体的な動きが始まる。長州ではまだ内戦のさなか、五卿は年末に長府の功山寺を出て移転先の筑前の大宰府に向かうが、前もって連絡が付いていたのだろう、その移転の途次、筑前の赤間駅で、薩摩の吉井・税所らと五卿護衛に就いていた土佐浪士の中岡慎太郎・土方久元（ひじかたひさもと）らとが顔を合わす。吉井・税所は先月十二月中旬に中岡と会っていた。

このころ、中岡と土方がそれぞれに綴った日記、中岡の「海西雑記」（中岡日記と呼ぶ）[10]と土方の「回天実記」（土方日記と呼ぶ）[11]を参考にして、以下、主に二人の活動を通して薩長融和の動きを見ていこう。中岡日記の一月二十九日の条に、

「昨夜、吉井・大久保・税所来たり。この日面会する。」

とあり、土方日記のその翌三十日の条には、

「大山彦太郎（中岡慎太郎の変名）ならびに自分に、同行をもって上京仰せ付けられ、暮れごろより発足。早追いにて罷り越し、八ッ半（午後三時）ごろ博多に着す。」

とある。

五卿から中岡と土方の二人に、吉井らに随行して上京するよう命令が下り、博多で吉井らに合流する。土方日記には、さらに、

「二月八日、（下関の）白石正一郎方に立ち越し、井上（長府藩士・時田少輔）・原田（長府藩士）ならびに赤根武人・三好内蔵助（長府藩士）・吉井幸輔・大山彦太郎・大庭伝七（長府藩士）らと薩長和解を謀り懇談、時を移す。」

とある。

はっきり「薩長和解を謀り懇談」と出る。なお、ここに名の出る赤根（赤禰）武人は、西郷・吉井らが下関に行ったときに対面して、西郷が小松宛の手紙で「隊長の者とは…合点もでき、五卿の動座についても尽くすという次第で」と書いた「隊長」だ。この赤根は後に、高杉らから裏切り者と見られて長州藩士に殺される。何があったのだろうか。

このあと中岡と土方の二人は、吉井らとともに翌九日に下関を出帆し、十二日に大坂に着き、十三日入京して二本松の薩摩藩邸に入る。中岡は十日間ほどそこに留まり、その間に薩摩藩の大久保・内田（政風）・伊地知らと話し合い、また家老の小松帯刀とも会って、薩長連携に向けて話し合う。二月二十一日の中岡日記には、

「この日、大久保・吉井、一橋公（徳川慶喜）に出る。今夕、吉井・税所同行、島原に遊ぶ。馴君花君、阿北・辰次・阿光（遊里の女性たち）、細書しがたし。一公（慶喜）の話に、長州および五卿を東武（江戸幕府）に差し出すように云々は幕意云々のこと。今夜、西楼に臥す。雨聲はなはだし。翌日即晴。」

とある。

この日、中岡の送別会があったようだ。京都の「島原」に集まって豪勢に遊び、遊びについては「細書しがたし」とある。同日に大久保と吉井が徳川慶喜と会っており、その慶喜から幕府が五卿を江戸に差し出すよう命じていると聞かされ、そのことが中岡に伝えられている。翌二十二日も中岡の日記に、

「大久保の宿に行く。小松・伊地知・吉井・税所来たり。酒会談論の央なり。」

とあり、その翌日、中岡は離京して大宰府への帰途に就く。

大宰府に戻った中岡は、吉井から聞いた五卿の江戸差し出しの件や京都情勢および薩摩藩の薩長連携への意欲等を報告して、四月二十七日にはまた、五卿の使者として大宰府を出て長州に引き返す。そこで、長州藩世子の毛利広封に謁見して五卿の意向を伝え、また、長州の諸士に会って薩長提携を説く。長州藩はこのあと、小田村素太郎（楫取素彦）を返礼の使者として大宰府の五卿のもとに送っている。

中岡はこのとき、下関でたまたま、潜伏先から帰国したばかりの木戸孝允に会っている。木戸は禁門の変のあと京都を脱出して、長く但馬方面（現・兵庫県北部）で身を隠していたが、この数日前に隠密に帰国していたのだ。中岡の日記に、

「同（四月）二十九日、赤間関に渡着。村田蔵六（大村益次郎）、伊藤春輔（博文）に会う。」

「同三十日、桂小五郎（木戸孝允）帰国潜伏の由、申し来た。すぐさま面会。」

とある。

土方の方は、中岡が二度目に上京して来るあいだも、ずっと薩摩藩邸に居続け、多くの薩摩藩要人と会っている。三月十一日に上京してきた西郷とも何度も会っている。土方日記に龍馬の名が初めて出るのが四月五日で、その日の条に

「吉井幸輔方を訪ね、西郷吉之助、村田新八に面会。坂本龍馬も浪華より帰居、面会する。」

と出る。

龍馬は、前年の元治元年十一月に勝が軍艦奉行を罷免になったあと、勝門下の仲間が薩摩藩に移ったのとは別に単独行動を取ったため、その消息がよくわからなかった。ただ、高知の兄権平ら家族宛の手紙に「龍は下春、江戸より京に上り」とあり、この元治二年三月ごろには江戸にいて、そのあと京都に来たことがわかる。龍馬は三ヵ月余り江戸にいたことになり、このころ江戸でお役御免になっていた勝海舟とも会っていたことになろう。

吉井友実が慶応元年四月二十二日付（元治二年四月六日に慶応に改元）で江戸の勝海舟に書いた手紙で、

「坂元も無事同居しています。新宮（馬之助）等の一列は大坂にいますが探索が厳しいです。」

と伝えているので、龍馬は四月初めごろ京都に来て吉井のところに身を寄せていたことになる。そして、その二十日ほどのあいだに、龍馬は薩摩藩要人や土方らと会って、薩長関係の改善や連携の方策等について話し合ったことになろう。

吉井がこの手紙を書いた四月二十二日というのは、実は、小松・西郷が帰藩の途に就いた日で、龍馬もいっしょに京都をたった日である。小松・西郷がこのとき帰藩することになったのは、幕府がいよいよ長州再征（第二次長州征討）に踏み切る決定をしたことがわかり、薩摩藩としての対応策を決めておくためだ。龍馬がそれに同行したのは、薩長提携を周旋するためだ。

中岡は五月十日過ぎに再上京して薩摩藩邸に入る。[12] 龍馬とは二十日ほどの差で行き違いになる。土方は日記の五月十三日の条に、

「当月八日（江戸）出立の急飛脚到着。大樹公（将軍徳川家茂）いよいよ来たる十六日に進発（江戸を出発）のはずにて、…、総勢五万人…。右に付き、（薩摩）藩邸において評議あり、西郷吉之助早々上京を促すことに決す。

同人（西郷）上京がけ馬関（下関）に立ち寄り桂小五郎と面会致すため篤と前途の見込みを付け、両藩同心協力をもって大に尽力致したき旨、中岡と自分ともしきりに申し唱えたところ薩摩藩士も同意を表す。よって、自分ら両人は近日西帰に決す。…。」

と記している。

将軍の江戸進発日も決まったため、薩摩藩邸では西郷の「早々上京を促すことに決」したと言う。そこで、自分と中岡とで、その西郷上京の途次、是非とも西郷が下関に立ち寄って木戸と会見すべきと申し入れ、これに「薩摩藩士も同意」して、自分ら二人も「近日西帰」することに決まったと言う。

もっとも、実際には、京都藩邸の誰もが西郷の「早々上京を促すことに」賛成していたわけではない。土方が上の日記を書いた少し前になるが、吉井友実は四月三十日付で国元の大久保利通に、「南洲兄のことですが、しばらくお国許に召し置かれた方がよいのではないかと長蔵（税所篤）と話し合っています。この節の（将軍の）進発は幕府が是非にも威権回復を見込んでいるためと察せられ、先生（西郷）この地（上方）に在って尽力すれば、一通りには済まず、いずれ大事を引き起こし、特に（薩摩藩に）嫌疑も大にかかることでしょう。…。何分、暫時お見合わせになられたく、ご賢慮の次第お願いします。」13

と書き送っている。

吉井と税所は、この時期に西郷を上方に呼べば「一通りには済まず、いずれ大事を引き起こし」、藩にも迷惑を掛けることになるだろうから、西郷はしばらく国元に留めておいた方がよいと、大久保に申し入れているのだ。西郷・吉井・税所の三人は、生まれた年月が半年も違わず、互いに気心を知り抜いた仲だ。今、西郷を上方に呼べば、西郷は幕府への反感が強くやり過ぎてしまう、と二人は心配している。

しかし結局は、京都薩摩藩邸としては西郷の早期上京を促すことに決め、それを伝えるため、岩下方平（みちひら）が帰藩することになり、中岡と土方もその帰藩船に同乗して西下する。西郷の上京途次、下関で木戸に会わせようと、西郷説得のために中岡を鹿児島に、また、木戸説得のために土方を下関に送ることにしたのだ。五月二十八日、岩下・中岡・土方らは故蝶丸で大坂を出帆する。

## 三　龍馬の奔走

小松・西郷と龍馬は、岩下や中岡・土方らより一ヵ月余り前に京都をたっており、慶応元年五月一日に鹿児島に帰着する。西郷はその帰国途中、大坂から四月二十五日付で筑前の月形洗蔵に、

「近来関東においては、再長征の儀を促していると聞かれます。このたびは幕府一手をもって打つべしとの趣意に聞かれます。もちろん、弊藩などはどのように軍兵を募っても、私戦に差し向くべき道理はなく、断然と断ち切るつもりに決定いたしております。」

と伝えている。

西郷は「再長征」は幕府と長州の「私戦」だと言う。また帰国後、西郷は将軍・家茂の江戸進発の情報を得て、小松帯刀に閏五月五日付で、

「いよいよ発足の様子、…、幕威を張るどころのことではなく、これより天下の動乱となり、徳川氏の衰運この時と存じます。三年も浪速（なにわ）城にまかりおるとはまた、何という迂説（うせつ）でしょうか。一年も難しいでしょう。何もさて置き、この節の進発、天下のため雀躍、このことにございます。」

と伝えている。

将軍家茂の「この節の進発」を愚策と断じ、これをもって「天下の動乱となり、徳川氏の衰運この時」として「天下のため雀躍」とも言う。大久保もまた、これより少し前の三月十一日の日記に、武田耕雲斎ら水戸天狗党の反乱軍が敦賀で投降しながら、幕府によってことごとく惨殺されたのを知って、

「実に聞くに堪えざる次第なり。これをもって幕滅亡の表（れ）と察せられる。」

と書き留めている。

なお、ここで大久保が「幕」という言い方をしているものは、このころ大久保に限らず広く見られるもので、一般的な意味での幕府ではなく、徳川幕府ないしは徳川宗家を指す。その点で、上で西郷が「徳川氏」と言っているものと同じである。

龍馬もまた、慶応元年夏から秋にかけてのころ高知の姉・乙女に送った手紙で、将軍家茂が大坂城に入り、長州再征の戦争が間近に迫っているとして、先にも引いたが、

「私は近々大きな戦争を致し、将軍家を地下にするつもりですが、それができないときは、もう

外国へ遊びに行くことを思い立っています。」[14]

と書いている。

ここで「将軍家を地下にする」というのは、将軍家を普通の大名家の地位に落とすという意味であろう。西郷らが徳川家を島津家などと同等の一大名家にすると唱えているのと同じである。慶応元年前半期において、西郷・大久保や龍馬らは「徳川氏の衰運」や「幕滅亡の表」の感慨を共有していたことになる。長州藩はすでに幕府と戦い、今なお、そのさなかにある。薩長の両藩が反徳川勢力として連携する素地はできていたのである。

龍馬は鹿児島に半月ほど留まり、五月十六日には薩摩藩士・児玉直右衛門に伴われて鹿児島をたち大宰府に向かう。大宰府で五卿に謁見し、そのあと長州に入る予定だ。大宰府に行く途中、龍馬は昨年(元治元年)勝らと長崎に行ったときと同様に、その途次、肥後で沼山津の横井小楠を訪ねる。しかしこのときは、以前のように、互いに意見を交わして意気投合するといった具合にはいかなかった。長州再征についての意見がまるで違っていたからだ。

小楠はこのころ長州再征に賛成して将軍の進発も高く買っていた。それに対して龍馬は、長州再征に動いている幕府に反発して薩長の提携に動いているのだから、意見が合うはずがない。肥後藩はこのころ、隣接の薩摩藩とは違って、幕府からの長州再征の出兵要請にも積極的に応じていた。小楠もやはり肥後にこもっていたからであろうか、情勢を見る眼も龍馬らとは違っていた。

当時、情報はイーブンにまたフェアーに入ってくるわけではない。当人がいる場所や立場によって、伝わってくる情報の量・質が違い、ずいぶん歪曲した情報を受けることにもなる。誰もが、そういったなかで判断し行動することになる。小楠、龍馬にせよ、西郷にせよ、また他の誰であろうと同じだ。当時の人たちの判断や行動については、その辺のところへの注意も肝要だ。

龍馬は五月二十三日に大宰府に入り三条実美ら五卿に会う。そのとき、五卿の一人・東久世通禧（ひがしくぜみちとみ）が龍馬と初めて会った印象を五月二十五日の日記に、

「土州人・坂本龍馬面会、偉人なり、奇説家なり。」[15]

と書き留めている。

「偉人」にして「奇説家」とは、なかなか面白い表現だ。

龍馬はこのとき、大宰府に来ていた長州藩の小田村素太郎（楫取素彦）と長府藩の時田少輔に会って薩長連携の話をする。小田村は、先に述べたように、五卿が送った使節・中岡慎太郎への返礼として、ちょうどこのとき大宰府にやって来ていた。龍馬は小田村とは昨年、勝に連れられて長崎に行ったときに、小田村が勝に会いに来て知り合っていた。小田村は龍馬の話を聞いて、龍馬に木戸が帰国して現在下関にいることを伝える。龍馬はさっそく、三条実美が付けてくれた五卿の従者・黒岩直方とともに大宰府をたち、閏五月一日に関門海峡を渡る。小田村は大宰府で龍馬に会ったあと、すぐに木戸に連絡を取っていた。

龍馬が下関に入った二日あとに、土方久元もまた下関に着く。土方は、岩下方平の帰藩船・胡蝶

丸に中岡と同乗して、豊前田の浦（現・北九州市門司区。このとき薩摩船を下関に着けるのは危険なため）で下船し、そこから下関に渡り廻船問屋白石正一郎宅に入り、木戸に会うべく連絡を取る。木戸はこの二三日のあいだに、偶然にも、龍馬と土方の両方からそれぞれ別途に、薩長連携の件で会いたい旨の連絡を受けたことになる。

木戸は土方から連絡を受け、閏五月五日付で山口の政事堂（藩庁）幹部宛に手紙で、

「条公お付き土方楠左衛門（久元）なる者、上国より下り掛けに来て、…。大島（西郷）が来たる十日前後に蒸気船で来関して弟（私）に面会したいとのことなので是非馬関に出向いてくれるようにとのことにつき、…。来関の上は、大島へも疑うべき箇条を挙げてきっと督責したく、（後略）」[16]

と伝えている。

ここで、西郷に会えば「きっと督責したく」と書いているのは、これまでに薩摩藩が長州藩に対してやってきたこと（八・一八日政変や禁門の変のことなど）について西郷を譴責（けんせき）するという意味である。この「督責」は、木戸としても本心からそのつもりであったのだろうが、それ以上に、藩庁に対してそうとでも言っておかないと、西郷に会う承諾が出ないからだ。

龍馬と土方は示し合わせたわけではなく、偶然にもほぼ同時期に下関に入って、閏五月五日に顔を合わせる。このときに龍馬は土方から初めて、西郷と木戸を会わせるために土方が来長し、中岡が鹿児島に行ったことを聞く。龍馬はこの日付で、大宰府で五卿謁見の労を取ってくれた薩摩藩

士・渋谷彦助に次の手紙を送っている。大宰府に帰る土方に託したのだろう。

「このたび土方楠左衛門、上国より下り来て、この者の話、…。今月十日ごろには西吉（西郷）兄および小（小松）大夫などご同伴の由、承っております。…。

追々　　末五月六日桂小五郎（木戸）、山口より参り面会、…。」[17]

この「今月十日ごろには西吉兄および小大夫などご同伴の由」は、ここ下関へ来ることを言っているのか、上京のことを言っているのか、はっきりしないが、「今月十日ごろ」とあることからすれば（土方は中岡・西郷の下関到着を「十日前後」と伝えていた）、下関のことではないか。小松の名があるのは、土方からそのように聞いたからであろう。

龍馬と土方は翌六日に二人いっしょに下関で木戸に会う。土方はその日の日記に、

「朝、桂小五郎、時田庄輔（長府藩士。時田少輔）来訪。このたび、西郷吉之助薩州より上京がけ当地に立ち寄る手はずに付き、当藩にても城壁なく腹心をもってとくと相談を遂げたく、小忿は国家の大事に換えがたく、もちろん将来の両藩提携をもって尽力ありたく、いろいろ話し、小酌閑談。…。」

と記している。

ここに龍馬の名がないのは、相手側だけを書いているからであろう。上の龍馬の渋谷宛の手紙から、龍馬もこの日に会っていることは確かだ。

続いて七日も八日も、龍馬・土方は木戸らと話し合いをし「小酌」もしている。そして、土方は

日記の閏五月九日の条に、

「薩長和解の議もいよいよあい纏り、もはや用向きもあい済んだので、これより諸卿（五卿）方へ復命のため帰西に決し九ッ時より乗船…。」

と記す。あとは、龍馬に任せたというところであろう。土方は、この日のうちに乗船して大宰府の五卿のもとへ急ぐ。

中岡が岩下方平らとともに胡蝶丸で鹿児島に到着したのは、龍馬・土方と木戸・時田が、下関で顔を合わせていた日の閏五月六日であった。中岡はさっそく西郷に会い、禁門の変以後、姿を隠していた木戸が長州に戻っていることを伝え、その木戸との会見を勧める。諸書のなかには、西郷と木戸の会見を中岡と龍馬が話し合って周旋したように書くものがあるが、二人が事前にそのような相談をする機会はなかった。

中岡は鹿児島に十日ほど滞在して、閏五月十五日に鹿児島をたつ。鹿児島滞在の中岡については、中岡の日記『海西雑記』にもその間の記載がない。あるのは、そこをたつ日以後だ。その要所だけを引くと、

「同十五日、（鹿児島で）乗船、西郷、岩下、三島、…同船。」

「同十八日、豊後佐賀関泊、これより（自分は）上陸。大島屋に宿す。」

「同二十日、漁船を借り、下の関に渡らんとす。辰の刻（朝八時）、この港を発す。

「同二十一日、夜下関着。坂本、桂（木戸）、安喜に逢う。」

である。

簡単だが、足取りはわかる。十五日に西郷・岩下らと鹿児島を出帆し、中岡は豊後佐賀関（現・大分県佐賀関半島突端の港町）で一人下船して、あとは漁船を借りて二十一日の夜に下関に着き、木戸や龍馬に会う。

中岡が西郷を連れてくると聞いて、下関で待っていた木戸や龍馬らは、ずいぶんがっかりしたことであろう。特に木戸は、閏五月の「十日前後」に来ると聞かされ、それから十日以上も待ちながら、中岡一人が現れたのだからずいぶん不愉快な気分になっただろう。それに、木戸は藩庁にも周囲にも話した上で下関にやって来ていたのだから、まったく形無し（かたなし）である。自身、内心期待するところもあったはずだから、いっそう腹が立ったに違いない。

この西郷・木戸会見が不成立に終わったことは、しばしば西郷の「すっぽかし事件」や「西郷の違約」などとして語られるが、実際はそのようなものではない。[18] 中岡が西郷に木戸との面会を勧めるために鹿児島まで出向いたのは事実だが、西郷がそれに応じて木戸に会う約束をしたような形跡はない。また、中岡が西郷に勧誘した結果を、中岡下関到着以前に下関に知らせる手立てもなかった。言うなら、これは中岡・土方の勇み足事件であった。

木戸が落胆したのは事実だが、しかしそれで、中岡・土方の尽力が無に帰したわけではない。西郷を待つあいだ、たっぷり時間をかけて、木戸と龍馬は情報や意見を交換し、さらに中岡が到着してからは、木戸・龍馬・中岡に井上馨・伊藤博文らも加わって、薩長連携について話し合った。

このころ、木戸らが抱えていた最大の問題は、長州再征（「第二次長州征討」）の戦争を目前にしながら、「武備」が思うように進んでいなかったことだ。この四月初めには、大村益次郎（大村本人ではなく配下の中島四郎ともされる）らが上海に渡ってゲーベル銃などを購入していたが、幕府はそれも察知して直ちに、フランス公使ロッシュの協力を得て、英仏米蘭四国のあいだで、特に長州藩をターゲットにした不法（密）貿易禁止協定を締結させていた。そのため、長州藩としては武器購入の道が閉ざされ、その打開策として、木戸らとしてはどうしても薩摩藩の援助が必要になっていた。

この件での橋渡しが、龍馬と中岡に託され、二人は、長州藩のための薩摩藩名義での武器・艦船購入のための周旋に動く。それがうまく行けば確かに、長州藩にとっては最大の支援になり、薩摩の提携意志が真意であることの証（あか）しにもなる。

## 四　ユニオン号問題

龍馬と中岡は閏五月二十九日に下関を船でたって京都に向かう。しかし、このときは天候不順が続き、上京するのにだいぶ時間を要している。中岡の日記によると「六月十四日、備前西大寺（現・岡山市東区）に宿す」などとあり、そのあと陸路を取ったのかもしれない。京都に着いて二人が西郷に会ったのは六月二十四日である。下関で木戸らと話し合ったことを報告するとともに、薩摩藩名義による武器・蒸気船購入の話をして西郷の同意を得る。

この京都での話し合いの結果は、京都から大宰府に戻る三条実美の従者で土佐脱藩士の楠本文吉によって早々に長州にもたらされる。[19] それを受けた木戸は直ちに、井上馨と伊藤博文を楠本に付けて大宰府の三条のもとに送る。井上・伊藤はそこで三条に拝謁し、その三条の斡旋によって、薩摩藩士から薩摩藩長崎藩邸への紹介状をもらい受け、七月二十一日に長崎に着く。

二人はこのとき折よく、家老の小松帯刀が艦船購入等のために長崎に来ていて会うことができた。小松はこの四月に薩摩藩「海軍掛」に就き、「海軍」増強のために、近藤長次郎・高松太郎・新宮馬之助らを引き連れて、長崎に来ていたのだ。この「海軍」は先述のように、単に軍事のためだけの海軍だけではなく、交易や海運も営む「海軍」であったので、それを興すのに近藤らが必要であった。

おそらくこのときに、小松の援助で、近藤らが長崎で亀山を本拠にして「社中」を立ち上げたのであろう。そして、その「社中」の最初の大仕事になるのが、薩摩藩名義による長州藩の武器・蒸気船の購入であった。

龍馬は京都から慶応元年九月九日付で乙女・おやべ宛に書いた手紙で、

「私たちと行動をともにしている土佐出身の同志のうち、盛んに活躍しているのは、二丁目の赤面馬之助（新宮馬之助）、水通町（すいどう）（現・上町）の近藤長次郎、そして甥の高松太郎です。望月亀弥太は死にました。この者たちを含めて全員で二十人ほどの同志を引き連れて、今は長崎の方に出て稽古をしております。」

と伝えている。

龍馬自身は中岡とともに閏五月末に下関をたって上京し、下で見るように、九月二十四日に西郷とともに西下するまで京・大坂にいたので、長崎での「社中」の立ち上げにも、また、武器・蒸気船購入にも直接にはかかわっていない。

伊藤は小松と長崎で話し合ったことを、七月二十六日付で木戸ら藩庁幹部に、

「銃・艦一条仰せられた件、委細拝諾致し、拙者ども去る二十一日に崎陽（長崎）に到着。薩藩小松帯刀そのほか面会の上、一々に及び示談したところ、案外都合よろしく参り、薩州買入の名前をもって、周旋いたしてくれることとあい決し、…。」

と報告し、さらに、小松が、

「幕府への嫌疑等のことにさらに目を注ぐわけはないので、いかようのことにも尽力仕るべし。」

と言ってくれているので、この際、蒸気船の購入についても早く（長州）藩としての結論を出してほしいと申し入れている。[20]

このとき長州藩はまだ、帆船の軍艦三隻を有するだけで蒸気船は一隻も持っていなかった。伊藤はこの翌日にはまた、木戸個人宛に手紙を書き、

「当節は小松、崎陽に滞在、…肥後人などは長崎鎮台（奉行所）へ、薩より長（長州）を助けるために、小松当地滞在などと申し立てているぐらいです。もっとも薩では区々（細事）のことにかかわらず、海軍を盛んにして武備を充実させるのみにもっぱら力を尽すと言っています。…。船お買入のことは、かように切迫、…。私ども別懇なる英人グラバと申す者、両人商売等あい始まれば、百万ドルぐらいのことはいつでも借してくれるにつき、決して何も憂うべきではなく、いか様にもこの先はお手伝いするでしょう。」[21]

と伝えている。

伊藤は、この願ってもない好機に、木戸に何とかして、藩庁から薩摩藩名義での蒸気船購入の承

諾を取り付けてほしいと訴えているのだ。

このあと小松は一ヵ月余り長崎にいて帰国の途に就くが、その際、近藤を同行させるとともに井上を鹿児島に連れて行く。井上はそこで、家老の桂久武やこのころ西郷の上京と入れ替わりに帰藩していた大久保利通に会っている。おそらくここで、薩摩藩名義による武器購入の件について正式に薩摩藩の承認が得られ、蒸気船についても同様の協力が話し合われたのだろう。

井上は鹿児島から近藤とともに八月二十日ごろに長崎に戻り、グラバー商会から薩摩名義で武器弾薬を購入し、薩摩藩船の胡蝶丸等に積み込んで、近藤とともに八月二十六日に下関に移送し、さらに三田尻（現・防府市）に運び入れている。

一方、長崎に留まっていた伊藤は、グラバーが搭乗して横浜に向かうユニオン号に同乗して、船を八月二十六日に下関に寄港させ、長州藩の海軍局に検分させている。薩摩藩名義での蒸気船購入については、武器弾薬のそれとは違って、長州藩内でも海軍局を中心に反対する者が多く、説得と懐柔が必要であった。

三田尻から下関に戻った井上は、このとき下関に来ていた木戸と協議して、なお紛糾しているユニオン号購入問題の早期決着を図るには、藩主直々の裁断を得るのが得策として、購入のために働いている近藤を藩主毛利敬親に謁見させることにする。近藤は、九月七日に山口で藩主父子に謁見し、木戸らの期待に応える応接をして、このとき藩主父子から三所物（刀剣の付属品の目貫・笄・小柄）を授かるとともに、慶応元年九月八日付の薩摩藩主父子宛の親書を託される。その親書には、次のようにあった。

「このたび貴国にまかり出ました家来の者（井上馨）より、ご様子委細承知致し、万端氷解に及びました。貴国においては、勤王のご正義を確守の由、実にもって欽慕の至りです。皇国の御為、この上なく、陰ながら欣躍ご依頼いたします。…。尚々、先日は家来の者、貴国へまかり出た節は、かれこれご懇切に成し下され、ありがたきことです。今後も、しかるべくご依頼いたします。…。心事何もご憐察下さるよう。委曲は上杉宗次郎に話しておりますので、お聞き取り下さるべくお願いします。…。」[22]

「万端氷解」と述べ、「貴国に」「欽慕」とも書いて、強い親近の情を示している。最後のところでは、「心事何もご憐察」願いたいとして、「委曲」は上杉より「お聞き取り下さるべく」とある。この「委曲」というのは蒸気船購入の件で、文書に表立っては書けないことだ。それにしても、藩主父子から相手方藩主父子への親書を託され、「委曲」の説明を任せられるとは、近藤への信頼は破格のものだ。

さてこのころ、京都では政局が緊迫の度合いを増していた。英仏米蘭の四国連合艦隊が摂海に居座るなか、朝廷では長州再征の勅命降下と五ヵ国修好通商条約の勅許について評議せねばならなくなっていたからだ。長州再征の勅命降下に対して、大久保利通が「非義の勅命」と申し立てたのはこのときである。

四国側がこの時期に連合艦隊を摂海に集結させたのは、将軍家茂が上方に留まっているのを好機と見て、朝幕の両方に圧力をかけ、長年ペンディングになったままの通商条約への勅許を下させるとともに、長州藩による外国船無警告砲撃への賠償金支払い問題をからめて、兵庫港の先期開港を約束させようとしたためだ。

連合艦隊が摂海に集結したのは慶応元年九月十六日であったが、その前日九月十五日に将軍家茂が大坂城から京都の二条城に入り、朝廷に長州再征の勅命を奏請して、二十一日にそれを受けている。幕府は八月段階で外国艦隊の摂海集結の情報をつかんでおり、艦隊が横浜を出港するのも事前に知っていたので、そのタイミングを計ってこういった行動に出たとも考えられる。

このとき大坂にいた西郷は、龍馬らの手を借りて外国艦隊集結の状況を調べ、それを京都にいる大久保利通宛に九月十七日付で報告しているが、そのなかで西郷は、

「いずれ各国の諸侯を召し呼ばれ、天下の公論をもって、至当のご処置をなさらねば済まず、ただ幕府よりの申し出だけで、兵庫開港や勅許が成るようなことに陥れば、皇国の辱め（はずかし）はこの上なく、ことにより、堂上方の例の恐怖心にて、義理も分別もないことにならないか、歎息に耐えざることなり。」

と伝えている。

西郷らは兵庫開港に反対しているわけではないが、それは、幕府専断による朝廷への奏請ではなく、諸侯の公議・公論のもとでの奏請によって決められねばならないと考えている。幕府からの奏請だけで、「堂上方の例の恐怖心にて」あたふたと決まってしまうことを恐れているのだ。

大久保はそのようななか、幕府が奏請している長州再征の勅許の降下を阻止せんと、朝廷を舞台

に孤軍奮闘する。朝廷の実力者の中川宮（朝彦親王）や関白二条斉敬らのあいだを入説して回り、一時決まっていた長州再征への勅許が再評議に付されることにもなる。しかし、それも結局は、その再評議の冒頭で徳川慶喜が公卿たちをはげしく責め立て、実際の審議に入るまでは至らなかった。その模様を松平春嶽の側近・中根雪江は、

「一橋、大いに激怒して、…、匹夫（いやしい身分の男）の議を聞かれるため、猥りに…朝議を動かされるがごときは実に天下の至変と云うべし。かくのごとしでは、大樹（将軍家茂）始め一同、職を辞するほかなしと申し放たれると、殿下（関白二条斉敬）ことのほか迷惑せられ、遂に（長州再征の勅許の）奏請を容れられることに決まり、爾後、大久保の評判はなはだよろしからず。」[23]

と記している。

慶喜は四国連合艦隊の摂海集結の威圧を背景にして、長州再征の勅命が下らない場合は、自分と容保、定敬の三人はその職を辞するほかはないなどと申し立て、結局、九月二十一日には長州再征の勅命が下る。これによって幕府は、長州再征への出兵を渋る諸藩に対し、動員をかけるための明確な大義名分を手に入れたことになる。

大久保はこのとき、朝廷では敗北したものの、「非義の勅命は勅命に非ず」の名言を放って、各方面に衝撃を与える。これは最初、朝廷の実力者・中川宮に向かって発せられた言葉で、大久保はそれを九月二十三日付の西郷宛の書状に書いている。そのところを引き出すと、次のようである。

「（長州）追討の名義いずれにありましょうか、もし、朝廷がこれを許されれば、非義の勅命にて、朝廷の大事を思う列藩は一人も奉じますまい。至当の筋を得、天下万民がもっともと奉ってこそ、勅命と申すべきであれば、非義の勅命は勅命に非ず故、…。」[24]

大久保は長州追討（再征）には「名義」がない、長州藩はすでに罪を認めて三家老の首級を差し出し四人の参謀を斬罪に処して服罪しており、この上さらに「追討」せよと命じるのは「非義」だと言うのである。天皇が発した命令も非義であれば勅命ではないという、この大胆不敵の言辞は、やがて諸藩や朝廷それに世間にも伝わっていく。

この西郷宛の書状で大久保は、中川宮に対して、

「もし行われないときには、今日限りの朝廷と存じ奉ると申して退出した。」

とも伝えている。

これについては、中川宮も九月二十二日の自身の日記に、

「朝廷これカキリト（限りと）、何とも恐れ入る次第。」[25]

と書き留めている。

大久保は勅命も朝廷も認められないと申し立てているのである。とても一介の「匹夫」に発せられる言葉ではない。

朝廷では続いて、通商条約への勅許と兵庫港の先期開港についての評議に移っていたが、薩摩藩

在京指導部は、諸侯の上京を求めるため、大久保は福井の松平春嶽のもとへ、吉井は宇和島の伊達宗城のもとへ赴き、西郷は久光に方針の了解を得るために帰藩する。西郷らが京都を離れたあと、慶喜は通商条約の朝議でも、

「（条約の）勅許なきときは、外夷は京都に殺到するも計り難し。」[26]

などと申し立てて、遂に勅許を得ることに成功する。

慶喜の伝記『徳川慶喜公伝』はその様子を、

「公（慶喜）はなお懇(ねんご)ろに開港の利害を説き、『今ご許容されないには、国難たちどころにおこるべし』とて、おどしつ、すかしつ、弁論を尽くされ、…。」[27]

と伝えている。

禁裏御守衛総督の慶喜による上のような言辞は、外国艦隊が摂海に居座るなか、孝明天皇や公家たちにとっては脅迫に等しい。

ここに、安政五年に幕府の井伊政権が五ヵ国と調印をして以来、天皇が頑(がん)として認めなかった通商条約に、慶応元年十月三日、七年目にしてようやく勅許が下る。ただし、兵庫港の先期開港については、禁裏のある京都に近過ぎるとする朝廷の抵抗が実って先送りになる。

しかし、天皇を面前にして、その弱みに付け込むような慶喜のやり口には、さすがに公卿たちも相当に嫌悪感を持ったようだ。中御門経之(なかみかどつねゆき)は十月七日付で義弟に当たる岩倉具視に送った手紙で、

「一会（慶喜と容保）の心底、実に禽獣(きんじゅう)の至りと嘆息のほかはありません。…。一会の肉食(にくく)うべし

と思う。……。何とぞ、一会の首級早く打ち取るべき手段致すべきなどと祈っています。薩（薩摩）が落胆しているのはもっともに思います。……。一会があい迫り、驚かす故に、よんどころなき次第になったと、あくまで言いふらしたいものと思っています。」[28]

と伝え、岩倉もまた同日、中御門に、

「一昨夜の所業、一会、肉を食うほかのない次第。幕の積もる罪、もはや数える算がありません。……。何分にも、一度復古、薩長柱石にして一新、大に朝権建て為しされたく存じます。却ってこのところを機会と、ご深慮遊ばされるかと思います。……。」[29]

と応じている。

なお、通商条約の勅許についての評議中の十月一日には、将軍徳川家茂が突然、征夷大将軍の辞表を提出するというハプニングが起きる。家茂が関白・二条斉敬に辞表を提出して、翌二日には江戸へ東帰すると発表したのである。辞表には、将軍職を徳川慶喜に譲るとあるので、征夷大将軍を返上するというのではなかったが、それにしても、この突然の事件に周囲は泡を食う。もっとも、ここでも慶喜が精力的に動いて、結局は六日後の十月七日に家茂が朝廷に謝罪して辞意と東帰の撤回を申し出る。しかし、このハプニングによって、幕府と朝廷ならびに一会桑とのあいだの不和が白日のもとに晒（さら）される。

西郷は九月二十四日に龍馬を連れて京都をたち、兵庫から故蝶丸で西下する。西郷は島津久光に大久保の「非義の勅命は勅命に非ず」の書状を見せて、久光の上京を求めるためであり、龍馬は西郷の依頼を受けて、長州藩に同じくその書状を届けるとともに、薩摩兵の上方駐留に必要な兵糧米の調達を長州藩に頼むためである。

龍馬は途中二十九日に周防上関（すおうかみのせき）（現・山口県熊毛郡上関町）で下船して三田尻に行き、ここでこの五月末の大宰府のときと同じように、小田村素太郎（楫取素彦）に出会い、彼を通じて十月四日に広沢真臣に会い、西郷から託された大久保の書状を手渡す。併せて、長州での兵糧米調達の依頼を広沢・小田に申し出てその約束を得る。

龍馬が渡した大久保の書状には、前掲のように、

「（長州）追討の名義いずれにありましょうか、もし、朝廷がこれを許されれば、非義の勅命にて、朝廷の大事を思う列藩は一人も奉じますまい。」

とあって、それらの言辞は、長州藩父子やこの書状を見た誰をも感動させ、また、勇気付けるものになる。

長州藩は長く一途に朝廷尊崇を掲げて尽力しながら、文久三年の八・一八日政変で京都から放逐され、翌元治元年七月の禁門の変後は朝敵にもされて征討を受けている。藩の誰にとってもその無念は言いようのないものであった。それがここに来てようやく、薩摩藩が朝廷と幕府に一矢（いっし）を報いてくれたのである。この「非義の勅命」は、直ちに各支藩や末家にも伝えられ長州中に知れ渡っていく。

龍馬も無論、大久保の書状の中身をよく知っていた。十月三日付でこのころ長州にいた池内蔵太（くらた）に京都の様子を知らせて、

「将軍（九月）二十一日に参内、その朝大久保は伊宮（いんのみや）（中川宮）に論じ、同日二条（関白）殿に論じ、非義の勅下ったときは薩は奉らずとまで論じ上げました。されども（朝廷は）幕の乞うところを許せり。」

と伝えている。

龍馬はこのあと十日ほど下関にいて、十月十四日には木戸主催の送別会に呼ばれている。出席者は木戸夫妻（幾松同伴）・高杉晋作・井上馨夫妻（志津同伴）・伊藤博文夫妻（梅子あるいはすみ子?・同伴）らであったようだ。[30] なお、このあと龍馬は上方に帰ったとされるが、そのまま帰ったのかどうか定かでない。[31]

さて、京都の中央政局の話から龍馬の長州入りまで進んだところで、ここでまた、話をもとのユニオン号問題に戻す。龍馬は下関でユニオン号購入の進み具合等を聞いたはずだが、その件にかかわった形跡はない。このときに近藤長次郎に会った形跡もない。

近藤は長州藩主父子から託された薩摩藩主父子宛の親書を携えて慶応元年十月八日に鹿児島に着いている。家老の小松帯刀は、八月初旬に長崎から井上馨・近藤を連れて帰藩してそのまま在藩中であったし、西郷もまた、ちょうど十月四日に京都から鹿児島に帰着して在藩していた。近藤は直ちに薩摩藩主・島津茂久に拝謁して、長州藩主父子の薩摩藩名義による蒸気船の購入依頼の親書を手渡し、それを機に薩摩藩として正式に長州藩の依頼に応じることを決めたようだ。そのことは、下で見る近藤の井上馨宛の手紙で読み取れる。

西郷はこのとき久光の上京を求めて帰藩していたが、外国艦隊も摂海から立ち去ったこともあって、久光の上京はしばらく見合わせることにして、小松が久光に代って上京することになる。小松・西郷は十月十四日に薩摩藩兵百ほどを伴って胡蝶丸で鹿児島を出帆する。それに近藤も同乗して翌十五日に長崎に寄港し、小松は十七日にさっそくグラバー商会とのあいだでユニオン号の購入契約を結ぶ。鹿児島出発前に手はずが整っていたのだろう、船名も「桜島丸」として、[32] その日のうちに小松・西郷らは長崎をたつ。

近藤はユニオン号購入の件について、長崎からさっそく十月十八日付で井上馨に次のように伝えている。

「第一、船の義、御地においてかねてご示談申し上げ、貴兄がお考えのごとく、船印・国号は彼の国（薩摩）の名前を借用して、社中水夫の乗組みは従来通り、…、今日漸々船を受け取りました。さて、これよりまず本国（鹿児島）に乗り返り、それより御地にまかり出てご談判いたしますので、この段はそのようにお心得下さい。…。

小子も彼の本国に返り、八日間帯印（小松帯刀）のところに逗留し、君侯へも拝謁、いろいろ右らのことについては大議論もありましたが、あい変らず帯印の大尽力にて、万事成就に至りました。帯印・吉印（西郷）昨日胡蝶丸にて上京なり。…。船の代金は三万七千五百両です。代金は御地より薩摩大坂屋敷まで積み回してほしいとのこと。…。」[33]

薩摩藩中枢部でも、薩摩藩名義での長州船藩購入については、危険性が高過ぎるとして反対する者も少なくなかったが、「あい変らず帯印の大尽力にて、万事成就に至」ったようだ。このあと、近藤はユニオン号をいったん長崎から鹿児島に回航したあと、十一月八日に下関に届ける。そして、そこには伊藤博文と高杉晋作の二人が待ち受けていた。

ここに高杉が突如登場するのは、彼がこの九月初旬に藩庁から武器・蒸気船の引き取りの役目を命じられていたからだ。高杉は六月初めに逃亡先の四国から下関に戻っていたが、そのまま愛妾のウノと潜伏していたところを藩庁から呼び出されて、上の命を受けたのだ。

しかし近藤は、ユニオン号受け渡しの「談判」については、その二人が相手では無理だとして、山口にいる木戸に、

「先だってよりお頼みの蒸気船、社中一同乗組み、今暁馬関（下関）に着きましたので、左様ご安心下されたく。ついては大急ぎ、貴君か井上氏へ拝面、万々申し上げたきこと数々ありますれば、何とぞ聞多（井上）子を馬関へお返しのご指揮、くれぐれもお頼み申し上げます。」[34]

と書き送っている。

近藤は今回の「談判」は、ユニオン号購入全体の責任者の木戸か、鹿児島にもいっしょに行き、以来ずっとユニオン号購入で共同してきた井上のどちらかでないと、話し合えないと伝えている。高杉もその辺のところは理解できたようで、山口の木戸に、

「薩州周旋の蒸気着岸、上杉（近藤）も参りました。今日一面致したところずいぶん才子のように思われます。いずれ老兄がご出関されなければ話が運ばないように考えます。…。さりながら、

もし出関も難しければ、中島四郎そのほかをお遣わしになれば、弟、及ばずながらここ元だけのご周旋は致すべき。…。」[35]

と伝えている。

高杉は近藤を「ずいぶん才子のよう」だと言う。彼らの言う「才子」は頭の回る奴というような意味で、褒め言葉ではない。これが高杉の近藤初対面の印象であった。伊藤もまた十一月十日付で木戸に、

「このたび上杉、蒸気艦乗組員到着…。上杉もこのたびはひとかたならず苦慮、薩の崎陽（長崎）邸監などずいぶん俗論を吐いている由で、分けて苦心しているとのこと。なお、同人、英国行きの志であるところ、我が藩のために三月(みつき)も遅延しているくらいのこと故、なにとぞ、申し上げにくいことではありますが、政府（長州藩庁）よりきっとお礼ありたく愚考します。金なれば百金や二百金ぐらいは賜っても宜しいかと存じます。…。」[36]

と伝えている。

伊藤は蒸気船購入での近藤の尽力を高く評価して、長州藩としてもこの際、彼の「英国行きの志」を叶えてやるよう支援してやってほしいと木戸に伝えている。「三月も遅延」ということは、おそらくは、近藤を高く買っている小松が、彼を英国に遣(や)ろうとしていたのであろう。伊藤は近藤ともすでに何度も会い仕事もいっしょにしていて、彼のことがよくわかっている。

しかしこのとき、木戸も井上も下関に来ることはできずに、結局は、近藤の方が伊藤とともに山口に行くことになる。実際、木戸はこのころ、山口の政庁を離れるわけにはいかなかった。幕府大

目付・永井尚志（なおゆき）が長州糾問使の任を受けて十月十六日に広島入りをして、長州側が送った使者の宍戸備後助（ししどびんごのすけ）（もと山県半蔵、後の宍戸たまき）と十一月二十日から折衝が始まるときであった。事の次第では、開戦になる可能性もあった。また、井上の方はこのころ、薩摩藩との親密な関係が疑われ、またそのほかのこともあって、藩士や支藩の者から命さえ狙われる始末で、行動に相当の制約を受けていた。

山口に出向いた近藤は、十一月十八日に再び長州藩主毛利敬親に拝謁し、労をねぎらわれ、銘刀を授かってもいる。実際には浪士でありながら、長州と薩摩の両藩主に拝謁した者など、近藤長次郎を置いてほかにはいない。以前には薩摩藩国父・島津久光に建言書を提出したこともあり、「社中」のなかでも突出した活躍ぶりだ。

近藤は高知の饅頭屋（まんじゅうや）の息子であったが、幼年期より聡明で知られ、安政二年に十七歳で河田小龍に学び、その後、安政六年に藩の重役・由比猪内（ゆいいない）の従僕になって江戸にのぼり、そこで儒学者・安積艮斎（あさかごんさい）に学び、いったん帰国の上、再び出府して洋学や砲術を学んでいる。文久三年には、土佐藩からその研鑽ぶりが評価され、名字帯刀を許され士分に昇格している。これらの経歴からしても、近藤は俊才で、龍馬より二歳若いが、その奮闘・活躍ぶりは龍馬に匹敵する。

近藤らは山口から再びユニオン号を停泊させている下関に戻って、ユニオン号引き渡しの交渉に入る。この交渉について『世外井上公伝』は、

「下関で公（井上）および桂（木戸）・伊藤・上杉（近藤）ら会して、桜島丸の授受を議するに及び、

相互の意思に齟齬を生じた。はじめ上杉はかの汽船には海援隊士（「社中」の間違い。海援隊はまだできていない）を乗組ませ、坂本を船長とし、…。しかるに、長藩では専有に帰したとして、すでに乙丑（いっちゅう）丸と命名して中島四郎を船長に任命したほどであったから、上杉の説に服さなかった。さりとて上杉の主張はさきに公らが下関で彼と協定した所であるから、上杉もまた自説を主張して止まなかった。」[37]と書いて、下関での「桜島丸の授受」の交渉に、井上も木戸・伊藤も加わっていたように書いているが、これは多分虚偽であろう。この前に、木戸や井上が下関に来ることができないために、近藤を山口に呼んだぐらいだから、この直後に「下関で公および桂・伊藤・上杉ら会して」というような具合には行かなかったはずだ。

下関の交渉の場に誰がいたか、史料上確認できるのは、近藤と長州側の高杉晋作と長州海軍局の中島四郎（佐衡）である。したがって、上記引用部で信用できるのは、船の授受で、「相互の意思に齟齬を生じた」というところだけである。ユニオン号購入で、最後の受け渡し段階に来て、その所属や運用など厄介な問題が表に出てきたのである。

この薩摩藩名義によるユニオン号購入については、実のところ、どこかでそういった問題が出て来るのはほぼ必然であった。木戸は当初のころ、井上・伊藤の二人を武器・艦船購入のために長崎に送る前日の七月十三日に、山口の「政事堂（長州藩政庁）各中様」宛に送った手紙で、

「独断にて明日より聞多・春輔両人を崎陽に差し遣わします。…。このように申すのは、はなはだ恐れ入ることではありますが、とかく愚考を申し上げても、十の内九は（そちらの）思し召しと

もあい違い恐惶に堪えないことで、…、多罪何とも謝り難いことではありますがこの機に臨み、…。」[38]

などと書いている。

木戸はもとから、話してても皆さんにはわかってもらえないから、無理を承知で進めると伝えている。実際、この時期に薩摩藩の手を借りるような仕事を進めても、それが藩内に伝わると前に進まなくなるのは明白であった。このもとからの無理が、最後の段階で問題になって噴出したのである。

さて、十一月下旬に下関で始まった、このユニオン号受け渡しの厄介な交渉に、十二月三日に下関に着いた龍馬が加わることになる。龍馬はこのとき、この件で長州にやってきたわけではない。長州糾問使・永井尚志と長州のあいだのやり取りの様子を探るためで、龍馬は鹿児島に帰藩する岩下方平・吉井友実の船に同乗して、大坂を十一月二十四日にたって、二十六日に上関で下船し、十二月三日に下関に入っていた。もっとも、このころ、薩摩藩の黒田清隆が長州藩代表の上京を勧誘するために長州入りをしていたので、あるいは龍馬も、実際のところは、木戸の上京勧誘が主たる用務であったのかもしれない。

いずれにしろ、それらの仕事が済めば、龍馬は岩下・吉井の上京の途中、下関で十二月十日過ぎに拾ってもらって京都に戻る予定であった。しかし、ここで足止めを食う。

龍馬がこのときどのような交渉をしたのかは、史料が少なくてよくはわからない。史料としてのこっているのは、あい前後して作成された「桜島条約」ならびに「約束」と表題のある二つの約定書である。前者は、近藤と井上らのあいだで結ばれていた当初の協定をベースに作成されたもので、後者はその後に龍馬が加わって、改めて作成し直された改訂約定書とでも呼べるものだ。日付はどちらも「丑十二月」である。

「桜島条約」は「上杉宗次郎」と「中島四郎殿・坂本龍馬殿」とのあいだで六ヵ条の「盟約」を交わす約定書であり、後者の改訂約定書は「阪本龍馬・中島四郎」と「多賀松太郎（高松太郎）様」ら六名の「社中」乗組み士官とのあいだで九カ条の「約束」を交わす約定書である。この改訂約定書には上杉（近藤）の名は出てこない。近藤は不服であったのだろう。内容は明らかに、前者が「社中」と薩摩藩の権利がより明確に出ているのに対して、後者は逆に長州側の権利がより明確に出ている。

龍馬が何とか折り合いを付けようとしても、近藤は受け入れなかったようだ。近藤はあくまで、先に井上らと結んだ協定をベースにした「桜島条約」の履行を主張したことは間違いない。龍馬が長州の高杉・中島とともに、近藤と対立する側に立っているのもまず間違いない。交渉の雰囲気はすこぶる悪かったようだ。そのため、交渉を長州側で主導した中島四郎がいったん、交渉の様子を伝えるため山口に戻っている。山口に戻った中島は十二月二十四日付で木戸に、

「…、上杉・井上約定の事件も確たるものがあるわけではない故、先の約定書（「桜島条約）を乞い得て後、新たに（改訂条約を）定めるつもりです。…。艦（ユニオン号）は上国させ、阪本ご一同薩政府と相談して決めるようにするのが、谷（潜蔵、高杉晋作）、阪本、私も、それが宜しいとあい考えたところ、上杉は是非とも代金をあい渡さずしては薩政府に対して面目ないとのこと。しかる

ところ、ガラバ（グラバー）より馬関の春輔（伊藤博文）へ金のことで申し来ているところによると、この方よりの金の件は少し待ってくれるよう申し立てても不都合はないと考えられますが、上杉は条理を申し立てて折り合いません。（後略）」[39]

と報告している。

おそらく、木戸や井上・伊藤には近藤が申し立てている「条理」が理解できたはずだ。しかし、その彼らはそばにはいない。近藤はその彼らの意見が得られず、その上、龍馬が自分に対立する側に立って孤立する。ユニオン号購入事業が当初から抱えていた問題が最終局面で噴出して、そのしわ寄せが近藤一人に押し寄せた形になる。

高杉晋作は近藤が下関を去るころ、二度にわたって近藤に漢詩を贈っている。[40] 詩の内容はわかりにくいものだが、それらの一部を取り上げておこう。どちらも、たった三ヵ月余りの「交情」を惜しむもので、自身の心境を詠っている。一つは、中島四郎が山口で報告を終えて（この山口行きには高杉も同行したようでもある）下関に戻ってきたとき、酒席の場で贈ったもので、

「君に逢うて慙愧（ざんき）す　虚名を追うを、…、国（長州）中本来　弱卒多し、いわんや　吾は無頼の一書生。」

と詠うものだ。

「虚名を追う」というのは、高杉自身のことであろう。近藤を助けてやれず、自分の無力を近藤に恥じている。

もう一つは、近藤との別れの際に贈ったもので、

「突然相見て突然離る、未だ交情を尽さざるも忽ち悲を起こす、…。」

と詠うものだ。

ここにある「忽ち悲を起こす」の「悲」は、単に別離の悲しみだけをいうものではないだろう。この後に起きる近藤の「悲」を予感しているようにさえ思える。

どちらにも、高杉の近藤に対する厚情と謝罪の念が込められている。高杉は激しい人間だが、人情に厚く、心中に虚偽を溜め置くことができない人間であったようだ。

龍馬は慶応元年の大晦日に当たる十二月二十九日付で、長府藩士で藩主毛利元周の側近・印藤聿に、

「昨日山口より中島四郎、…のほか、要路の人山田宇右衛門とか申される人が参られました。未だ話し合いもしておりませんが、案ずるに、今日中に事済みになると思います。山口よりは木圭小五郎（木戸）よりも長々しき手紙が参り、半日も早く上京を促されています。そこで今度の上京には、私のほかに…誰か京にお出しになれば、はなはだ都合がよいのではと思います。…。」

と書き送っている。

「要路の人山田宇右衛門」というのは長州藩参政首座の地位にある人物で、龍馬はその山田がやって来たことで、ユニオン号購入の件についても決着が付くと見ている。龍馬の関心はすでに、木戸の上京の方に向いている。

木戸からの「長々しき手紙」としている手紙は、中島が山口で木戸から託されて持ち帰ってきたものであろう。龍馬はその手紙で、木戸から「半日も早く上京」するよう催促を受けている。

龍馬は印藤に、この際、長府藩からも誰か一人上京させてはどうかと打診し、その結果、藩主毛利元周が三吉慎蔵に龍馬への随行を命じる。龍馬と三吉は年明けの慶応二年正月元旦に面会し、二人は十日に下関を出帆する。このとき「半日も早く」の督促で、龍馬は急いでいたはずだが出帆に手間取る。その原因の一つは、龍馬が上坂にユニオン号を使うつもりでいたのが、使えなくなったことにあったようだ。近藤の主張のためにユニオン号は長崎に回航されることになり、近藤が邪魔をした形になる。このことも、龍馬と近藤のあいだに感情のシコリを残す原因になったと思われる。

注

1 『鹿児島県史料　玉里島津家史料』三、五八三―五八五頁。

2 『大久保利通文書』一、二二〇頁。

3 諸書でも、この十月八日付にある「ゆく先、御国の御煩いもできる」の煩いをつくる相手を、きちんと幕府だと解釈しているものは少ない。たとえば、井上清『西郷隆盛』（上）は、九月七日付のものと同じように解釈しており（一六三頁）、それが大方において今日までに引き継がれている。史料集について言えば、この西郷書簡を収録している『西郷隆盛全集』一は、この「御国の御煩い」に注釈を付けて「薩摩藩へも幕府の手が伸びてくる」（四一六頁）とし、『鹿児島県史料　忠義公史料』三は、「御国」に注釈を付けて「御国とは全国を云うならん」（五三八頁）としている。西郷が「御国」と書くとき、「全国」を指すようなことはなく常に薩摩である。筆者は『全集』のものが正しいと考えている。

4 『贈・従一位池田慶徳公御伝記』三、一一〇頁。武内誠・他『江戸時代の古文書を読む』東京堂出版、二〇一〇年、一一三頁、参照。

5 青山忠正『明治維新と国家形成』吉川弘文館、二〇〇〇年、六〇頁、参照。

6 冨成博『高杉晋作』長周新聞社、一九七九年、三〇一―三〇二頁。

7 『中岡慎太郎全集』全一、一九七頁。

8 『吉川経幹周旋記』二、一八三―一八四頁。

9 『徳川慶喜公伝』史料篇二、二二〇―二二二頁。

10 元治二年（慶応元年）一月元旦から同年六月十五日までの中岡慎太郎の日記。『史籍雑纂』第五、四二七―四三七頁。

11 「回天実記」は『野史臺　維新史料叢書』二十三、二四所収のものによる。

12 なお、中岡の「海西雑記」には、五月「十五日、着京」とあるが、この「十五日、着京」は日付の間違いと思われる。土方は五月十三日に西郷と木戸の面会を「中岡と自分ともしきりに申し唱えた」としている。着京もしていない中岡とともに「申し唱えた」りできない。中岡が実際に着京したのは、少なくともその日以前であったと思われる。土方はこのころ、薩摩藩邸滞在中で一日も欠かさず日記を付けているが、中岡は旅行中で、上でも「五月朔日」から「同十五日」に飛び、またそこから「同二十四日」へと飛んでいるように、毎日つけているわけではなく、思い返して書いている模様である。

13 『大久保利通関係文書』五、三四三頁。

14 宮川禎一『坂本龍馬からの手紙』教育評論社、二〇一四年、六〇―六三頁、参照。この龍馬の手紙は比較的近年に発見されたもので、宛名・日付・書名のいずれも書かれていないが、内容や書き方の様子から乙女宛の慶応元年夏から秋にかけてのものと推定される。内容が危険性を持つもので、宛名等を書かなかったと推測される。そのような手紙は、西郷その他でも見られる。

15 「日記　東久世伯爵公用雑誌」、『野史臺　維新史料叢書』九、九五頁。

16 『木戸孝允文書』二、六六頁。

17 『鹿児島県史料　玉里島津家史料』四、二四七頁。

18 『大西郷全集』第三巻は、「十八日佐賀の関に着いたとき、大久保からすぐに上京するようにとの報があり」(三八八頁)などとしているが、そういう事実があったかどうかも疑わしい。また、当時から、西郷・木戸会見予定が事故によって破棄されたとの風聞があり(『吉川経幹周旋記』三、三三三―三三四頁参照)、おそらく、それらをもとに後世の者が創り上げた話であろう。多くの歴史家はこの話を踏襲している。

19 三条実美に扈従していた楠本文吉が、京都から帰る途中、薩摩藩による武器購入協力の報を長州に伝えたのは間違いないようだが、その前後の経緯は定かでない。

20 『伊藤博文伝』上、二二四―二二五頁。

21 同上書、二三二―二三三頁。

22 『大久保利通文書』一、三五八―三五九頁。

23 『続再夢紀事』四、二八九―二九〇頁。

24 『大久保利通文書』一、三一一頁。ここで、筆者の前著における間違いを訂正させていただく。拙著『西郷隆盛―手紙で読むその実像―』ちくま新書、(二〇一七)において、この「非義の勅命」を「非議の勅命」とする間違いを犯している。正しくは、引用部にあるように「非義の勅命」である。謹んでお詫びを申し上げる。

25 『朝彦親王日記』、四〇九―四一〇頁。

26 『維新史』四、二八九頁。

27 『徳川慶喜公伝』三、一九六七年、一九〇頁。

28 『岩倉具視関係文書』三、九三—九五頁。
29 同上書、九一頁。
30 菊池昭・山村竜也『完本・坂本龍馬日記』新人物往来社、二〇〇九年、一九六頁参照。
31 なお、三宅紹宣氏は『幕長戦争』吉川弘文館、(二〇一三)で「十月二十一日、坂本は、下関に出て木戸に会った。木戸は兵糧米に調達を約束した。坂本は京都に帰り、これを西郷に報告した」(五四頁)とされている。
32 『薩藩海軍史』中巻、八六〇—八六一頁参照。
33 『井上伯伝』巻之五、六—八頁。
34 同上書、一七頁。
35 同上書、一八頁。
36 同上書、一九頁。『伊藤博文伝』上、二四〇—二四一頁。
37 『世外井上公伝』一、二二八頁。
38 『木戸孝允文書』二、八六頁。
39 『井上伯伝』巻之五、二五—二六頁。
40 『高杉晋作全集』下、五〇四—五〇五頁。

# 第五章　薩長盟約

## 一　盟約の前後

さて、龍馬と西郷の関係で、最も語られることの多い薩長盟約の話に移る。この件については、語られる割には、歴史家の意見が分かれるところも多く、予断によって語られていることも少なくないので、まずは、史料に準拠して見て行こう。

薩摩藩家老の桂久武が綴った「上京日記」というのがある。[1] それは、桂が慶応元年十二月六日に鹿児島を出発して上京し、翌二年二月二十九日に京都をたつまでの期間を一日も欠かさず記したもので、木戸孝允が上京して薩摩藩京都藩邸に滞在した期間は、この日記の期間にすっぽり入る。桂はこのとき、薩長提携の交渉に携わるために上京したわけではないので、薩長盟約のことが十分記されているわけではないが、木戸滞在中とその前後の薩摩藩邸の様子はわかる。まずは、これを史料の中心に据えて、盟約締結に至るまでの経過を見て行く。

桂は藩主父子の命を受け十二月六日に、京都から帰藩していた岩下方平（みちひら）や吉井友実らといっしょに上京の途に就く。このとき桂らは最初長崎に寄り、そこで四日間滞在して、家老になったばかりの岩下とともに英国・長崎総領事や商人グラバーらに会っている。その目的は、昨年九月の四国連合艦隊の摂海集結時に薩英間で生じていた、誤解による互いの反感を解消することであった。その交渉はうまく行き、この半年余りあとに実現する英国公使パークスの鹿児島来訪のきっかけづくりにもなる。岩下はこのあと、さらに英国側との話し合いを続けるために江戸に向かっている。

長崎をたった桂らはそのあと、岩下・吉井が京都からの帰藩途中に上関で下船させていた龍馬を拾うために、上関に寄港する。しかしこのとき、龍馬は先述のように、ユニオン号問題のために下関で足止めを食っていて、拾うことができなかった。

そのあと、桂らは大坂を経て十二月十八日に入洛するが、桂のこのときの主たる任務は、藩主父子の名代として天機伺い（天皇のご機嫌伺い）をすることであった。昨年九月に外国艦隊が摂海侵入をしたときに、藩主父子のいずれかが上洛して天機を伺うべきところを果たせていなかったからだ。しかし、このときの桂の上京がそれだけのものであったとは考えにくい。天機伺いだけなら、何もわざわざ桂が上京しなくても、在京中の家老小松帯刀がその役を十分に果たせたからだ。小松は西郷とともに十月十四日に鹿児島をたって上京したが、そのときの小松の上京は先述のように、久光に代ってのものであった。

桂は別に、もう一つ重要な任務を藩主父子から授かっていたと考えられる。それは、この時期国元で起きていた西郷の独断専行による問題の処理であったようだ。この類（たぐい）の問題がときおり起きることは先にも触れた。桂が京都の薩摩藩邸に到着するのは十二月十八日夜だが、小松・西郷・大久保ら十数名がそろって出迎えている。おそらく、桂の今回の上京が藩主父子の名代としてのもので

あったからであろう。そして、その翌十九日の早朝、桂はさっそく西郷を訪ねている。「上京日記」に、

「この暁、西郷吉之助を見舞ってゆるゆる相話す。御国元の事情、そのほか御内諭の趣きどもへと談合に及んだところ、よくよく合点あり、いたって仕合せであった。」

とある。

ここに「御国元の事情、そのほか御内諭の趣き」とあるものが、筆者が桂のもう一つの任務と言っているものだ。桂は久光から西郷への説諭ないしは鹿児島召還を命じられていたのである。そのことは、江戸に着いた岩下方平が一月七日付で桂に、

「西郷召し連れられる儀はその通りですが、小松氏のところも是非、ご同行あるべきだと存じます。ご両君のところを掛け隔てなさると、…(周囲が)何かと派を立てて流言をなし、…。ついには人心の向背にもかかわる大事になると、はなはだ心配です。」

と書き、また、二月八日付でも再度、

「両君のところ、実に御国家の柱石と存じますので、ご注意されたくお願いします。」[2]

と書いて来ていることで明らかだ。

岩下は、もし、西郷を国元に連れ戻すなら、小松もいっしょに連れ戻すべきだと忠告している。それは、その二人を今「掛け隔て」すると京都藩邸内に分派ができて、「人心の向背にもかかわる大事になると」心配しているからだ。

しかし、この西郷召還の件は、桂の説諭がうまく行って、上で桂が「よくよく合点あり、いたっ

て仕合せ」と書いているように、西郷も桂の「教諭」に納得して反省もし、一件落着となったようだ。西郷の反省の様子は、西郷がこの日を挟んでその前後に、国元の久光の側役・蓑田伝兵衛宛に送った下記の二通の手紙を比較すればよくわかる。

桂から説諭を受ける前の十二月六日付では、蓑田に「江戸表お役所等御引き払い（江戸藩邸の縮小化と人員整理）の一条、…。この一条についてはもっぱら私が主張いたしているものです」とした上で、

「不相当な訳ということになれば、その罪は私が蒙りたく、天地に正して恨むことはありませんので、少しもご遠慮下さる必要はありません。」

と書いているが、これが、桂の説諭を受けた後の十二月二十六日付では、

「このたび、桂大夫（家老）ご登京になり、厚き思し召しをもって、ご教諭の御事、実に恐れ入る次第でございます。謹んで遵奉仕りますので、ご安心下さるべく。…。」

になっている。

西郷が信頼する桂の懇切丁寧な「教諭」で、西郷にしてはえらく率直に反省の弁を綴っている。桂久武という西郷説諭の最適任者の上京が功を奏したことになる。

もしこのとき、西郷が鹿児島召還になっていたなら、このあとの薩長盟約もどうなっていたかわからない。これと同様のことはしばしば起きている。一昨年十月の長州征討直前に西郷鹿児島召還問題があったときも、先述のように、国元の大久保や京都からの小松の取り成しで事なきを得て、

第一次長州征討での西郷の活躍につながった。

西郷は後に「維新第一の功労者」と言われるまでになるが、それは、西郷の活躍の陰で小松帯刀・桂久武・岩下方平・大久保利通・吉井友実といった、優れた上司や盟友たちの支えがあったからこそだ。もし彼らの支援や救援がなければ、西郷はまず、そのような仕事ができる地位に立てていなかったであろう。実際、西郷は独断専行が災いして、遠島に遭うなど何度か閉塞の危機にさらされている。しかし、そのときも、上記の人たちに助けられて復帰を果たす。それは無論、西郷への信頼と輿望(よぼう)があってのことだが、やはり彼らの厚い友情と期待なしには、西郷は大舞台には立てていなかった。事実、上記の人たちの多くと決別したあとでは、西郷は強(し)いて大舞台に立ったものの、結局は「明治の賊臣」になっている。

さて、黒田清隆が長州藩代表者の上京を求めて長州入りしていたのが実って、木戸孝允が藩庁から「上国（京摂）形勢視察」の指令を受け、慶応元年十二月二十七日、諸隊代表の奇兵隊・三好軍太郎（重臣）、御楯(みたて)隊・品川弥二郎、遊撃隊・早川渉らを引き連れて三田尻をたつ。黒田と土佐浪士の田中光顕(みつあき)の誘導で、一行は一月八日の早朝に伏見に船で到着し、そこからは、迎えに来ていた西郷と村田新八が付き添い、その日のうちに京都二本松の薩摩藩邸近くにある家老・小松帯刀の屋敷に入る。西郷・村田が伏見で出迎えたのは、その前日七日に黒田が、大坂から西郷宛に、

「さて、木戸氏儀、実に先生のみ、ひとえにあい慕われ、この節の上国あい成りにつき、願わくは大義ながら、…お待ち迎え成し下されたく、…。」[3]

と書き送っていたからだ。桂の「上京日記」にも、正月八日の条に「この日黒田了助、長より帰り、木戸某同伴」と出る。

もっとも、桂自身が実際に木戸に会うのはそれから六日もたった十四日で、その日の日記に「小松家へ参り、ゆるゆるあい話をする。木戸某に初めて会い、挨拶をする」とある。「木戸某」とあるのは、桂が木戸を知らなかったからではない。上京途中の上関に寄ったときの日記には「桂小五郎」の名も出る。その「桂」が今、木戸と名乗っている人物であることもわかっている。おそらく、名前がはっきりしなかったのだろう。このころ木戸は木戸貫治（貫二）と名乗り、手紙などでは木圭や松菊などと自署している。

そしてこのあと、桂の「上京日記」に木戸の名が出るのは、さらに四日後の十八日で、

「この日（藩邸に）出勤致さず。八ッ時（午後二時）分より小松家へ、この日、長の木戸へゆるゆる取り合い申し入れたきにつき、参るようにとのこと故、参ったところ、皆々大かね（日暮れ）時分に参られた。伊勢殿・西郷・大久保・吉井・奈良原なり。深更（よふけ）まで相話し、国事段々話し合う。」

とある。そして二十日の条には、

「この晩、長の木戸別盃（別れの盃）致したい旨、小松家より承（うけたまわ）ったが、気分すぐれず断った。もっとも大久保のところで西郷に会ったので、頼んでおいた。」

とあり、以後は、木戸がいつ立ち去ったとも何とも、木戸の名が出ることはない。これらからして、桂が薩長連携の話し合いのために上京したのでないことは明らかだ。実際にも、桂が木戸との

交渉に特にかかわった形跡はない。

さて、着京が遅れていた龍馬だが、龍馬は一月十日に三吉慎蔵とともに下関を出帆したものの、悪天候にはばまれて神戸に着いたのが十六日で、そこで一泊して池内蔵太と「社中」の新宮馬之助を拾い、一月十八日に大坂の薩摩藩邸に到着する。池は龍馬より五歳年少だが子供のころからの仲間だ。池は土佐を脱藩したあと長州に亡命し、そこでアメリカ商船の砲撃や禁門の変などに参戦して、それらのいずれでも戦功を上げ、長州ではすでに名の知れた人物になっていた。それが買われて、黒田の長州入りで随行し、下関にいた木戸や高杉に会わせるなどして、そのあと黒田・木戸らとともに上方に帰っていた。

龍馬は薩摩藩邸で留守居の木場伝内から大久保一翁が大坂に来ていると聞き、さっそくその一翁を訪ねている。一翁は江戸で台命（将軍の命）を受け十二月二十二日に大坂に着いたばかりであった。龍馬の突然の来訪に一翁は驚いて、すぐにここを立ち去れと警告する。龍馬探索の手配書が回っていたからだ。

龍馬の手配書が回っていたことは、肥後（熊本）藩京都留守居の上田久兵衛の慶応元年十二月三日の日記に次のようにあることからも推察が付く。

「唐津侯（小笠原図書長行）より登城の命あり、板（板倉勝静）・唐（小笠原）両閣老に小野権（会津藩公用方・小野権之丞）一同謁見、坂下良馬（龍馬）隠匿の一条、薩人の謀略等々下問。」[4]

ここに出る「両閣老」というのは、老中（ともに再任）の二人で、板倉勝静はこのあと首座に付き、また、小笠原長行（ながみち）もこのあと長州処分や再征の戦争で中心になる人物だ。龍馬はこの時点ですでに、幕府最高位の幕閣からもマークされる人物になっていたことになる。

龍馬らは早々に大坂をたって一月十九日に伏見の寺田屋に入る。寺田屋にはお龍を預けていて、久々の再会になるが、それを喜んでいる暇はなかった。翌二十日には三吉を寺田屋に残し、龍馬・池・新宮の三人は京都二本松の薩摩藩邸に入る。木戸より十二日遅れての到着である。

「坂本龍馬手帳摘要」（以下「手帳」）と呼ばれる、龍馬の手記を後に編集した冊子がある。それに次のようにある。

「十七日　神戸。　十八日　大坂。　十九日　伏見。　二十日　二本松。　二十二日　木圭・小・西三氏会。　二十三日夜　伏水（伏見）に下る。二時過ぎるころ。」

簡単なメモ書きで、二十日には「二本松」だけで、翌二十一日には何の記載もない。おそらく、薩摩藩邸に入った二十日には、木戸や小松・西郷に会って話し合いの進み具合を聞き、二十一日にも彼らに会い両者を取り持つ周旋の仕事をしたであろう。その結果、二十二日に「木圭・小・西三氏会」とあるように、この日に木戸と小松・西郷の三人の会談があり、それに龍馬が同席したことになる。なお、二十三日夜「伏水に下る。二時過ぎるころ」で記載が途切れているのは、後に見る伏見奉行見回り組の手入れを受けたことによる。

龍馬に同行した三吉にも「三吉慎蔵日記」（以下「三吉日記」）があって、それにはもう少し詳しい記載がある。

「二十日　…。三名（龍馬ら寺田屋を）出立する。よって、拙者は薩藩士ということで寺田屋に潜伏し京情の報を待つ。
二十一日　幕府新撰組廻り番昼夜厳重人別を改める。このときは二階夜具入れ物置に潜みその場を避ける。
二十二日　…。ますます寸暇も油断ならず、用意の銃槍蓐中に隠し覚悟する。
二十三日夜　坂本氏のみ京師より来着。…。去る二十一日桂小五郎・西郷との談判〔薩長和解して王政復古を企図すること〕約決の次第、坂本氏より聞き取る。…。一酌の用意をして懇談を終わり、夜半八ッごろに至り坂本の妾二階下より走り上がり、店口より捕縛吏入り込むと告ぐ。…。」

三吉は三人が出て行ったあと、寺田屋に留まっているが、連日、見廻りの厳しい探索に遭っている。二十三日夜の条の末尾の「…」以下には、遭難に関する記載がある。

さて、龍馬は二十二日に「木圭・小・西三氏会」として、この日に盟約が結ばれたように書いているが、三吉はそれを二十一日に「約決」と書いている。もっとも、三吉はその日は「桂小五郎・西郷との談判」として小松の名は挙げておらず、やはり、翌二十二日に再度、小松も加わって盟約が交わされたのではないか。また、三吉が書いていることは、二十三日夜遅く帰って来た龍馬から聞いたもので、聞き取り方でいくぶんか齟齬があったとしても不思議ではない。いずれにしろ、盟約は小松・西郷と木戸のあいだで、それに龍馬が加わってなされた点が重要で、それがあった日が、二十一日であったか二十二日であったかは、さして問題ではない。

さて、薩長盟約と呼ばれるものは、薩長両藩の代表者が正式の会談を開いて条約を結び、その約定書を交換したといったものではない。盟約に関してのこっているものは、木戸孝允が自分と小松・西郷の会談に同席した龍馬に、その場でこのようなことが決まったはずだとして六ヵ条を記し、それへの保証を求めた手紙に、龍馬が「毛も相違ありません」と裏書をした書状だけだ。

われわれは今日、そこに記された六ヵ条をもって、他にもいろいろな呼び方があるが、「薩長盟約」と呼んでいる。歴史家のなかには、薩長提携の取り決めは、上でも示した桂の「上京日記」にある一月十八日の木戸と多数の薩摩要人との会談の場で決まったという人や、また、もっとそれ以前に決まっていたという人もいるが、それらは、仮にそういうことがあったにしても、ここでいう薩長盟約には該当しない。

木戸が龍馬に六ヵ条の保証を求めて、一月二十三日付で書いた手紙は次のものだ。木戸はこれを、離京した直後、船中か大坂の薩摩藩邸で書いたと思われる。

「…。ついには行き違いになり、拝顔も当分できないのではないかと懸念していたところ、ご上京になり、せっかくの（大事な）旨趣も、小・西両氏へもとくと通徹、かつ両氏どもより将来見込みの辺も（龍馬）ご同座にて、委曲了承頂き、この上ないことです。（中略）

将来のためには残し置きたく、もし、違うところがありますれば、ご添削成し下され、幸便にて送り返し下さるよう偏にお願い申し上げます。（以下、六ヵ条を記載。次節に掲載）」[5]

木戸が言う六ヵ条は、密約に相当するものだ。それ故にまた、木戸としては小松・西郷との会談で合意したことについて、何かの証文がほしかったはずだ。藩命を受けて上京しながら、合意内容が口約束だけでは復命しづらい。

## 二　盟約の内容

龍馬は、木戸の上の手紙をすぐには受け取ることができなかった。木戸がそれを書いたのは一月二十三日だが、その夜半、龍馬らは寺田屋で伏見奉行見廻り組の手入れを受け、逃げ出さねばならなかったからだ。それでも、運よく薩摩伏見藩邸に逃げ込むことができ、そのあと龍馬らは、より警護のしっかりした二本松の京都藩邸に移され、おそらく龍馬は、そこで木戸の手紙を受け取ったのであろう。

龍馬は「丙寅二年二月五日」付で木戸に、

「表（おもて）にお記しになっている六条は、小、西（小松と西郷）両氏および老兄（木戸）、龍等もご同席にて談論した所にて、毛も相違ありません。後来といえども決して変わることがないことは、神明の知るところです。」

と裏書をして送り返している。

龍馬はおそらく、小松・西郷に見せた上で、上のように書いたのであろう。木戸が保証を求めた六ヵ条というのは次のものである。実際のものでは、各条の符号がすべて「一」になっているが、ここでは、説明の便宜のため、最初のものから順に一から六の番号を付して掲載する（以下の章で取り上げる同様の文書史料についても同じ扱いとする）。

一、戦い（長州再征の開戦）となったときは、すぐさま二千余の兵を急速に差し登らせ、在京の兵と合わせ、浪華へも千ほどは差し置き、京坂両所を固める事。

二、戦いがもし我（長州）の勝利と成る気峰（機鋒?）あるとき、その節は、（薩摩は）朝廷へ申し上げ、きっと尽力の次第あるとの事。

三、万一、戦いが負色になっても、一年や半年では決して潰滅するようなことはないにつき、その間には必ず尽力の次第きっとあるとの事。

四、これ（戦いに）ならずに幕兵が東帰したときは、（薩摩は）きっと朝廷へ申しあげ、すぐさま冤罪を朝廷が御免になるようにきっと尽力との事。

五、兵士をも上国の上、橋会桑（一橋・会津・桑名）等もただ今のごとき次第にて、もったいなくも朝廷を擁し奉り、正義を抗み、（薩摩の）周旋尽力の道をさえぎるときは、終に決戦に及ぶほかないとの事。

六、冤罪も御免の上は、双方（薩長）誠心をもって合し、皇国のおん為に砕身尽力することは申すに及ばず、…皇威あい輝き御回復に立ち至るのを目途に誠心を尽し、きっと尽力するべきとの事。

第一条は長州再征が実行され開戦となったときは、薩摩藩はただちに「二千余の兵を急速に差し登らせ」、「京坂両所を固める」とするもので、それは、主に禁裏の護衛を固めるためのものであろうが、長州で起きている戦争に対して、上方で幕府側に圧力を掛けるものにもなる。

第二条から四条までは、長州征討の戦争で長州が優勢になったとき、劣勢になったとき、開戦にならなかったときのいずれのときも、薩摩藩がすべき「尽力」のことが三条に渡って記されている。そして、その「尽力」というのは、青山忠正氏が指摘されたように、[6] 第四条に「朝廷へ申しあげ、すぐさま冤罪を朝廷が御免になるようにきっと尽力」とある、長州藩が蒙っている「冤罪（無実の罪）」の「御免」のための尽力を指す。

そして、ここにある「冤罪」というのは、文久三年の八・一八政変による長州藩の京都追放・入京差し止めの制裁や、翌元治元年七月の禁門の変によって藩主父子が官位を剥奪されている懲罰を指す。こんな処罰を受けたままでは、長州藩は中央政治にかかわれないばかりか、大名家としておよそ体裁が保てない。木戸が何よりもまずは、主君が蒙っている冤罪の雪冤に懸命になるのは、長州藩毛利家家臣として当然のことだ。

さて、次に第五条であるが、これには「終に決戦に及ぶほかない」などとあるように、それまでの条項とは話のレベルがだいぶ違う。第四条までは、いずれも長州再征の戦争に関するもので、しかも、それに薩摩藩が参戦するようなことは一切書かれていない。しかし、この第五条にある「決戦」は明らかに、「もったいなくも朝廷を擁し奉り、正義を抗んでいる君側の奸たる「橋会桑」の征伐を言うものだ。

西郷はこのころ、二月六日付で国元の蓑田伝兵衛宛に送った手紙で、

「朝廷は一・会・桑の占め付けているところ故、…。」、「ただ今は一・会・桑の朝廷にて、…。」

などと書いて、一会桑による朝廷支配を伝えている。

ところで、この第五条の文頭にある「兵士をも上国の上」とある兵は、いったいどこの兵を指すのであろうか。歴史学者はこれをいろいろに解釈して、青山忠正氏[7]・芳即正氏[8]・家近良樹氏[9]らは薩摩兵とし、井上清[10]・佐々木克氏[11]・高橋秀直氏[12]・町田明広氏[13]らは幕府兵とし、宮地正人氏[14]・三宅紹宣(つぐのぶ)氏[15]らは特に言及せず、さらに、町田明広氏は近年(二〇一七年)見付かった「京坂書通写し・慶応丙寅正月」(寺田屋事件の際、龍馬が寺田屋に残した書類が押収され、それの内容を桑名藩士が写しを取ったもの)という史料をもとに、近書(二〇一八)で、以前に自身が幕府兵としていたのを改めて、「長州藩兵であることが確定した」としておられる。[16]学者によって長州兵とされたのは、これが初めてである。

それにしても、彼らの解釈もずいぶんバラバラで、ほとんどが適当な予断であることがわかる。少し検討を加えておこう。

上の第一条から第三条までは、征長軍とのあいだで開戦になったとき、現実に起こり得る局面において、薩摩藩が取るべき措置を述べたものである。しかし、それらに対して、第四条から第六条までは、現実にはあまり起こりそうにない事態を想定して、言及したものになっている。第四条の「これ(戦いに)ならずに幕兵が東帰」することも、第五条の京都で「決戦に及」べる状態になることも、第六条の「冤罪も御免」になることも、薩長にとって望ましいことではあるが、いずれも実際には、そう簡単にはなりそうにないことばかりだ。

その文脈のもとで、改めて第四条から第六条を順序立てて読み進むと、第五条の「兵士」を長州兵と解釈するのは、さほど無理のないものになる。第一条の薩摩の「兵」や第五条の「幕兵」に対して「兵士をも上国の上」としている点も、いくぶんかそのように思わせる。この「兵士」を幕府兵とする学者も多いが、もしそうであるなら、「幕兵」という呼び方と「兵士」というそれが同じになる。また、「橋会桑」が現在京都に配している兵の上に、幕府兵も「上国の上」では、薩摩兵だけで「決戦に及ぶ」のは、もとより無理な話ではないか。

また、もしこれが薩摩兵なら、第一条の「兵」のことであろうか、それとも、さらに増兵するという意味であろうか。いずれにしても、もとの「二千余の兵」と「在京の兵と合わせ」ただけでは、「橋会桑」が京に配備している兵と互角に戦えないであろう。それに何よりも、京都で「橋会桑」の兵と戦うということは、禁裏・天皇を守衛する兵と戦うことになり、かつて禁門の変で御所に砲弾を向けて朝敵となった長州と同じ轍を踏みかねない。薩摩藩としても、一藩で容易にできることではない。

それらに対して、もし「上国」してくる「兵士」が長州兵なら、国元での戦争に勝利したあとのことになり、薩長連合して「橋会桑」の兵に「決戦」を挑むことになって、それなりに筋が通ることになる。それらの点で、第五条の「兵士」を長州兵とする解釈は、町田氏の新説に応じて改めて六ヵ条を吟味し直した結果だが、幕府兵や薩摩兵とするものよりは整合性に富む。

そして、この「兵士」が長州兵であれば、薩長両藩が連合して軍事行動を取ることを約束するものになり、学者のあいだで、この盟約が軍事同盟か否かの論議があるが、これは軍事同盟色の濃いものになる。そのことは、第一条で薩摩藩が長州での開戦に応じて兵を京に動かすことを約束していること、それに、以前に薩摩藩が自藩名義で長州のための武器・艦船購入に協力していたことや、さらにこの盟約後、両藩が実際に攻守において連帯していくことからもうなずける。

最後の第六条は、いよいよ「冤罪も御免」となった暁には、薩長両藩が「双方誠心をもって合し」、皇威「御回復」のために尽すというもので、言うなら、当初の目的が叶えられた後の理想の状態を言っている。

## 三　龍馬と近藤の災難

京都で一月二十三日の夜半すぎ、龍馬が寺田屋で伏見奉行見廻り組の手入れに遭って命からがらに逃げたところ、奇しくも、長崎では同時刻に、ユニオン号の購入で獅子奮迅の働きをした近藤長次郎が仲間とのいざこざで死んでいた。以下、龍馬と近藤が同日に、京都と長崎で遭ったそれぞれの災難について見ておく。

龍馬は自分が襲撃に遭った事件のことを、二月六日付の木戸宛の手紙で、

「先月二十三日の夜、伏見に一宿しておりましたところ、はからずも幕府より人数差し立て、龍を討ち取るとて夜八ッ時ごろ、二十人ばかり寝床に押し込み、皆手ごとに槍を持ち、…、私を殺す勢いに見え、是非もなく、高杉から贈られたピストールをもって打払い、…。三発発したところで、ピストールを持った手を切られましたが、浅手でした。…。」

と書いている。

このピストルの発砲については、高知の家族に送った手紙では「胸に命中したらしく、ただ眠るように前に腹ばうように倒れました」と書いている。高杉晋作にもらったピストルがさっそく役立

ったのだが、しかしまた、そのために、龍馬は幕吏殺しのお尋ね者にもなる。

その家族宛の手紙では、お龍の活躍振りや三吉との逃走中のことも書き、

「この事件のときうれしかったことは、（京都藩邸にいた）西郷吉之助〔薩州政府第一の人、当時国中（薩摩）では鬼神と言われる人なり〕が伏見の屋敷よりの早使いから聞き、自ら短銃に玉を込めて出立しようとして一同が押し止め、代りに京都留守居の吉井幸助が馬上で六十人ばかりを引き連れ、向かいに来てくれたことです。…。」

などとも書いている。

三吉もまた、そのときのことを日記に、

「急に京師の西郷大人のもとに報ず。吉井幸輔（友実）乗馬で走り付けて尋問する。つぶさに事情を語る。また、西郷大人より兵士一小隊と医師一人を差し添え、坂本氏の治療手当、…実にこの仕向けの厚きこと言語に尽くし難し。（中略）

坂本一同ならびに妾付き添い、京師薩邸に西郷大人の宿所に至る。大人出迎え直に居間に座し事情を語る。拙者は初めての面会なれど、その懇情親子の如し。」[17]

と記している。

三吉も何とか龍馬を守り抜いたなかで、初めて会った西郷の情けある振舞いに感激したようだ。「懇情親子の如し」と記している。

さて次に、近藤長次郎が長崎で遭った災難であるが、これについては古くから、近藤はイギリス

留学を果たすために自己利益を図ったことで仲間に責められ、一月十四日に小曽根乾堂宅で自害したとされているが、それは作り話のようだ。

第一、近藤に自ら自害などする理由がない。それに、死んだ日が一月十四日というのが虚偽であることはまず間違ない。複数の一次史料からして、死んだ日は一月二十三日深夜と特定でき、また、その死は、単純に「自刃」と言えるものではなかったこともわかる。

この件については、皆川真理子氏の「史料から白峯駿馬と近藤長次郎を探る」（二〇〇九）と冨成博氏の『至誠に生きて』（二〇一四）を参考にさせてもらう。長崎駐在の薩摩藩士・野村宗七盛秀の日記がのこっており、それの一月二十三日の条に、

「今晩八ッ時（深夜二時）前、土州家・前河内愛之助（沢村惣之丞）、多賀松太郎（高松太郎）、管野角兵衛（千屋寅之助）入来、上杉宗次郎（近藤長次郎）へ同盟中不承知の儀これあり、自殺致した段、届け出があったので、翌朝、御邸の伊（伊地知貞馨）、汾（汾陽（かわみなみ）次郎右衛門。側役格長崎付人）そのほかに申し出た。」

とあり、また翌二十四日には、

「上杉が自殺した宿所の小曽根方へ行って前河内と会い、事の終止を聞いた。グラバー方で伊藤俊輔（博文）と面会して上杉の次第を話す。」

とある。

これらからして、近藤が死んだのは一月二十三日深夜ということになる。ちなみに、江戸時代の一日は、明け方から始まり次の日の明け方までなので、「今晩八ッ時前」というのは、今日の日付

では二十四日午前二時前になる。

そして、野村の日記の一月二十八日の条には、

「長崎丸、明日出航のはずにつき、綿戸広樹（陸奥宗光）が（京都へ）差し越すというので、小太夫（家老小松帯刀）、大久保（利通）氏へ申し遣わす。」

とあって、明日長崎丸で上京する陸奥宗光に、野村が近藤の「自殺」の件を小松・大久保に伝えるよう申し渡したことがわかる。この陸奥の上京は、桂久武の『上京日記』の二月十日の条に、

「この日西郷氏より書状到来。上杉宗次郎自殺一条、小松家抱え綿戸広樹より野村宗七よりの書状持ち参った由にて、小松家より廻されたとして到来。」

とあるのに完全に一致する。

陸奥がここで「小松家抱え綿戸広樹」として出てくるが、これからして、小松は陸奥ら「社中」の面々を、小松家に仕える家来として抱えていたこともわかる。

上の野村の日記に出てくる伊藤博文は後年、近藤の死について、

「小松帯刀が将来役に立つ男だといって、金を出して洋行させることにした。それを他の海援隊（正しくは「社中」）の連中が聞いて、けしからぬといって切腹させてしまった。その前日などもいっしょに酒など飲んでいたが、翌日になって、昨夜腹を切らせてしまったような話だった。」

と語っている。

近藤の死は、必ずしも近藤の自発的な「切腹」ではなく、沢村・高松ら仲間からの追及を受けての「詰腹（つめばら）」に近いものであった可能性が高い。あるいは、酒の勢いが加わった場での、多分に偶発

的な事件であったのかもしれない。それにしても、近藤にとっては、まだまだ開ける未来があり、かつ、妻「お徳」と二歳になる男子を大坂にのこしての死であった。さぞかし無念であっただろう。

龍馬は近藤の死の報を受けたとき、どのような感慨を持ったのだろうか。五十日ほど前にはユニオン号問題で対立して不愉快な気分で別れていた。顔を合わしたのもそれが最後になった。複雑な気持ちであっただろう。龍馬の「手帳」には、いつ書いたのか不明だが、

「術数有餘而至誠不足（術数、余り有りて至誠足らず）。上杉氏の身を亡ぼす所以なり。」

の記載がある。

十代のころから仲間であった近藤を、その死後、龍馬が上のように書き記したというのは、にわかには信じがたいが、これが自筆のものであるなら、龍馬も近藤が自己利益のために走ったと思っていたのだろう。

龍馬は寺田屋での遭難のあと、西郷らが帰藩する故蝶丸に同乗して鹿児島に向かう。三月五日に大坂を出帆するその船には、帰藩する小松・桂・西郷・吉井らのほか、龍馬とお龍、長州に帰る三吉慎蔵と中岡慎太郎、それに長崎に向かう池内蔵太らが乗っていた。ずいぶん賑やかな船中であっただろう。

鹿児島に着いた龍馬とお龍はこのとき、後に「日本最初の新婚旅行」などと呼ばれる、湯治を兼ねた温泉旅行に出掛けている。土佐を脱藩して以来、最も気の休まるのんびりとした旅行であっただろう。半年余りあとになるが、慶応二年十二月四日付でその様子を姉・乙女に書いた手紙がのこ

っている。「かねて申し上げている妻・龍女は」から始め、お龍の身の上を書き、

「（寺田屋事件のときも）このお龍がおればこそ龍馬の命は助かりました。京都の（薩摩）屋敷に引き取って後は、小松や西郷などにも申して、私の妻と知らせました。」

と言う。

このようにお龍のことを良く書くのは、家族に会わせたこともないお龍を、自分の正式の妻として皆に認めさせようとしているからだ。温泉旅行のことを書くところでは、筆致はいっそうはずんで、

「両りづれで、霧島山の方へ行く道にて、日当山の温泉にとまり、また、しおひたしという温泉に行く。…。陰見（「犬飼」）の滝、その滝の布は五十間も落ちて、なかほどには少しも障りなし。実にこの世の外かと思われるほどの珍しき所。ここに十日ばかりも泊まり遊び、谷川の流れで魚を釣り、短筒で鳥を撃ちなど、まことに面白かった。

これよりまた山深く入って、霧島の温泉に行き、ここよりまた山上に登り、あまのさかほ（天の逆鉾）を見ようと妻と両りづれではるばる登ったところ、…。」

などと続き、また、「逆鉾」を挿絵入りで説明して、

「あまりにも両方へ鼻が高いので、両人で両方から鼻を押さえて、エイヤと引っこ抜くと全体はわずか四五尺のもので、また元の通りに収めておきました。…。」

などと書く。

山の頂上に祀ってある逆鉾をふたりで「引っこ抜く」とは、ずいぶん乱暴なことをしたものだ。

ふたりとも信仰心があまり強くなく、迷信気味の話などはあまり気にかけないようである。以前、龍馬が元治元年六月に姉乙女に書いた手紙では、

「かの小野小町が（雨乞いの）名歌を詠んでも、日照りが順の良いときに請け合っても雨は降りません。あれは、北の山が曇って来たところを内々によく知って詠んだものなり。にったただつね（新田義貞？）が太刀を納めて（龍神に祈願をかけて）潮が引いた（干潟ができて兵を進めることができた）のも、潮時を知っての事なり。」

などとも書いている。

龍馬は物事を合理的に考えるタイプで、やはり、商人の血を引いているからであろう、思考様式が現実的で、近代の懐疑主義者や実証主義者に近い。西郷がお由羅の呪詛（じゅそ）（調伏）を信じたり、主君に男子が授かるように「生涯不犯の誓いを立て」たりするのとはまるで違う。

温泉旅行の手紙の最後は、

「まだいろいろ申し上げたきことはたくさんあるけれども、いくら書いてもとても尽きず、まあ、ちょっとしたことさえ、このように長くなりますわ。かしこかしこ。」

と結んでいる。龍馬はなかなかの文章家でもある。

塩浸（しおひたし）温泉では、龍馬は書いていないが、小松や西郷らとも合流している。小松が四月一日付で京都にいる大久保に書いた手紙では、

「西郷、税所（篤）も日当山へ入湯、吉井、坂本も塩浸へ入湯にて、両日あとから拙方へ参られ、にぎにぎしいことです。」[18]

と伝えている。

この一月には、京都で木戸と薩長盟約を結び、帰国後、その報告を藩主父子や要路に済ませたはずだが、何の問題にもならかったようだ。皆わだかまりもなく、「にぎにぎしい」様子が伝わってくる。

男女二人連れの旅行は、当時はまだ、あまり一般的ではなかったようだ。龍馬は浪士でありながら妻を娶っていたため、連れて回らねばならないことが多かったが、そのことを、同じ土佐浪士の田中光顕が後年の『維新風雲回顧録』で、

「伏見の寺田屋で、坂本は見廻組のために襲撃された。その際、情婦お竜に助けられて、危ういところを逃れた。当時龍馬は、このお竜を連れて、一緒に歩いていた。これには、どうも驚かされた。男女同行はこの頃ははやるが、龍馬は維新前、石火刀杖の間において、平気で、こういう狂態を演じていた。そういうところは高杉とそっくりである。」[19]

などと書いている。

また、この田中は日記には、龍馬とお龍と三人で風呂に入ることがあったとして、「目のやり場に困った」とも書いている。この辺の龍馬の行状は、当時としてはやはり、型破りなものであったようだ。

## 四　盟約の履行

龍馬とお龍は四月十二日に温泉旅行から鹿児島に戻ってくるが、このころ上方では、大久保利通

が同月十四日に大坂城に老中・板倉勝静を訪ね、薩摩藩に対する長州再征への出兵命令を拒否する上申書を提出していた。薩摩藩が薩長盟約後に起こす行動の第一弾である。板倉はそれに対して、今回の出兵命令は天皇の御沙汰によるものとして上申書の受理を拒むが、大久保はそれに反論して、

「天幕（天朝と幕府）ご一定にてお運びとの御沙汰ですが、どう考えてもなかなか承服しがたく、実に朝廷を脅かし、矯めて（曲げて）勅命と申すようなことになっており、天下有志の者歎息・切歯するところ、…。」[20]

などと申し立てる。

今回の勅命は朝幕ご一致のものではなく、幕府が「実に朝廷を脅かし、矯めて勅命と申す」ものだと言う。言うなら、幕府が君側の奸になっているというわけだ。実際のところは、君側の奸は幕府よりも、いっそう「一会桑」であり、そしてまた事実は、天皇自身が進んで長州再征の勅命を下し、それを望んでいることは百も承知なのだが、大久保は上のように唱える。

この抗議には、途中から家老の岩下方平も加わって執拗に板倉を責め立て、板倉は遂にそれを受理することになる。西郷はそれを鹿児島で聞いて、五月二十九日付の手紙で大久保に、

「閣老へ建白書をご持参され、ご討論の段、つねながら貴兄の持ち前とは申しながらも雄々しいご議論、実に両殿（茂久・久光）様ご満足遊ばされ、よほど大久保よくやったと思し召しです。我等も、ともにありがたく、雀躍まさしくこのことです。ご建白の書面と言い、ご議論と言い、いずれも秀逸、誠に天下の耳目を集めることになります。御国家の美事、後世の青史（歴史）に正著まちがいありません。」

と最大級の賛辞を送っている。

幕府は老中・小笠原長行（ながみち）を広島に送って長州藩に処分を申し渡すが、長州藩はそれを拒否し、六月七日には遂に幕府の軍艦が周防（すおう）大島を砲撃して、第二次征長戦争（長州側では「四境戦争」）に突入する。

龍馬は鹿児島に来ていたユニオン号に乗り込んで、六月四日に鹿児島をたつ。このときユニオン号は下関から、以前に薩摩藩から依頼されていた兵糧米を積んでやって来ていた。しかし、薩摩藩側は、長州が戦争しようとしているときに、それは長州にこそ必要として長州に送り返す。龍馬は、その役目を受けて下関に向かい、途中、連れていたお龍を長崎で下船させて小曽根英四郎宅に預け、十四日に下関に到着する。

龍馬はこのあと兵糧米を下ろし、六月十七日にはユニオン号に「社中」のメンバー（新宮・菅野・沢村ら）らを乗組ませ、その「船将」になって、門司・田ノ浦攻略の海戦に加わる。小倉沖には、龍馬らがかつて勝海舟とともに乗組んだ幕艦の順動丸（四〇五トン）や、肥後藩船の萬里丸など数艦が数日前から遊弋（ゆうよく）していた。

門司・田ノ浦攻略作戦は、長州藩海軍総督に就いたばかりの高杉晋作が指揮を取って、三百人ほどの部隊を幕府側艦船のスキを突いて門司側に上陸させ、敵陣に奇襲を仕掛けるものであった。長州船唯一の蒸気船ユニオン号（三〇〇トン）の任務は、和船に分乗して上陸する部隊を敵艦の攻撃から守ることであった。

海戦の様子は兄・権平一同様宛に送った手紙で、絵入りで詳しく説明している。この海戦が、龍馬が実戦に加わった最初で最後のものだ。そして、そのユニオン号もまた、この海戦のあとは「社中」からも、薩摩藩からも完全に手が離れて、名実ともに長州藩海軍局のものになる。

高杉や龍馬が関門海峡で戦っていたちょうどそのころ、鹿児島では慶応二年六月十八日、英国艦船プリンセス・ロイヤル号の船上で、薩摩藩代表になった西郷と英国公使ハリー・パークスとが会談をしていた。トーマス・グラバーの仲介によって、パークスが英国東洋艦隊司令長官キング提督らを伴ってやって来たのである。三年前この地で薩英戦争の戦火を交えた両者だが、その残恨を捨てて、新たに友好関係を築こうというのである。長州再征の戦争が始まる時期でもあったので、無論、両者ともにそれぞれに思惑もあった。イギリスには、幕府に肩入れするフランスを牽制する狙いがあり、薩摩には、イギリスとの良好な関係を示して幕府を牽制する狙いがあった。

パークスは鹿児島で薩英親善のイベントを済ましたあと、長崎を経て下関に立ち寄り、そこで六月二十四日に艦を訪ねてきた木戸孝允（伊藤博文同行）と会っている。このとき木戸は、パークスの動きを警戒して西下して来たフランス公使レオン・ロッシュにも会い、二人に対して同様に、外国によるいかなる干渉も、また和平の斡旋も拒否すると申し入れている。

西郷はパークスとの会見の模様を七月十日付で在京の岩下方平に、

「（パークスが言うのに）大君（たいくん）などと唱えているのは叶うものではない。日本において両君がある姿で、外国では決してないこと。いずれは国王唯一の体におさめなくては済むまいとのこと故、とんと日本人、外国人に対して面目ないことと申しておきました。」

と伝えている。

西郷は「いずれは国王唯一の体におさめ」、「大君」などと呼ばれる幕府の統領・征夷大将軍はなくさねばならないと考えていたことになる。

同日、西郷はやはり在京の大久保に、

「長防の戦争、…、成り行き申し来たので、さっそく御人数（兵隊）を差し出されるつもりで、一陣はお手当てになり、…。あと三組はひと七日ばかりは遅れますが、かえって一時に着坂する（船で大坂に着く）よりは、…。（中略）
出兵のお断りの御建白書、御名前（藩主名）のところさっそくご許容なされ、…。また、朝廷への御建白書、中将（島津久光）公・御自らご添削遊ばされ、御手自らお認めになり、御差し出しの都合になり、お互いにありがたき次第です。…。」

と伝えている。

長州での戦争が始まったので、さっそく兵隊を京都に差し出すと言う。これは、薩長盟約の第一条にある「戦いとなったときは、すぐさま二千余の兵を急速に上京させ」るに該当するものだ。薩摩藩はあらかじめ村田新八らを長州に送り込んでおり、彼らから逐次、戦況等の情報を得ていた。

龍馬はこの派兵について、長崎から七月二十七日付で木戸に、

「一、小松・西郷などは国におり、大坂の方は大久保・岩下が受け持ち…。一、人数は七八百上

がりたりと聞く。…。」

と知らせている。

なお、この兵員数については、上の西郷の手紙でもわかるように何度にも分けて上京させており、佐々木克氏の調査によると、その数は六回に分け「銃隊が七組、大砲隊が一組、計八組」の「一一四〇人」になる。[21] なお、これらのことは、薩摩藩京都藩邸に潜伏している品川弥二郎によって常時、長州藩元に伝えられてもいる。[22]

上の大久保宛の手紙の後段で西郷は、幕府からの出兵命令を拒否する建白書に、藩主名を書き入れることが許されたこと、ならびに「朝廷への御建白書」については、大久保が京都から送ってきた草稿に、「公・御自らご添削」され差し出すことになったとして、「お互いにありがたき次第」と伝えている。

その「ありがたき次第」と伝えた藩主父子署名の建白書は、大久保が慶応二年七月二十日に賀陽宮（伊宮、朝彦親王）のもとに持参している。この日は、大坂城で将軍徳川家茂が薨去した日でもあり、『朝彦親王日記』にそれら両件が記載されている。建白書の内容は、幕府については無論、朝廷に対しても従前になく、厳しい申し立てをするものになっている。一部だが引いておく。

「…。幕府において冠履倒置（朝幕の上下転倒）の儀、少なからず、…。幕府駕馭の術を失い、…、千載の遺憾であります。…。防州大島郡への暴発（幕府軍が仕掛けた開戦）は海賊の所業に類する儀、実にもって歎息の至りであります。…。

前条、緩急、大小の問題を申し述べた件、まさしく治乱・興亡の機、ご明察あらせられ、非常格外の朝議をもって（長州に対して）寛大の詔を下され、…、天下の公議正評を尽し、政体変革、…、中興の功業を遂げさせられ、…。
皇国ご浮沈にもかかわる切迫の機に当たり、黙示するに忍びず、万死をもって血涙涕泣言上致します。」[23]

幕府非難の言辞は、雄藩とは言え、これが、一大名が幕府に対して発せられるものかと思うほどだ。幕府による再征の開戦を「海賊の所業に類する儀」と言う。また、朝廷に対しても、「非常格外の朝議をもって寛大の詔を下され」、爾後「天下の公議正評を尽し、政体変革」をして「中興の功業を遂げさせられ」るべしと、これまた厳しい口調だ。薩摩藩が長州藩側に立っていることは明白である。

これらからして、このとき、久光と小松・西郷・大久保らのあいだに、何の確執もわだかまりもなかったことになろう。一昨年十月に西郷が第一次長州征討の総督府参謀格に就いて以来、小松・西郷・大久保らが進めてきた反幕と薩長連携にかかわるもろもろの活動は、久光の考えと、基本において何ら矛盾するところはなかったと見てよい。

上の薩摩藩父子の建白書は、朝議の場で評議に附されるが却下される。孝明天皇が長州再征貫徹の意志を崩さなかったからだ。しかし、再征の戦争の現実は、薩摩藩の建白書の趣旨に沿う形に進行しており、とてもそのまま続けられるものではなかった。

周防大島での緒戦でこそ、幕府軍の攻勢が見られたものの、続いて始まる芸州口・石州口・小倉口（合わせて「四境」）のいずれの戦場でも、長州軍が戦局を優位に展開し、石州口では大村益次郎（村田蔵六）が指揮を取って浜田藩側に攻め入り、七月十八日には浜田城を攻め落としている。たった一ヵ月半ほどで、ただ一藩の長州軍が、徳川直属軍二万余に三十一藩の諸藩兵を加えて総勢十数万にもなる幕府軍を打ち負かしていたのだから、いかに長州軍の士気が高く、逆に幕府軍のそれが低いかがわかる。

しかも、幕府軍の敗色濃いなか、慶応二年七月二十日に将軍徳川家茂が大坂城で薨去（こうきょ）する。家茂は、「御三家」紀州家の嫡男として江戸で生まれ、将軍徳川家定の継嗣問題で政界を揺るがしたあと、十二歳で第十四代将軍に就く。江戸城に入ると間もなく、安政の大獄や桜田門外の変が起き、その後、公武合体策によって孝明天皇の妹・和宮を正室に迎える。そして、この前年の慶応元年五月には長州再征のために江戸を進発して、仲睦まじかったとされる和宮にも二度と会うことなく大坂城でその生涯を閉じる。まさしく動乱の世に生を受けて、国政の表舞台に立たされ、荒波に翻弄されたわずか二十年の生涯であった。

将軍家茂の薨去はその日のうちに朝廷に届けられていたが、禁裏御守衛総督の徳川慶喜は七月二十八日にその死を伏せたまま、将軍に代る名代として自らの出陣を朝廷に奏請する。孝明天皇も直ちに翌二十九日にそれに勅許を与え、慶喜に剣（つるぎ）を与えるとともに、伊勢神宮・石清水八幡宮など七社七寺に戦争勝利の祈祷を命じる。

続く八月四日の朝議で慶喜は、

「一当て仕らずでは、長人等追々京畿にも迫るべき有様なり。そうは言え、強いて山口まで攻め入るべしとのことにはあらず、芸石二州の地に侵入せる長人を自国へ退けたる後、朝廷へ寛大の御処置を願い、また諸大名をも会同して国事を議することに仕るべきなり。」[24]

と宣告し、それに対して孝明天皇が、

「朕は解兵すべからずとの決心なれば、速やかに進発して功を奏すべし。」[25]

と叡慮を与えて、慶喜の出陣が決まる。

続いて慶喜は八月八日には、旗本らを招集して将軍家茂の名代としての進発を宣言するが、間もなく実行不能になる。このころ前線では、小倉口の戦闘（小倉戦争）の指揮を取っていた総司令官の小笠原長行が、長州軍の攻勢に遭い、将軍死去の密報を受けていたこともあって、七月二十九日に戦線を離脱し、軍艦・富士山艦で長崎に逃れていた。そのため、翌三十日には肥後・久留米・柳川等の諸藩兵も幕命を待たずに戦線を離脱し、八月一日には小倉藩兵が小倉城を自焼し、それらの詳しい報が京都に伝わる。報を受けた慶喜は、仕方なく、八月十三日に出陣の中止を発表する。

松平春嶽はこれを機会に即日、慶喜に次の七項目から成る建議書を送り、翌日には直接会って説得に努めてもいる。[26]

「一、速やかに、大樹公の喪を発せられること。

一、橋公、（徳川宗家を）継統あい成ること。

一、橋公、継統ありても、幕府は今日より無きこと故、…すべて、叡慮伺われ、取り計られること。

一、徳川家従来の制度を改め、諸侯への命令等停められ、尾張・紀州両藩のごとく成らせられること。

…。

一、兵庫開港、外国交際、諸侯統轄、金銀貨幣そのほか、天下の大政一切、朝廷へご返上あい成ること。

…。」

春嶽は慶喜に対して、速やかに将軍家茂の薨去を発表して喪に服し、徳川宗家を継がれるべきことを進言し、その上で、宗家を継いでも、「幕府は今日より無きこと」にして将軍職には就かず、「天下の大政一切、朝廷へご返上」して、宗家もこの際、尾張・紀州両家と同列の大名になられるべし、と建言したのである。まさしく大政奉還論であり、かつ、廃幕論でもある。

こういった徳川宗家のあり方については、このときからすれば四年ほど前の文久二年七月に慶喜が将軍後見職に、春嶽が政事総裁職に就いた際、幕政の「文久改革」の幕議で討論されていたことである。当時、御側御用取次の役職にあった大久保一翁は、

「どこまでも攘夷は国家のため得策にあらざる旨を（朝廷に）仰せ立てられ、然る上、万一京都に

おいてお聞き入れなく、やはり攘夷を断行すべき旨仰せ出されなば、その節は断然政権を朝廷に奉還せられ、徳川家は神祖の旧領の駿（駿河）・遠（遠江）・参（参河＝三河）の三州を請い受けて一諸侯の列に降らるべし。」[27]

と唱えている。

以来、こういった政権返上論は、幕政改革派の大久保一翁・横井小楠・勝海舟それに春嶽らが共有してきたものである。

この春嶽の建議を少し後に知った木戸は、慶応三年一月十五日付の手紙で龍馬に、

「別紙は昨秋、越・春嶽公の建白と申すものです。さすが春嶽公、実に感銘しております。いちいち公平至正のご主意、幕へもひたすら、正へかえるべきことをお進めされている。…。弟、実に感服したにつき、老兄へ差し上げます。薩州とご合一に成られること最も急務。…。」[28]

と知らせ、龍馬に薩土「合一」に努めてくれるよう尻を叩いている。

もっとも、龍馬は、先述したように、文久三年四月に大久保一翁に会ってこの論を聞き一翁らと共有していた。

大政奉還や将軍職を辞退して廃幕にする論は、実は、反幕勢力が標榜したものというよりは、政権下の幕政改革派が早くから論じていたものであった。徳川慶喜は、松平春嶽から徳川家宗主に就く直前に上の建議を受け、その一年二ヵ月後に、紆余曲折を経て、土佐藩と芸州藩の大政奉還の建白を受け入れる形で、それを現実のものにしたことになる。

慶喜は八月十三日に出陣中止を発表し、八月十八日には勝海舟に停戦交渉に当たるよう命じる。勝は初め固辞していたが結局は、広島に出向き、厳島で長州藩代表の広沢真臣・井上馨らと交渉して、ともかく九月二日に停戦を成立させる。もっとも、停戦と言っても小倉口など「四境」で幕府軍はことごとく敗退しており、幕府側の敗戦は誰の目にも明らかであった。

幕府は、七月二十日に薨去した将軍家茂の死を八月二十日に公表し、併せて、徳川慶喜の徳川宗家相続を発表する。しかしこのとき、慶喜は宗家を相続したものの、征夷大将軍への就任は辞退する。そのために、将軍空位の時期が四ヵ月半ほど続く。

薩摩藩京都留守居の内田仲之助（政風）は、八月二十二日付の国元の藩庁への手紙で、[29] 慶喜の将軍職就任辞退を好機として、是非とも島津久光が上京して有力諸侯とともに「王制」復帰のための尽力をされることを建言し、また、慶喜のことを「大奸智」や「虎狼」のごときと評して、もし彼が将軍に就くようなことになれば、そのような人物を「千里の野に放つ」ははなはだ危険なことになると進言する。

大久保利通もまた、九月八日付の国元の西郷宛の手紙で、久光・茂久父子が、「共和の大策を施し、征夷府の権を破って、皇威興張の大綱をあい立てるようご尽力」[30] されるべき旨を伝えている。

併せて大久保も慶喜を評し、「譎詐百端の心術」を弄し「譎詐無限で趣意隠然」の人物と談じる。[31]「譎詐」というのは偽り欺くという意味で、この言葉は、彼らのあいだで慶喜を評する常套語になっていく。

薩摩藩は長州の戦勝を祝して、黒田清綱を山口に派遣する。黒田が届けた薩摩藩父子の慶応二年十月十五日付長州藩父子宛親書は、

「夏以来、幕兵侵入、処々戦争勝利の段、伝承仕っており恐賀奉ります。しかし一方ならずご心配のはずと遥察奉ります。さて、先般も申し上げておきました通り、後来なおまたお互いにご親睦申し上げるため、愚臣差し出します。……。」[32]

と伝えている。

小松と西郷はこのころ、十月十五日に鹿児島をたって京都に向かう。長州再征の失敗で幕府の権威が失墜し、将軍空位にもなっているこの時期に、いっきに徳川専制の政治から雄藩諸侯の公議による「共和政治」への転換を図ろうと動いたのである。懸案になっている長州処分を寛典（寛大な処置）で決着を付けることと、先延ばしになっている兵庫開港問題を公議によって決めることを急務とした。兵庫開港の件はこのころ、単なる外交問題の処理というよりは、それを従来通り幕府の専断に委ねるか、それとも諸侯会議による公議を踏まえて決める（「共和政治」）か、今後の国政運営の成り行きを占う試金石になっていた。

慶喜の方もそのことは承知済みで、慶喜はまず、征夷大将軍就任の時期をはかって朝廷への働き掛けをする。孝明天皇はもとから、慶喜の早期就任を望んでおり、慶応二年十二月五日に慶喜に征夷大将軍の宣下を下し、同時に正二位権大納言（翌三年九月に内大臣）に任命する。天皇にとっては、慶喜が徳川宗家を相続した際に禁裏御守衛総督を辞任しており、さらにその上に、征夷大将軍の空席が続くのは不安の種であった。

慶喜は先には、春嶽の「幕府は今日より無きこと故」の建議に対して、

「追々の形勢、いずれご卓論通りに取計らうほかないものと決着致しております。…。」[33]

と応じていたが、結局はそれを反故にして将軍就任を決める。慶喜としては、もともと朝廷をリードしていく自信があり、その上に将軍の権威・権限が加われば、改革も国政運営もできると踏んだのだろう。

ところが、ここで予期せぬ大異変が生じる。孝明天皇が十二月二十五日に突如崩御（享年三十五）したのである。慶喜が天皇から征夷大将軍の宣下を受けてから、たった廿日後の出来事であった。天皇との親密な関係のもとで、まさしく朝幕合体の国政を進めて行こうとしていた矢先のことで、慶喜としては相当にショックであっただろう。

逆に、長州藩や薩摩藩そして朝廷の反主流派公家たちには、思わぬ好機となった。その反主流派というのは、孝明天皇のもとで朝政の主導権を握っていた関白二条斉敬や朝彦親王（青蓮院宮、中川宮、伊宮）らの主流派に対立してきた、山階宮晃親王、有栖川宮幟仁・熾仁親王父子や中山忠能・正親町三条実愛・中御門経之それに岩倉具視らで、その多くは、以前に孝明天皇から謹慎などの処分を受けていた公家たちである。孝明天皇の崩御によって、いずれ処分が解かれ、復権が期待された。

孝明天皇の死については、直後から毒殺説や怨霊説が出回る。三十代半ばの突然の死であり、天皇が執拗に望んだ長州征討失敗後の政治局面からすれば、それらの説が流布しても何の不思議もない。今日では、歴史学者の史料調査等によって、疱瘡（天然痘）による病死が立証されたとされて

いるが、[34]科学的に立証されたわけではない。なお疑われておかしくはない。

注

1 『鹿児島県史料』第二六集、所収。

2 国立国会図書館憲政資料室所蔵『石室秘稿』所収の「桂久武所蔵書類」。ただし、筆者の引用は、町田明広「慶応期政局における薩摩藩の動向―薩長同盟を中心として―」、『神田外国語大学紀要』九号、二〇一七年に掲載のものを使わせてもらっている。

3 『鹿児島県史料　忠義公史料』四、三五頁。

4 宮地正人『幕末京都の政局と朝廷』名著刊行会、二〇〇二年、三三一頁、参照。

5 『木戸孝允文書』二、一三六―一四二頁。

6 青山忠正「薩長盟約の成立とその背景」、『歴史学研究』、第五五七号、一九八六年。

7 青山忠正『明治維新を読みなおす』清文堂、二〇一七年、九二頁、その他。

8 芳即正『坂本龍馬と薩長同盟』高城書房、一九九八年、七八頁。

9 家近良樹『西郷隆盛と幕末維新の政局』ミネルヴァ書房、二〇一一年、一三三頁、その他。

10 井上清『西郷隆盛』上、中公新書、一九七〇年、一八六頁。

11 佐々木克『幕末政治と薩摩藩』吉川弘文館、二〇〇四年、三三六頁。

12 髙橋秀直「薩長同盟の展開」、『史林』、二〇〇五年、第八八巻、第四号、六五頁。

13 町田明広、前掲書、五九頁。

14 宮地正人『幕末維新変革史』下、岩波書店、二〇一二年、一三頁。

15 三宅紹宣「薩長盟約の歴史的意義」、『日本歴史』、二〇〇二年、四月号、四頁。

16 町田明広『薩長同盟論―幕末史の再構築―』人文書院、二〇一八年、二四一―二四二頁。町田氏は桑名藩士が写し取ったという史料を「画期的な新史料」として、二四一―二四四頁で詳しく紹介されている。もっとも、この新史料については、なお内容についての信憑性の検討が必要ではないかと思われる。町田氏はこの著書で、盟約が結ばれるまでの過程を、広範な史料を使って丹念に論じておられ、筆者もずいぶんと参考にさせていただいた。しかし、最終段階で、黒田清隆が慶応元年末に木戸の上京を求めて長州入りをしたのを「黒田による独断専行による長州藩入り」とされているあたりから、ずいぶん自説誘導型の推論になっており、薩長盟約についても、西郷と龍馬の関与を低く評価し、その内容を「薩長同盟」や「薩長盟約」というよりは「小松・木戸覚書」と呼ぶべきものとされているところあたりは、筆者としては同意しかねる。
17 『坂本龍馬関係文書』二、一〇九―一一〇頁。
18 『大久保利通関係文書』三、二二〇頁。
19 田中光顕『維新風雲回顧録』河出書房新社、二〇一〇年、二七三頁。
20 『大久保利通文書』一、三九三頁。
21 佐々木克、前掲書、三四〇頁と四二三頁の注参照。
22 『木戸孝允関係文書』四、二三八頁。品川の三月十四日付木戸宛手紙等、参照。
23 『鹿児島県史料　忠義公史料』四、二一五―二一七頁。
24 『徳川慶喜公伝』三、二七〇頁。
25 『孝明天皇紀』五、八一二頁。(『朝彦親王日記』その他)。
26 『続再夢紀事』一、三三四―三三五頁参照。
27 『続再夢紀事』二、一六四頁。また、「逸事史補」(『松平春嶽全集』一、三〇四頁)には、同時期、一翁が春嶽に小楠同席の場で、同様のことを進言したことが書かれている。
28 『木戸孝允文書』二、二六九―二七〇頁。
29 『鹿児島県史料　玉里島津家史料』五、一九頁。
30 『大久保利通文書』一、四一〇頁。
31 同上書、二九七―二九八頁。
32 同上書、四〇八頁。
33 『続再夢紀事』五、三三七頁。
34 もっとも、原口清氏を中心とした「病死説」に対して、石井孝氏の反論がある。近年でも歴史作家・中村彰彦氏(二〇一五)の批判、その他がある。

# 第六章　それぞれの仕事

## 一　龍馬長崎へ

龍馬が薩長のあいだを取り持つ仕事は、慶応二年一月の薩長盟約の締結でほぼ済んでいた。盟約を結んだ両藩は、長州藩士品川弥二郎を京都の薩摩藩邸に潜伏常駐させるなどして緊密に連絡を取りながら連携できるようになっていた。「社中」もまた、ユニオン号が彼らの手から離れたころから、薩長両藩にかかわる仕事をなくしていた。

そのユニオン号に代わる船として、薩摩藩が帆船のワイルウェフ号を購入して、それを「社中」に貸与してくれていたが、そのワイルウェフ号もユニオン号が曳航して鹿児島に向かう途中、慶応二年五月二日に天草灘で暴風雨に遭って失ってしまう。この海難事故で「社中」は、船長の黒木小太郎や池内蔵太（いけくらた）ら十二人の乗組員も失う。黒木は龍馬が千葉重太郎の「小千葉道場」で知り合って以来、神戸海軍操練所でも同じ釜の飯を食った仲間であり、内蔵太は龍馬が同郷の年下の仲間でも最も可愛がった者の一人であった。長州藩に亡命して活躍していた内蔵太を、龍馬が薩長盟約の仕事が済んだあと「社中」に入れて、たった二ヵ月ほどの死であった。龍馬は内蔵太の母によく手紙

を書いているが、そのなかで、

「お国（土佐）より出た人で、戦いで命を落とした者の数は前後八十名ばかりですが、蔵は八、九度も戦場に弾丸・矢石をかわしたけれども、手傷も負うことなく、…。」

「互いに先々のことを誓い合い、これより、もうつまらぬ戦いを起こすまい。つまらぬことで死ぬまい、と互いに固く約束しました。」

などと伝えていたが、その「約束」も空しく、内蔵太は享年二十五で逝ってしまう。

ワイルウェフ号も失ってしまった「社中」は、動かせる船が一隻もなくなって、陸に上がった河童のようになっていた。龍馬は長崎から七月二十八日付で三吉慎蔵に、

「何も別に申し上げることはありません。しかるに、私ども長崎に帰ったものの、乗り返る船はなく、水夫たちに泣く泣く暇を申付けたところが、皆、泣く泣く立ち去る者、また、いつまでも死をともにしたいと申す者がいます。うち、外に出た者は両三人ばかりで、大方の人数は死まで、どの地までも同行と言うので、困り入りながら、国に連れ帰っています。…。御藩（長府藩）が海軍を開かれるときにはこの人数を移したればと思います。

今朝、伊予の大洲より屋敷（薩摩藩邸）に掛け合いがあり、…、五代才助（友厚）が中に立って私の（「社中」の）人数を差し出すことになりました。…。」

と書いている。

冒頭で「何も別に申し上げることはありません」と書いているのは、薩長関係のことでその後新たに伝える情報はないという意味だ。何事でも話しやすい三吉に、龍馬は「社中」の窮状を伝えて、

「御藩が海軍を開かれるときには」メンバーを使ってはどうかとも書いている。「国に連れ帰っています」と書いている「国」は、薩摩藩の長崎藩邸を指す。彼らは「社中」とは称しているが、一昨年十月に大坂で匿われて以来、小松帯刀の家来として長崎を本拠に活動している。

下段で「人数を差し出すことに」なったとあるのは、薩摩藩の五代の斡旋で大洲藩が買ったばかりの蒸気船いろは丸の乗組員として菅野覚兵衛ら数人を派遣することになったことを言う。このいろは丸は、慶応元年までは薩摩藩が安行丸として使っていた船で、そのころ元年二月には菅野や近藤長次郎らが大坂から鹿児島に渡った船でもある。また、このあと、海援隊の龍馬らがこのいろは丸に乗組んで、紀州船明光丸との衝突事件を起こすことにもなる。龍馬らにとって因縁の船である。

このころ、小松帯刀の裁量であろう、「社中」のメンバーは薩摩藩から月給をもらっている。龍馬の「手帳」に、

「右は印鑑をもって、坂（坂本龍馬）・寺（寺内新右衛門＝新宮馬之助）・多賀（多賀松太郎＝高松太郎）・菅（菅野覚兵衛＝千屋寅之助）・白（白峯駿馬）・陸（陸奥宗光）・関（関雄之助＝沢村惣之丞）の七人分、毎月三日、壱人当たり三両弐歩頂戴した。以上。　寅（慶応二年）十月三日」

という記載がある。

これから、七人が少なくとも一定期間、薩摩藩から給料をもらっていたことがわかる。「社中」もやはり、独立の企業体として維持していくことは困難であったようだ。

ここで、当時の一両の価値について、大まかに触れておこう。上にある月給「三両弐歩（一両＝

四分（歩）なので、三両半）」で、一人の男が一ヵ月生活できたようだ。これが、このあと同じ長崎で、土佐藩のもとで海援隊が発足したときには、各人が五両もらって、かなり高給取りの気分であったようだから、そう見てまず間違いはない。また、龍馬が慶応三年六月に姉乙女に送った手紙で、「諸生の五十人も養うとなると、一人に付き一年どうしても六十両ぐらいはいりますゆえ、利を求めています。」

と書いていることとも符合する。とすると、一両は現在の価値に換算すると、切れのいいところで十万円ぐらいと見てよい。

さて、動かせる船をなくしてしまっていた「社中」だが、十月にはやはり薩摩藩が帆船を購入してくれることになる。龍馬の「手帳」の慶応二年十月二十二日の条に、

「フロイセン商人チョルチーに面会し、船買入および商法を談ず。」

とあり、続いて翌、

「二十三日　船見分。この日夷人よりも奉行へ引合せ、邸留守居（薩摩藩長崎藩邸留守居・汾陽(かわみなみ)五郎右衛門）へ談ず。」

とあり、さらに「二十八日　船受け取る」とある。

多分、この船のことであろう、この年の十二月四日付で坂本権平「御一同様」宛に送った手紙で、「西洋船を手に入れました。…、仕合せには、薩州にて小松帯刀・西郷吉之助などが、いかほどやるか、やって見せてくれなどと申してくれ、…。」

と伝えている。

龍馬はこの年、慶応二年の十一月上旬に長崎で、旧知の溝淵広之丞に出会っている。溝淵とは、龍馬が最初の江戸遊学をした嘉永六年に、同じく江戸に出て同じ「小千葉道場」に通った仲であった。溝淵は長崎には、藩命を受けて洋学と砲術の修得のために来ていた。

また、この七月、参政の後藤象二郎も土佐老侯・山内容堂の命を受け、中浜万次郎ら十数名を連れて長崎に来て、蒸気船購入の指揮を取るとともに、開成館長崎出張所（「土佐商会」）を設立して、土佐産の樟脳や紙の輸出などの事業を始めていた。なお、中浜は、前述のように鹿児島の開成所に招かれて航海術等の指導をしていたが、それを容堂が幕府に要望して六月ごろに高知に呼び戻し、開成館の教授に就けて、後藤の仕事の補佐をさせていた。

溝淵の長崎出向はおそらく、活動の様子から見て、洋学と砲術の修練を表向きにして、実質は目付・調査役の仕事をするものであったと思われる。西国の各地に行き他藩の者ともよく交わっている。高杉晋作の手記に、「四境戦争」の海戦で高杉が指揮を取る丙寅丸（へいいん）に、溝淵が同じ土佐人の田中光顕（みつあき）らと乗艦していることが記されてもいる。[1]

龍馬は溝淵に会うと、さっそく彼を、鹿児島から十二月十四日に下関に帰ってきたばかりの木戸に会わせている。その直後、溝淵は木戸を山口に訪ねているが、そのとき木戸は、溝淵に薩長連携の進展具合を説明して、これへの土佐の参加を促すとともに、龍馬と中岡慎太郎の土佐藩での登用を勧めている。

龍馬はこの六月以来お龍を預かってもらっている長崎の小曽根英四郎宅で、慶応二年十二月四日付で家族に、「御一同様」宛、「尊兄　膝下」宛、「乙様」宛の三通の手紙を書いている。そのなか

の「御一同様」宛で、同郷の溝渕や武藤早馬に会ったことを、

「先日、土佐の江口の人・溝渕広之丞に出会って話をしました。その後、蒸気船の将（船長）武藤早馬に行き合いましたが、この人は藩の重役でもあるので、また『お国へ帰れ』などと言われんことを恐れ、知らん顔して行き過ぎましたが、広之丞が再三参り、私の存念を尋ねますので認め送りましたところが、内々にそれを武藤にも見せた様子。

　この武藤は兼ねて江戸で遊んでいたころ実に心安き人だったので、（それを読んで）誠に喜んでくれた由。旧友のよしみはまた、かたじけないものです。私が認めた存念の書は別紙で差し上げます。ご覧下さい。」

　と書いている。

「存念の書」というのは次のものだ。


「先日お聞かせした小弟の志願の略を認めましたのでご覧に入れます。小弟、二男に生まれ、成長に及ぶまで家兄に従う。上国に遊びし頃、深く君恩（土佐公の恩）のかたじけなきを拝し、海軍に志あるを以って、官に請うて以来、殴心刻骨、その術を実あるものにするため努めてまいりました。しかし、独りにしていかんせん、才疎くして識浅く、のみならず単身孤剣、窮困資材に乏しき故に、成功速やかならず。然るにほぼ海軍の起歩を成す。これ老兄（溝渕）の知るところなり。

　数年間東西に奔走し、しばしば故人（故郷の人）に遇いて路人のごとくする（知らぬふりしてやり過ごす）。人誰か父母の国を思わざらんや。…。志願果たさずして、どうして君顔（土佐公）に拝し

たりできましょうか。…。老兄は小弟を愛する者故、大略を述べる。お察し下されたく。」[2]

この「書」は、要するに、溝渕を通じて、母国・土佐藩に自分の志す「海軍」設立への支援を乞う、今日で言えばプロポーザルのようなものだ。溝渕は武藤と相談の上、これを後藤象二郎に見せたであろう。後藤が中浜万次郎らを連れて長崎に入ったのは七月二十五日で、龍馬が七月上旬に下関から鹿児島に行き、そこから長崎に入ったのが同じ時期の七月下旬であった。

長崎での後藤の活動は、グラバーら外国商人を接待して豪遊するなど相当に派手なもので、長崎の町では知れ渡っていた。八月下旬から九月上旬にかけては、中浜らを連れて蒸気船購入のために上海に出かけてもいるが、そういったうわさは当然、龍馬や「社中」にも伝わっていたはずだ。後藤の方もおそらくは、龍馬や「社中」の者たちが長崎に来ているのを知っていたであろう。そう広くはない長崎で、「土佐商会」の吏員や中浜らと土佐出身者の多い「社中」の者が顔を合わせる機会もあったはずだ。現に、龍馬は上のように溝渕と武藤に出会っている。

龍馬が長崎で土佐藩との接触を始めたころ、中岡も京都で同様の活動をしていた。中岡はこの年慶応二年九月下旬に西郷信吾（西郷吉之助の弟、後の従道）とともに上京して、二本松の薩摩屋敷に止宿して年末まで滞京し、この間に土佐の京都藩邸詰めの者にもしばしば会っている。十一月には土佐藩大監察福岡孝弟（たかちか）と同役の小笠原唯八（ただはち）の二人が山内容堂の命を受けて上京してきており、中岡はその小笠原とは何回か会っている。

中岡のこのときの滞京中の日記「行行筆記」には、「西郷に至る」や「小松(帯刀)に至る」とともに、「小笠原復職の事」や「小唯(小笠原唯八)にあう」や、そのほか「毛利(毛利恭助)」の名前がよく出てくる。おそらく中岡は薩土提携の周旋をしていたのだろう。このころから、中岡は土佐藩から活動資金を受けるようにもなっている。この半年ほどあとには、福岡孝弟のもとで土佐陸援隊の隊長に就いてもいる。

龍馬は慶応三年の正月を下関で迎えるが、正月五日には同所で中岡に会っている。前年の三月六日に同じ下関で別れて以来、十ヵ月ぶりの再会になる。中岡は孝明天皇の崩御を五卿に伝えるため、年末に京都をたち大宰府に向かう途中、下関に立ち寄ったのである。中岡はこのとき、四日に下関に着いてまず高杉晋作を見舞っている。高杉は前年八月の小倉戦争で活躍したあと、九月四日に二度目の喀血(かっけつ)し、十月終わりには病状が悪化して下関郊外の農家に移って療養していた。

中岡は翌五日に龍馬に会ったことを日記『行行筆記』に、

「今夜、坂本氏来訪。すこぶる快談。鶏鳴(けいめい)に至りて坂(龍馬)氏去る。」

と記している。

おそらく二人は、自分たちと郷国・土佐藩とのつながりが深まったことや薩土の連携の進み具合を報告し合って、喜びを分かち合ったのだろう。

龍馬は、慶応二年十二月四日付で姉乙女に送った手紙の最後に、

「これからまた春になれば、妻は鹿児島に連れて帰り、また京師の戦いが始まると思えばそちら

の方へも事によっては出掛けてみようと思っています。私、その内にも安心なことは、西郷吉之助の家内も吉之助も大に心の良い人なれば、この方へ妻などは頼めば何の気づかいはなし。」と伝えている。

龍馬は、自分はまた京都に上ることになるので、お龍を「鹿児島に連れて帰り」西郷のところで預かってもらおうと考えていたようだ。西郷夫婦に「頼めば何の気づかいはなし」と書いている。しかし、京都育ちで、活発な性質（たち）のお龍にとっては、鹿児島に閉じ込められるのは嫌（いや）であっただろう。結局はこのあと、二人は長崎から下関に移っている。この下関への移転については、上の姉宛に書いた手紙の一ヵ月後、三年一月三日に木戸に送った手紙で、

「兼ねてお示しのごとく（長州藩）越荷方（こしにかた）の久保松太先生にお目に掛かり、止宿の所をお頼みして、阿弥陀寺・伊藤助太夫方に決まりました。これより近日長崎に参り、またこの地に帰ってきます。」と伝えている。

「止宿の所」を初め木戸に相談し、その木戸から紹介を受けた久保松太に会って頼み、その久保の斡旋で「伊藤助太夫方に」決めたことがわかる。このあと、龍馬は二月十日に長崎からお龍を連れて下関に移り、伊藤の別邸を借り、そこに「自然堂」という名を付けて住み始める。やはり二人の落ち着き場所が欲しかったのだろう。しかし、お龍がそこで暮らしたのは十ヵ月足らずであった。お龍はそこで龍馬の死を聞くことになる。

龍馬は下関に移ったことを三吉慎蔵に二月十六日付で、

「この十日、助大夫まで帰りました。…。このたびはまたまた家内の置きどころに困り、止むを

得ず同行しました。」

と伝えている。

龍馬は以前からお龍の置き場所に苦労していたようだ。浪人の身でありながら妻を娶って連れ動いているのだから、当然のことだが、それにも増して、一昨年一月の寺田屋事件で自分がお尋ね者になっていたことが、お龍の置き場所の悩みの種になっていただろう。京都などへはとても連れて行けず、長崎はいささか心配で、安全なのはやはり第一に鹿児島、次に山口や長州領内といったところであろう。下関なら、確かに龍馬も立ち寄りやすく、自分の仕事にとっても都合がよい。

龍馬は慶応三年一月下旬に後藤象二郎に呼ばれて、長崎の清風亭で会っている。初めての出会いながら、ずいぶん歓待されたようだ。宴席には龍馬が長崎でひいきにしていた「お元」という芸子も呼ばれている。会談は上出来で、龍馬は下関に戻って、木戸に二月十四日付で、

「先ごろ罷り出ました段には世話いただきありがとうございました。その節、溝淵広之丞にお申し聞かせていただいた件を、同国の重役後藤庄次郎に一々相談したところ、それより（土佐藩も）よほど夜が明けてきた気色。重役どももまた、ひそかに小弟とも面会しましたので十分に論じておきました。このごろは土佐国は一新の起歩が見えます。…。今年七、八月にもなれば、事により昔の長薩土と成るべく楽しみにしています。」

と伝えている。

龍馬はこの慶応二年二月のころ、念願の新天地の開拓計画に夢中になっている。それへの参加を

呼び掛ける手紙を、鳥取藩士・河田佐久馬（さくま）と長府藩士・印藤聿（のぶる）とに送っている。

河田へは二月十四日付で、

「今一度ご面会するときは、よほど面白いことをお耳に入れるのを楽しみにしています。それは、先年ご同様、北門の方へ手初めすることをまた思い出しました。今度はすでに北行きの船も借り受けています。その期間は、三月中旬より四月朔日には多分、出帆したいと心積りしています。これを始めるときは必ずや老兄が留守では困りますので、…。」

と書いている。

ここで河田に、以前言っていた「北門の方」というのは、かねてから龍馬が考えている蝦夷地開拓のことだ。この河田は鳥取藩の尊攘激派の藩士で、元治元年六月の池田屋事件の際に脱出に成功した生き残りの一人だ。龍馬とは、その事件で死んだ北添佶磨（きつま）とともに、そのころ計画していた蝦夷地開拓でつながっていた。なお、龍馬は、後述するように、この河田とはこのあと御手洗（みたらい）の港で偶然出会うことになる。

もう一つ、印藤に三月六日付で送った手紙は、河田に書いた「面白いことをお耳に入れる」程度ではなく、「竹島行の事」として、人集（ひとあつ）めや資金集めから事業内容に至るまで、「十段」（十箇条）にわたって具体的に書き込んだものだ。なお、ここにある「竹島」は、現在日韓のあいだで領有権問題が起きている竹島ではなく、現在は韓国領になっている「鬱陵島（韓国名ウルルンド）」のことで、広さは総面積七十三平方キロメートルほどの島ある。[3]

手紙はかなり長文のものだが、その一部を引くと、

「第四段、小弟は蝦夷に渡ろうとしたころより、新国を開くことは積年の思いにしており、一世の思い出ですので、いずれ一人でなりとも、やり遂げたいと思っています。伊藤助大夫も小弟の志を憐れみ、志を同じくしてくれています。しかれば、先ごろ長崎にて大洲藩の蒸気船を三月十五日より四月朔日のあいだに借り入れる定約をあい定めました。」

といった調子で、第十段の最後では、

「上の件、小身に一生の思い出とし、良林および海中の品類よきものを得られれば、人を移し万物の時を得るを喜び、諸国浪生らを命じてその地を開かすべしと、その思い千万なり。」

と、くくっている。

この最後にある言葉などは、龍馬が描いている「新国を開くことは積年の思い」のロマンを彷彿とさせる。

先の河田に書いた手紙では、「北門の方」すなわち蝦夷地開拓であったが、それがここでは「竹島行」になっている。河田には竹島という名は伏せて、以前に話したことのある蝦夷地開拓の件で彼を呼び寄せようとしたのだろう。この竹島開拓計画はこのあと、実際に大洲藩から蒸気船いろは丸を借りて実現に向けて踏み出すが、次々節で述べるように、そのいろは丸が海難事故に遭って挫折する。

## 二　四侯会議

龍馬がお龍を連れて下関の「自然堂」に移り、新天地の開拓に熱を上げていたころ、西郷は四侯会議開催のために奔走していた。「四侯」というのは、越前侯松平春嶽、宇和島侯伊達宗城、土佐侯山内容堂、薩摩侯島津久光の雄藩の四侯を指す。西郷は慶応三年一月二十二日に京都をたち二月一日に鹿児島に帰着して、四侯会議開催と久光への上京要請を藩議にかける。西郷はその結果とその後のことについて、二月晦日（三十日）付で在京の大久保利通に次のように伝えている。

「（京都から帰藩して）一同の御会議（藩議）をお願いしたところ、…、皆そろわれて、議論を持ち出したところ、案外と老先生方のご議論盛んなことで、速やかに（久光公の）ご上京の件が決まり大慶のことです。もしこのたび、衆議で決められないか、または（藩主父子の）ご決定がないときは、退身のつもりでしたので、強く申し立てもせずにいましたが、案外のことで、吾輩は飛揚このことです。…。

十三日夜半より出帆し、容堂侯へご使者を勤め、巨細申し上げたところ、気味のよいご返答で、生きて再び帰らずとまで仰せられた由、しごくご決心された様子で有り難い次第です。…。宇和島はよほど因循のお説にて、上京されるとはご返答ありましたが、覚束なく思われます。」

四侯会議の開催が受け入れられない場合は、自分は「退身のつもり」だったと言う。西郷は四侯会議開催に相当の覚悟で臨んだようだ。二年前の「参預会議」の失敗をそばで見ていたものの、長州再征の失敗による幕権の衰退と徳川慶喜の征夷大将軍就任と孝明天皇の崩御といった新たな事態の出現で、西郷としては、この会議にもう一度だけ懸けて見ようと思ったのではないか。

鹿児島での藩議でそれが決まり、久光も上京を約束して西郷は「吾輩は飛揚このこと」と喜んでいる。そのあと、西郷は久光の書状を持って、高知の容堂と宇和島の伊達宗城を訪ね、高知では容堂から「生きて再び帰らずとまで仰せられた由、しごくご決心された様子」との反応を得、一方の宇和島では、宗城から上京の返答はもらったものの、もう一つ意気が上がらぬ様子であったようだ。

西郷は高知で二月十七日に容堂侯に謁見した際に、龍馬と中岡の脱藩を許して二人を登用されるよう進言している。このとき、西郷来訪に合わせて京都から急きょ帰藩した福岡孝弟がその場に同席しており、その福岡がこのあとさっそく長崎に出向いて、後藤象二郎と相談して、龍馬と中岡の登用を図る。

西郷はこの高知訪問のときに龍馬の兄・坂本権平の来訪を受け、その際に権平から龍馬に届ける「吉行」の銘のある日本刀を預かっている。龍馬は昨年慶応二年の十二月四日付の「尊兄　膝下」宛の手紙で、

「このごろ兄上に願いたきことは、古人の言にもありますように、国家の難に臨む際には必ず、家宝の甲を分かち、または宝刀を分かちなど致すべしとのこと。なにとぞ、思し召しの品を何なりと頂ければ、死ぬときもなお、お側にいる思いがします。…。」

などと書いて、その刀を所望していた。

兄・権平は龍馬とは歳が二十一も離れていたため、龍馬を自分の子供のように思うところがあったようだ（実際、権平には男子ができず、龍馬を自分の跡目にしようとしていた）。何事でも龍馬の言うことをよく聞いてやっている。

西郷が宇和島から鹿児島に帰ってきたころ、中岡慎太郎が大宰府から鹿児島に来ていた。中岡は西郷に会って容堂侯との会見の話を聞き、そのことを「行行筆記」の三月三日の条に、珍しく長々と書き留めている。中岡はこのあと、三月十日に村田新八らと鹿児島をたって十四日に長崎に着き、小曽根英四郎宅に立ち寄った際に、菅野覚兵衛ら「社中」のメンバーに会い、また、福岡孝弟に随行してこの長崎に着いたばかりの門田為之助にも会っている。

中岡はそのあと、大宰府に戻って三条実美らに鹿児島訪問の報告をし、二十日には下関に来て龍馬に会っている。龍馬はこのときに中岡から、西郷が四侯会議開催の件で高知に行って容堂に会ったことや、そのとき福岡孝弟が陪席していたこと、そしてその福岡が今長崎に来ていることなどを聞いている。龍馬はさっそく中岡から聞いた話を、同日の三月二十日付で三吉慎蔵に伝え、

「西郷もこのたびは必死覚悟の由。」

と伝えている。

中岡は三月二十一日に、前回の正月のときに続いて、病床の高杉晋作を訪ねている。しかし、このときは高杉の結核の病状は重篤で、中岡は「行行筆記」に「病篤く面会できず帰る」と記している。高杉はこのあと四月十四日に逝く。志士の生きざまを凝縮したような二十七年八ヵ月の短い生涯であった。

西郷は四侯会議開催の呼び掛けに成功して、慶応三年三月二十五日には島津久光の上京に随従して七百名余りの兵を率いて鹿児島をたち、四月十二日に入洛する。五月には松平春嶽・島津久光・

山内容堂・伊達宗城が京都に出そろい四侯会議が開かれる。これらの諸侯がこのとき直ちに出そろったのは、同時期に幕府からも上洛の要請があったからだ。幕府としては、期日が迫っている兵庫開港問題の処理がどうしても必要になっていた。新たに征夷大将軍に就いた慶喜としては、まずは有力諸侯との融和を図ろうとしたようだ。とりわけぎくしゃくしていた西南雄藩との関係改善を図るべく、昨年末の就任以来、特に薩摩藩家老・小松帯刀との懇親に努めていた。この間、一月十五日には征長軍の解兵を正式に決め、また二月には、三条実美らの帰京に了承を出してもいる。

しかし、兵庫開港問題の処理で、小松・西郷らはまたまた慶喜にあざむかれることになる。慶喜は当初、兵庫開港問題については諸藩の意見を聞くと明言していたが、三月二十五日に英仏米蘭の各国代表を大坂城に招いた将軍就任お披露目の席で、自身の外交権のもとで兵庫開港問題等についても処理に当たると、意見聴取に先んじて宣言してしまう。西郷らはこの兵庫開港問題についても当然、四侯会議で諮（はか）られるべきと考えていたので、出端（ではな）をくじかれた形になる。

西郷がこのころ五月初旬から中旬にかけて、久光に四侯会議や将軍慶喜への対応について、あれこれ建言した書状が四通も、のこっている。それらで西郷は次のように意見を述べている。

「三ヵ条（長州処置、五卿の処遇、兵庫開港の三件）のご難題と申すご処置については、いずれ理と勢いを明らかに察せられ、順序立てて進められなければ、ことごとく瓦解すると思われますので、第一に長州の処置は、…。」

「長州の冤罪をお解きになれば、天下人心が定まるのは出来（しゅったい）（必然）。…。長州ご処置を先に仰せ立てられるべきです。兵庫開港の件はあとに廻されるのが理勢にかなうことで、…。」

西郷がここで、「長州ご処置」の先決を力説しているのは、それの評議を通じて、幕府による長州再征や長州処分の失敗が明らかになり、五卿処遇問題や兵庫開港問題はおのずと解決されると踏んでいるからだ。もちろん、先の薩長盟約にある「長州の冤罪」の雪冤への「尽力」を果たすためでもある。

それに対して、慶喜の方も、西郷の言う進め方では幕府にとって形勢不利になることは先刻承知で、長州の処置については、長州藩主父子側から嘆願書が提出されれば寛大な処置で収めるとし、まずはその前に、布告期日が迫っている兵庫開港（条約によって、開港は慶応三年十二月七日で、その半年前のこの年六月七日が布告の期限）の裁断をせねばならぬとしていた。

西郷はまた慶喜について、久光への建言書で、

「大樹（将軍慶喜）公は譎詐権謀のお方故、ご正論をお凌ぎ（押し伏せ）になるのは明らかで、ご論を引きのがし（言いのがれをし）、裏に廻られるか、またはご改心の姿をもって欺かれるかと存じます。」

とし、さらに、

「いずれ、天下の政柄（政権）は天朝に帰し奉り、幕府は一大諸侯に下り、諸侯とともに朝廷を補佐し、天下の公議をもって処置を立て、外国との定約においても、朝廷の御処置とされて、万国普通の定約をもってお扱いになれば、たちまちにして実が上がり、…。」

と進言している。

西郷らの一貫した考え方だ。そして、ここで西郷が言っている、政権返上論も、「幕府は一大諸侯に下り」の論も、外国貿易を「朝廷の御処置と」して幕府独占を排すというのも、いずれも実は、先に取り上げた、前年八月に松平春嶽が、徳川宗家を継ぐ前の慶喜に進言していた内容と同じである。

大久保もまた同時期、久光に建言して、

「征夷将軍職を奪い、削封の上、諸侯の列に加え召されたく、実に不容易の義とは存じますが、今般の機会においては公議をもってご裁断なされるほかはない儀と存じます。」

と述べている。

ここでは、征夷将軍職の剥奪とともに、「削封」すなわち、後に出てくる徳川宗家からの「納地（領地返還）」への言及が見られる。

四侯会議は数回開かれ、四侯と将軍慶喜との交渉も持たれるが、このときも結局は、先の「参預会議」のときと同様に、とりわけ慶喜と久光のあいだの確執が顕わになり、また、四侯間でも意見や態度に違いが生じ、長州処置と兵庫開港のどちらについても、武家間で意見の統一を図ることができず、結局は公卿中心の朝議に委(ゆだ)ねられることになる。慶喜としては、こうなることを見越し、最終的には、自分が正二位権大納言として参加する朝議で決着を図るつもりであったのだろう。

朝議は五月二十三日に始まり、例のごとく長丁場(ながちょうば)になって延々と二十四日まで続き、案の定、結局は、慶喜の思う壺にはまり、長州処置については「寛大の処置」という曖昧な決定で収拾が図られ、兵庫開港についても条約通りに、十二月七日に開港することで決着が付く。

「寛大の処置」では、ほとんど何も決めていないのと同じである。四侯側が主張した、長州藩父子の官位復旧や領地削減はしないといったことには何も触れられていない。そのため、長州藩はなお罪を抱えたまま、入京も許されない状態に留め置かれる。薩長盟約にある「冤罪の赦免」への「尽力」は、ここでも一歩も前に進まなかったことになる。

この二日にわたる朝議について、四侯会議のメンバーの伊達宗城は『在京日記』の慶応三年五月二十四日の条に、

「大樹公、今日の挙動、実に朝廷を軽蔑すること甚だしく、言語に絶する。」[4]

と記し、松平春嶽もまた、二日に渡る朝議を「（慶喜の）一大戯場の観」であったと評している。[5]

春嶽側近の中根雪江は、慶喜の横柄な態度に、慶喜の側近・原市之進に、

「いろいろ訳あることにせよ、天下かまびすしく討幕の声を鳴らす勢いとなれば、恐れながら幕府のご権柄（政権）もその限りまでにも、…。」[6]

などと忠告の手紙を送ってもいる。

公卿の中御門経之などは、義弟の岩倉具視に、

「昨日の件、委細は賢息や賢孫からお聞きの通り、実に言語に絶する次第。何とも悲歎このことです。…。内奸の誅戮（ちゅうりく）は断然、朝敵の名をもって討幕のほかはないものと存じます。」[7]

と書き送っている。

朝廷内にも反幕を越えて、「討幕」を主張するグループが醸成されたことになる。そして、ここにある「内奸」は、君側の奸を意味するものであり、それの「誅戮」は、この五ヵ月ほど後に朝廷から降下される勅書（一般に「討幕の密勅」と呼ばれている）で、「賊臣慶喜を殄戮（てんりく）し」として表れる。

薩摩藩在京指導部および島津久光は、この四侯会議で、将軍慶喜にまたまた屈辱の敗北を喫したことになる。なかでも西郷は、この四侯会議開催に精魂を注ぎ込んで最後の望みをかけていただけに、その落胆と憤懣は大きかった。

以前にも薩摩藩は、文久三年末に久光が挙国一致の国是を評議するために立ち上げた「朝廷参預」や「参預会議」を慶喜にわずか三ヵ月足らずでつぶされ、また、慶応元年九月の長州再征の勅許のときも、大久保の懸命の抵抗と朝廷工作にもかかわらず、結局は、慶喜の巧みな朝議操作によって敗北を喫していた。薩摩藩は外様大名であることもあって、中央政治に関しては一貫して、諸侯や雄藩と連携し、幕府や朝廷に働き掛ける方策を取ってきたが、ここに至って、小松・西郷・大久保ら薩摩藩指導部はいよいよ、そういった従来のやり方ではどうにもならない、厳しい現実を悟ることになる。

## 三　海援隊

話の舞台をまた、京都から龍馬のいる長崎に戻す。福岡孝弟が岩崎弥太郎と門田為之助を伴って藩船胡蝶丸（慶応二年より土佐藩船。以前は同名の薩摩藩船）で浦戸を出帆して、長崎にやってきたのは慶応三年の三月十三日であった。岩崎は後藤が長崎の土佐商会の経営を担当させるために呼び、門田は福岡が龍馬との間を取り持たせるために連れてきたのである。

福岡の主たる任務は、先にも触れたが、龍馬や中岡に赦免を伝えて二人を登用することであった。具体的には、後藤とも相談した上で、海援隊と陸援隊を設立して二人をそれぞれそれらの隊長に就けることだ。もっとも、福岡はこのとき、もう一つ別の任務も受けていた。それは、後藤の長崎での行状を調査して藩庁に報告することであった。国元では、後藤の武器・艦船購入に伴う公金の乱用と豪遊ぶりが噂になって召還論まで出ていたからだ。しかし、これについては、福岡が適当な調査と報告とでお茶を濁したようだ。

龍馬は、この一月下旬に後藤に長崎に呼ばれていたが、続いて四月に今度は土佐藩からの正式の呼び出しを受けて、下関から長崎に渡る。『海援隊日史』には、

「慶応三丁卯（ていう）四月、本藩参政福岡藤次（孝弟）、命を奉じて長崎に来たる。時に才谷梅太郎、馬関より至り、命を拝す。

記　坂本龍馬事　才谷楳（うめ）太郎　右の者、脱走罪免ぜられ海援隊長仰せ付けられるものなり。

但し、隊中の処分一切お任せ仰せ付けられるものなり。」

とある。

この件で、このころ留学で長崎に滞在していた徳島藩士・長井長義（ながよし）（後に薬学者）が、『瓊浦（けいほ）（長崎）日抄』の四月七日の条に、

「土州このたび当地において屋敷買い上げ、海援隊と名付け、土州脱走人有名有志の輩、人を殺

さず無罪の者をお引き返しになり、かつ他藩なれども脱藩人を養うつもりで立ち上げたようだ。」と記している。海援隊の設立が、長崎では他藩の者にもさっそく知れ渡っていたことになる。もっとも、龍馬は「人を殺さず無罪の者」ではない。捕吏殺しのお尋ね者である。

海援隊約規というのがあって、その冒頭に次のようにある。

「およそかつて本藩を脱する者および他藩を脱する者、海外の志ある者、この隊に入る。運輸、射利、開拓、投機、本藩の応援、を為すをもって主とする。今後、自他に関わらずその志に従って入隊をゆるす。およそ隊中の事は一切隊長の処分に任す。」

隊長が脱藩士だけに、やはり隊員や入隊の資格も特異だ。海援隊の任務には、「運輸、射利、開拓、投機、本藩の応援」が掲げられている。「射利（利益を上げること）」や「投機」などとあって商業色が濃い。「開拓」が入っているのも特徴的である。龍馬が一月下旬に長崎で後藤に会い、その後二月中旬に下関に戻って竹島開拓に熱中した経緯からすると、長崎で後藤に会ったときに、すでに海援隊創設の話が出ていたと思われる。

また、海援隊は「国（土佐藩）に附せず暗に出崎官（長崎出張官、参政後藤象二郎）に属す」とあるように、土佐藩の外郭団体として設立されている。もと脱藩者や他藩のそういった連中も抱えることになるのだから当然であろう。問題が起きたときには、容易に切り離せるようになっている。経営に関しては、経費等不足する場合は「隊長が建議し出崎官の給弁を俟（ま）つ」とあるが、基本的には自己の営業利益で運営し、その代わり、上納の必要もないとも定められている。ただし、海援隊と並行して京都に「出京官（福岡孝弟）」のもとで陸援隊が設立されるが、これへの経済的支援は期待されている。

四月八日には大洲（おおず）藩船いろは丸が長崎港に入港する。龍馬が当初、河田や印藤に伝えていた大洲藩船の借入れ時期より二十日余り遅れるが、このときのそれの借用者は龍馬ではなく後藤象二郎になっている。海援隊が正式に発足して、竹島開拓についても海援隊の事業のとしてやることになったのだろう。かつて、吉田東洋が文久元年に山内容堂に建言していた事業に近い。

慶応三年四月十九日、いろは丸は大坂に向けて長崎港を出帆する。竹島行きの前に、藩から出ている運送の仕事を済ましておくためだ。乗員は、龍馬のほか船長小谷耕蔵と佐柳高次（ワイルウェフ号遭難で生き残った浦田運次郎）、長岡謙吉ら海援隊士の乗組員、および積荷仕切役の長崎の廻船業者・小曽根英四郎らと若干の便乗客、合わせて三十四名である。

なお、このとき船長を務めた小谷耕蔵は越前藩士で佐幕論者であったため、反幕派が多数を占める隊士のなかで衝突が絶えず、隊士からは除隊を求められていた。しかし、龍馬が「隊中唯一の佐幕の士を同化するにあたわずして、また何おかなさんや」の檄を飛ばして、彼の除隊を認めず、そのため、小谷はますます龍馬に心服して従ったと言われる。

この日、海援隊は門出（かどで）の航海に乗り出し、隊士のあいだで、

「今日をはじめと、乗り出す船は、稽古始めのいろは丸」

と歌われたそうだ。

ところが、この祝賀気分もつかの間で、四日後の二十三日夜十一時ごろ、瀬戸内海の塩飽諸島近海を航行中に、船同士の衝突事故を起こす。相手は長崎に向かっていた紀州藩船の明光丸である。両船の大きさは、明光丸が八八七トンに対して、いろは丸は一六〇トンで、五倍以上も違う。言うなら、相撲取りと子供がぶつかったようなものだ。いろは丸は大打撃を受けて、一時曳航されるものの、結局は沈没してしまう。もっとも、乗員の三十四名は全員が、衝突直後に明光丸側に移されて一人の死傷者も出さなかった。夜間の海難事故としては、救助活動がうまく行った証しと言える。

その後、明光丸が最寄りの鞆の津（現・広島県福山市鞆町）に寄港して、そこでいろは丸の全員を上陸させ、明光丸の船長高柳楠之助らも同時に上陸して、龍馬ら海援隊側との話し合いに入る。話し合いは二十四日朝から二十七日朝まで続けられる。龍馬に同伴していた海援隊文司の長岡謙吉の記録によると、高柳が自分たちは紀州藩の要務のため長崎に急いでいるので談判は長崎で続けたいと申し入れたのに対して、龍馬は自分たちも、

「老主人（山内容堂）も急用（四侯会議のため）で上京、そのため兵器等も日を限って運ばねばならない。…。今日、朝廷の御様子のこともあり、幕府もまた長州の儀（長州再征の事）が片付かず、外国人が摂津に（兵庫）開港の条約を申し立てるなど神州大事のときである。このとき、紀州と土佐の争いが生じるのは最も恐るべきなり。」

などと述べて、明光丸をここに留めて出帆させないよう申し入れたとある。さらに龍馬は、沈没したいろは丸には小銃四百挺を乗せていたとも主張したようだ。

結局、鞆の津の話し合いでは埒が明かず、改めて長崎で談判を再開することになり、明光丸は二十七日に鞆の津を出帆していく。

龍馬は鞆の津から菅野覚兵衛・高松太郎宛に四月二十八日付で、この事故のことを次のように伝えている。

「このたび、土州がいろは丸を借り受けて大坂まで急に送ろうとしたところ、計らずも、四月二十三日夜十一時ごろ、備後の鞆の近方の箱の岬というところで、紀州の船に真横より乗りかけられ、我が船は沈没し、またこれより長崎に帰ります。いずれ血を見ずには済まないと思っている。……。西郷に送った応接書は早々に天下の耳に入れたならば、自然、一戦争をするときに人々がもっともと思ってくれるだろう。総じて紀州人は、我々どもの積荷と便船人の荷物も何もかも失ってしまったのに、ただ鞆の港に投げ上げて、主用があると急いで長崎に出ていきました。鞆の港に居合わせよ、ということのようです。実に、この怨み報ぜざるべからず。」

追伸でも、「実は一戦しようと思っているので、天下の人によく知らせておきたいと思っている」、ついては、別紙の航海日記や応接書一冊を西郷、小松、中岡慎太郎らに見せておくのがよい、と伝えている。

思わぬ衝突事故で、龍馬は相当に気持ちを高ぶらせている。海援隊としては門出となる最初の航海で事故に遭い、これによって竹島開拓計画も台無しになってしまったのだから当然である。相手が徳川御三家の紀州藩ということもあって、余計に闘争心を駆り立てられているようでもある。
　龍馬は、いろは丸をなくしてしまった限り、大洲藩にその弁償をせねばならず、その金子をどうしても明光丸側から取らねばならないと思っている。龍馬は「いずれ血を見ずには済まない」と覚悟して、早くも「一戦」のための戦略を立て、まずは「天下の人に」衝突事故の事実を知ってもらおうと、西郷らに見せる証拠書類を送っている。

　龍馬は四月二十九日に鞆の津から、借りた船で下関に向かうが、その途中、御手洗港（瀬戸内海の芸予諸島の一つにある）に寄港したとき、偶然にも河田佐久馬に会う。河田がのこした『河田佐久馬備行ミちの記』というのがあって、それの四月三十日の条に次のようにある。

「晦日（三十日）腫れ、天順風、八ッ時過ぎ、ミたら井に入津。潮待ち致すなり。…。申の刻（午後四時）ばかり、赤・白・赤の船印（海援隊の旗章）を建てた乗組み士官の船が着く。よく見れば坂本龍馬一隊の船なり。計らずもこのところで会することを観、あい談笑する。龍ここに至るは…、去る二十三日夜、紀（紀州）の蒸気船のため、土（土佐）の火輪船沈没せられたり。…。まったく曲は紀州藩にあり。…。この落着、近日、崎陽（長崎）にて上げるべし。価金六万両ばかり出シエズバ、必ず大に報ずるところアルベシ。これまた、天下の形態に関係する。…。」

　龍馬は河田に、紀州藩側が「六万両ばかり」を支払わなかったならば、「必ず大に報ずる」と話したようだ。つまり、龍馬は最初から「一戦」して賠償金をとるつもりであった。龍馬ら一行は御手洗港を経て、五月一日ごろに下関に帰り、そこで数日にわたって龍馬・小谷・佐柳・長岡らで「一戦」の戦略を練っている。

いよいよ長崎に向かう前日、龍馬は五月七日に伊藤助大夫に、自分が留守中は「自然堂」へは「親友という者といえども」一歩なりとも近付けないように頼み、また、「このたび長崎に出ればいかがあい成るかわからないので、左の覚書を差し出しておきます」として、自分が帰れなくなった場合のもろもろの費用の支払いなどについて、こと細かに書き送っている。

また、出発当日の五月八日には三吉慎蔵に、

「このたび出崎するのはご存知の事件ですので、万一ご報知があったときには、愚妻の儀、本国に送り返すべく、国元より家僕および老婆壱人、御家まで参上します。その間どうか愚妻を尊家にお養い置き下されたく万々お頼み申し上げます。」

と書き置いてもいる。

要するに、自分が捕われたり死んだりした場合の後事（こうじ）を託しているのである。いささか大げさにも聞こえるが、それは、今回の紀州藩との「一戦」に危険が伴うものであるとともに、それ以上に、その過程で、自分が幕府から追われている身であることが、ばれてしまう危険性があるからだ。なお、ここで三吉に託したことは、このときは大事に至らず不要になったが、この半年余りあと、龍馬が京都で殺されたときには、三吉がそれを果たすことになる。

いよいよ長崎で、紀州側と土佐側との談判が五月十五日から始まる。席に就いたのは、紀州側は船長・高柳楠之助、一等器械方・岡本覚十郎、航海士・長尾元右衛門ら、土佐側は才谷梅太郎（龍馬）、船長・小谷耕蔵、航海士・佐柳高次らである。明光丸の船長の高柳は蘭学・英学を学び箱館で航海術を修めた航海の専門家であり、岡本も航海経験豊富なベテランである。紀州側の長尾は勝海舟門下にいたことのある塩飽出身の航海士で、土佐側にいる佐柳も同じ塩飽出身であった。

双方の航海日記を交換して討議が始まる。事故の経過を記した史料としては、紀州側のものとして『南紀徳川氏』第四冊（事件の記録を所収）、海援隊側のものとして『長岡謙吉筆記』があり、そのほか、いろは丸乗組員であった大洲藩士・豊川渉が後年に土佐藩から求められて提出した『いろは丸終始顛末（日記抜抄）』（『山内家史料・幕末維新第六編』に収録）等があって、それらを相互に突き合わすことでかなりの程度、事実関係が推測できる。

討議の冒頭で紀州側は、

「我が船（明光丸）は航海の定則によって図線上（両船の航行軌跡を描いたもの）を走る。しかるに貴船は、…。」

と、明光丸は公海上を万国航行規則に従って航行していたが、いろは丸はそれに従っていなかったと主張する。

当時すでに、西洋艦船が頻繁に航行していた日本近海でも西洋の航行規則が適用されていた。それによると、対向する二つの船が公海上ですれ違う場合は、互いに左舷を見せるように走行し、右に回るのが定則になっていた。紀州側は明確に、いろは丸はこの規則に違反していたと申し立てたのである。土佐側はいきなり急所を突かれたことになる。

もっとも、これについては、争点になるのを必至と見て、龍馬らとしても準備していたのであろう。航海士・佐柳が紀州側の示している図は事実に反していると論難し、議論が水掛け論の様相を呈したところで、龍馬が、

「船路のことは互いに弁論しても海上に証跡なし。決しがたい。しばらくはこれを置かん。」

と発言して、この件の討議はそこで尻切れトンボになる。

衝突事故の原因となる最重要な争点でありながら、紀州側はわりあいあっさり引いたことになる。討議は総じてそんな具合で、当初から「戦争」を覚悟で、周到の準備で臨んだ土佐側有利に展開する。談判の場外でも、龍馬らは何かと仕掛けをこらしていたようで、紀州側の記録には、

「四方浮浪、剽悍（ひょうかん）の暴士集合したる海援隊と称する団体ありて、隠顕羅織（いんけんらしょく）、理を非に狂わせ、ややもすれば暴威脅迫の手段に及ぶ。」

などとある。

龍馬は五月十七日付で、[8] 下関の伊藤助太夫に送った手紙で、

「船の論争は私の思うように運び、今長崎に出ています。土佐人だけは皆兄弟のごとく必死にて、誠に面白きこと、たとえるものなし。」

と伝え、「土佐人」が一体となって戦っていることで、ずいぶん満悦のようである。

海援隊士たちが遊ぶ長崎の界隈では、

「船を沈めた　そのつぐないは　金をとらずに　国をとる。」

などと、ざれ歌が流行(はや)ったようだ。
先の徳島藩士・長井長義は『瓊浦日抄(けいほ)』の六月七日の条には、「丸山あたりでこのごろ」はやる歌として、
「沈められたる　つぐない金を　首で取るのが　よござんしょ。」
と書き留めている。

それにしても、紀州側は公海上の衝突事故の評定に当たって、どうして第三者による審判を求めなかったのだろうか。紀州側は国からは遠い地で、しかも海援隊の地元の長崎で談判をするのだから、絶対的に不利である。第三者を加えるなり、第三者に審判を任せてしまうかすべきであった。御三家の一つでもある紀州家がそのつもりになれば、長崎奉行所をその第三者機関にすることもできたであろうし、航海に長けた専門家、あるいは、江戸の勝海舟あたりに審判を頼むこともできたであろう。

そして、そんなことになれば、最も困るのは龍馬である。龍馬にとっては、長崎奉行などが前面に出て来て、こまごま詮索されれば逃げ出すほかはあるまい。いわんや勝などが登場してくると、審判の席に居座るわけにはいくまい。紀州藩がそういったことを一切しなかったことは、龍馬にとっては誠に幸運であった。

紀州側は自分たちが戦っている相手がどのような団体なのか、また、その隊長がどういう人物なのか、ほとんど何も調べていないのである。その隊長がもと脱藩者で、幕府からマークされ、捕吏

殺しのお尋ね者でもあることなど、いくらかでも把握できていたなら、審判は紀州藩有利に進めることができていたはずだ。

談判では結局のところ決着が付かず、最後はトップ会談による政治決着に持ち込まれる。五月二十二日に紀州藩勘定奉行・茂田一次郎と土佐藩参政の後藤象二郎との会談があり、その場で薩摩藩の五代友厚を調停役に立てることが決まる。これまた、紀州藩としては何と軽率なことであろう。五代に第三者的な調停役を期待することなど土台無理な話である。五代は龍馬や土佐商会の岩崎弥太郎とは海運仲間で親しく、後藤象二郎とも知友である。

六月二日、土佐商会の岩崎弥太郎が紀州への賠償金要求の下書きを作成して、後藤、龍馬と相談の上、調停役の五代と会ってそれを仕上げる。五代がその結果を茂田と後藤の両人に示して合意し、次の約定書が交わされる。

証書

一、金、八万三五二六両

内、いろは丸沈没艦代　三万五六三〇両

積荷物等代価　四万七八九六両

右金高を来たる十月限りに長崎表において、相違なくあい渡します。

慶応三年丁卯六月

紀伊殿家来　茂田一次郎

土佐侯御内　後藤象二郎殿

完全に紀州側が加害者であり、土佐側が被害者である。いろは丸を大洲藩が購入したときの値段は一万両ほどであったと言われる。また、積荷について、五代は細かにいろいろの品目を挙げて算出しているが、実際には海底に沈んでしまっていて、その詳細を確かめることはできない。龍馬が談判の席で用いた「船路のことは互いに弁論しても海上に証跡なし。決しがたい」を借用すれば、「積荷のことは互いに弁論しても海底に」て「証跡なし。決しがたい」となるはずだ。

賠償金の額は、龍馬が当初皮算用していた「六万両ばかり」をはるかに上回る八万五千余両である。明らかに土佐側の一方勝ちである。紀州側は、龍馬の交渉力、政治力、人脈、情宣・世論操作などすべてで、圧倒されたわけだ。上記の約定をした茂田は、帰国後その失態が咎められ、一時は切腹を申し渡されるが、後に減刑になって、お役御免の上、逼塞の処分を受ける。

龍馬は調停役を薩摩の五代に頼んだころには、ほぼ勝利を確信していたようで、五月二十八日に伊藤助太夫に書いた手紙で、

「後藤庄次郎も大奮発にてともに骨を折っています。このごろ、長崎中の商人・子供に至るまで、ただ紀州を討ての紀州の船を取れのと、ののしるようになり、知らぬ人まで戦いをすすめに来ます。」

と伝えて、いかにも得意げである。龍馬はこの「一戦」に完勝したのである。

京都で、西郷が奮発して開催に漕ぎ着けた四侯会議が始まっていたころ、土佐侯・山内容堂が後

藤象二郎を上京させるべく、藩船・夕顔を長崎に迎えに差し向ける。龍馬はその件で、お龍に五月二十八日付の手紙の追伸で、

「庄次郎が申すので、この紀州の船の論が片付けば、私も上京します。このたびの上京は誠にたのしみです。」

と伝えている。

いろは丸事件のために龍馬の竹島行きは頓挫してしまったが、京都では緊迫する情勢のなか中央政治を左右する重要な仕事が龍馬らを待ち受けていた。龍馬の関心もそちらの方に向いたようだ。去年暮れの姉・乙女宛の手紙で龍馬は、この政治の仕事のことを「天下の世話」と言い、それは「命さえ捨てれば面白き事なり」と書いていた。

ちなみに、西郷は同じく、政治の仕事のことを、明治四年東京で明治政府の参議を務めていたころになるが、盟友桂久武に送った手紙で、「お互いに娑婆の難儀は引き受けねばならんでしょう」と書いている。「天下の世話」と「娑婆の難儀」、それぞれの言い方が面白い。

## 四　西郷・大久保の確断

慶応三年五月二十四日に、前日からの朝議で最終的に、兵庫開港については条約通りの開港が決まり、長州処置については「寛大の処置」という曖昧な裁定で決着が付けられる。四侯会議は、何の成果も得られないばかりか、むしろ、四侯のあいだで不和を残す結果になる。

このころ五月二十一日に、西郷らのもとを土佐藩参政の板垣退助らが訪ねている。その会合を取

り持ったのは中岡慎太郎で、中岡がその日の早朝に西郷に、

「今日午後、乾（板垣）退助同道でご議論にまかり出たく、大久保先生、吉井先生方にもご都合つけばご同会、願いたき内情でございます。…。」

と伝えている。

会談の模様は板垣の回顧談になるが、『無形（板垣）伯舊夢談』に、

「（同志の皆と相談して）それなら、僕（板垣）が西郷に面会しよう。そして、我が藩論が正に帰さなければ、僕は国に帰って同志を糾合し討幕の義挙に一臂を添えたいということを、…、西郷に伝えたいと云うと、石川（中岡の変名）は手をたたいて、それは妙計だと喜び、君の志がそのごとく勇壮であるなら、僕（石川）は京にいて弾薬火器の供給をすると云った。

そこで、西郷らとの会見ということになった。私は一夕、谷（干城）・毛利（恭助）とともに西郷に小松帯刀の根寓で会った。…。石川は私の話に継いで、僕は薩摩藩屋敷に人質となって、万が一、乾が言に反すれば、僕もまた屠腹して死ぬと云った。西郷は私どもの話を聞き、これは近ごろにない愉快なお話に接した。一議に及ばず。拙者（西郷）は賛成すると快諾した。」[9]

とある。

板垣が「討幕の義挙」への熱い思いを語り、中岡もそれに賛同するのを聞いて、西郷は「近ごろにない愉快なお話」だと直ちに「快諾した」と言う。谷干城はこの会談について、やはり回顧談になるが、

「都合六人で密約ができたが、これは（藩）政府を離れて全く有志間の極密約であった。」[10]

としている。後に「薩土密約」と呼ばれるものだ。

さて、西郷ら薩摩藩指導部は四侯会議の失敗を受けて、慶応三年（一八六七）五月二十九日に、[11]京都藩邸で重臣会議を開く。出席者は家老の小松帯刀をトップに大目付兼家老事務取扱の関山糺（ただし）、側役の西郷吉之助・大久保一蔵・田尻務・内田政風らである。

その会議の評議の結果について、出席者の一人の新納嘉藤二（にいろかとうじ）（立夫）が、

「これより先の策を相談、長（長州）とともに挙事の議、粗（ほぼ、あら）定まる。」[12]

と記録している。

「粗」とあるのは、慎重論もあったということであろう。確かに、「長とともに挙事」となると、それは幕府に対峙しての「挙事」になり、藩としては容易に決められることではない。

前年一月に薩長盟約を結び、その春以来、長州藩士の品川弥二郎が京都薩摩藩邸に滞在していたが、四侯会議の開催に合わせて、さらに山県狂介（有朋）と鳥尾小弥太が、それ以前にいた井上馨と伊藤博文と入れ替わって、やはり薩摩藩邸に潜伏していた。その山県と品川の二人が六月十六日に久光との謁見を許され、久光から直々に薩摩藩の重大な決意を伝えられ、さらにその夜、二人は小松ら幹部と会合して意見交換をする。その会合のことを、二人は連名で国元に次のように報告している。

「西郷・大久保・伊地知列座にて小松曰く、今日主人（島津久光）よりもお話した通り、幕府の

譎詐奸謀は尋常の尽力にてはとても挽回の機これあるまじく、ついては長薩連合同心戮力して大義を天下に鳴らしたく、…。ついては不日（まもなく）、吉之助を差し出し、御国一定不抜の御廟議もうかがいたいとのこと、…。」[13]

「尋常の尽力にてはとても挽回の機」なく、「長薩連合同心戮力して大義を天下に鳴らしたく」とあることからして、山県らが薩摩藩から聞いたことは、兵力をもって徳川幕府と戦うことであろう。山県はまた、久光に謁見した際、久光から六連発の拳銃を授かったようだ。山県はそれに感激して、

「向かう仇　あらば撃てよと　賜りし　筒の響きや　世にやならさん」

と詠んだと言われる。[14]

このあと山県・品川は薩摩船・豊瑞丸で帰藩し、直ちに復命書を提出するとともに、山県は薩摩との共同作戦案を藩庁に提示して、

「第一、時日を刻し暫時に浪速城（大坂城）を落とし、山崎・八幡・天保山の砲台を奪う儀、最も緊要かと存じます。第二、…、奸賊一橋（慶喜）を殺戮し、朝廷の鴻基あい立てたきことかと存じます。…。」[15]

などの五ヵ条を建議している。

薩摩藩側でも、黒田清隆が大坂で山県らを送ったあと、そこから六月二十四日付で国元の黒田清綱に送った手紙で、

「この節、品川弥二郎など帰国の折、村田新八と拙者同伴で下坂いたし、今に滞坂し、とくと花

城（大坂城）あたりの動静をうかがっているところ、…。」

と前置きして、

「お国元より人数お差し出しになり、是非花城をお抜き遊ばされたく、そのご英断あるときは、精兵一大隊、六小隊…、大砲四挺、白砲六挺、…、ご用意ありたく。（中略）兵庫港に幕艦の回天丸・黒龍丸の二艘、ほかに買船三四艘ぐらい碇泊の由、是非花城を抜くときには、…同時に不意に襲撃して、…。」[16]

などと伝えている。

ここで黒田が書いていることは、山県・品川が共同作戦案で挙げている「第一」に完全に一致しており、これらが薩長間で共有された「挙事」の中身であったと見てまず間違いない。

しかし、薩摩藩重臣会議のメンバー誰もが「挙事」をそのように理解していたとは考えにくい。[17] 少なくとも「挙事の議、粗定まる」と記録した新納嘉藤二（立夫）や関山糺らは、後の言動からしても、そのように理解していたとは思えない。彼らは、幕府と対決して、薩摩藩を存亡の危機にさらすようなことにはもとから反対であった。

大久保利通は「六月」付で、国元にいる側役・蓑田伝兵衛宛に次のような出兵準備の指示書を送っている。

「ついに幕府が朝廷を掌握し、邪をもって正を討ち、逆をもって順を伐（うつ）の場合に至っては、案中の勢い故、今いっそう非常のご尽力をなされ遊ばされたい。この上は兵力を備え、声援を張ってご決策の色を顕（あらわ）され、朝廷にお尽くしせずしてはなかなか動き兼ねますので、長州へもお使いを差し立てられる予定です。

ついては、兼ねて、ご模様により太守様（藩主島津茂久）ご出馬仰せ出られて、このたびは自らご上京あらせられるところですが、ひとまず軍艦三艘で一大隊の兵士を差し出され、それが帰帆の上、直にご乗船・ご上京のご用意をされたく、…。

右、一大隊兵士出帆期限の件は長州の模様によって緩急あるので、西郷吉之助自ら差し越し、同人より何分お国元に報知があるはずですのでお持ち合わせ下さい。どのような流説等があっても一歩も動かれないように。」[18]

「ついに幕府が朝廷を掌握し、邪をもって正を討ち、…の場合に至っては」、君側の奸たる幕府を排除して、「朝廷にお尽くし」するほかはないというわけだ。この大久保の指示書については、久光も六月十八日付の茂久宛の親書で、別紙として同じものを送っているので、それの国元送付は了解していたことになる。しかし、その親書の本文では、

「人数（兵隊差出）の儀、申し越してくるでしょうが、この節まではご出張には及びません。きっとご出張の説も起こるでしょうが、必ずお見合わせの方がよろしいと存じます。」[19]

と書いている。

大久保が藩主茂久の率兵上京の準備を進言しているのに対して、久光は「必ずお見合わせの方がよろしいと」としている。久光が考えていることと、大久保や西郷らが考えていることとは、全部

が一致しているわけではない。しかし久光は、ともかく彼らのするようにさせていることになる。

当時の君主は、家臣の言うようにさせておいて、それが仇（あだ）となった場合は、その責任をその者に取らせるというやり方をよくする。家臣もまた、もとよりその覚悟で任務に当たっている。

長州の毛利敬親などは、そういったことを常套にしていたためであろう、「そうせい侯」などと渾名（あだな）されたようだ。実際、そのために長州では、彼のもとで「航海遠略策」を藩論に掲げて公武合体に奔走した長井雅樂（うた）、禁門の変を指揮した益田親施（ちかのぶ）ら三家老、またその後には周布（すふ）政之助や椋梨（むくなし）藤太など、藩政の主導者たちが次々に死に追いやられている。土佐藩でも、先述のように、山内容堂によって間崎哲馬・平井収二郎・弘瀬健太、それに武市半平太らが次々に切腹を命じられており、同様であった。

さて、長崎にいた後藤象二郎と龍馬らは、土佐藩船・夕顔で六月十二日に大坂に着き、後藤は翌日に、龍馬は翌々日にそれぞれ入京する。龍馬の「船中八策」が知られているが、それはこの船中で起草されたものとされている。もっとも、そういった実際の文書がのこっているわけではなく、世に出ているものは後に加工されたもののようだ。[20] しかし、このころの船旅は、しばらく船中で寝食をともにすることになり、じっくり議論を交わすのには格好の機会になる。龍馬と後藤らはこのとき、いろは丸事件の賠償金獲得で予想以上の成果を収め、上々の気分で大政奉還について話し合ったことは十分に想像できる。優れた海援隊文司（書記）の長岡健吉も同伴していたので、あるいは、その結果を何かの記録に残し、それが後の「新政府綱領八策」につながったとも見られる。

後藤・龍馬らが着京したときには、山内容堂はその半月も前に板垣退助らを従えて早々と離京していた。西郷がこの三月に高知を訪ねたときには、容堂は四侯会議参加への約束をして、「このたびは死を目的とすべし」などと話したとも聞いていたので、西郷はさぞかし、がっかりしたことであろう。容堂は酒を愛し「鯨海酔侯」などと自称したが、当時も巷間では「酔えば勤王、覚めれば佐幕」などと揶揄（やゆ）されていた。

入洛した後藤はさっそく、龍馬・中岡を仲介役として薩摩藩との折衝を始める。このころの両藩の交渉ならびに薩摩藩の内情については、土佐藩士・寺村左膳（道成）が日記や手記でいろいろと書きのこしている。寺村は容堂の側近で容堂の帰国後も京都に留まって、薩土盟約の締結にもかかわっている。その寺村の六月十八日の日記に、

「薩藩田中幸助（後の中井弘）は後藤とことのほか懇意の由にて、日々出会するというこの人、後藤氏の大議論に同意なり。よって、当時在京していた西郷吉之助等の論議は余りに暴論で、とても行えるものではない。それより、後藤氏の目的のごとく運ぶべしとの見込みの由。西郷吉之助の論は、かれこれ議論するも益なし、早々兵端を開き、幕府を討たんとする見込みなり、ということなり。」[21]

とある。

ここに出る田中は、一度は薩摩藩を脱藩したことのある人物だが、この年五月にイギリス密航から帰国したあと薩摩藩京都藩邸に出入りしていた。田中は薩摩を脱藩したあと土佐に逃れ、後藤が助けてイギリス密航までさせたこともあって、二人は「ことのほか懇意」であった。土佐藩と薩摩

藩は山内家・島津家両家が姻戚関係にあったため、藩士同士でも往来があり、脱藩についてもこのようなことが起きたようだ。この田中とまったく逆のケースに、吉田東洋暗殺実行犯の大石団蔵の事例がある。大石は暗殺後高知を脱出し、薩摩藩に亡命して奈良原繁の養子になり、その後、薩摩藩士としてイギリスに留学してもいる。

六月二十二日に、薩摩藩の小松・西郷・大久保、土佐藩の後藤・福岡・寺村・真辺ならびに「浪士の巨魁なる我が藩の者、坂本龍馬・中岡慎太郎」（寺村の日記の記述）が一堂に会して薩土盟約を結ぶ。

この盟約の締結について、西郷は七月七日付の山県・品川両名宛の手紙で次のように書いている。この手紙は、薩土盟約締結のあと西郷が、帰国した後藤の再上京を待つことになって、約束通り長州に行けなくなり、村田新八が代行した際に届けたものだ。

「（貴兄らと）ご堅約しました後、土州の後藤象二郎が長崎表より参り来て、容堂侯のご帰国をはなはだ残念がり、大いに憤発して大論を立て、…、その上、死をもって尽くすべしと盟（ちかい）を立て、弊邸へも談判がありましたので、実に渡りに船を得た心地がして、すぐさま同意致したことです。それゆえ、いろいろ日間（ひま）取りして（長州訪問が）遅れてしまい、はなはだあい済まず、…。

後藤より盟約書を認（したた）め、これをもって議論一決致しました。右の書面差し上げますので、とくとご覧ください。後藤も当月三日にここをたち帰国しましたので、国論（土佐の藩論）決着の成り行きはいずれ一左右（一報）あるはずですので、分かり次第またまた報告します。…。」

ここで西郷が「後藤より盟約書」と書いて、長州側に渡しているものが薩土盟約書の写しである。八ヵ条から成る盟約のなかから三ヵ条を抜粋する。[22]

一、（前略）その要、王政復古、…。国に二王なし、家に二主なし、政刑一君に帰す。これその大条理。…。

一、天下の大政を議定する全権は朝廷にあり。我が皇国の制度法則一切の万機、京師の議事堂より出ずるを要す。

一、将軍職をもって、天下の万機を掌握する理はない。自今（今より）よろしくその職を辞して、諸侯の列に帰順し、政権を朝廷へ帰すべきは勿論なり。

要点は、「王政復古」を謳い、朝廷のもとに「議事堂」を設けて「制度法則一切の万機」を一途より発するようにし、徳川幕府は政権を朝廷へ返上し、「将軍職」を「辞して、諸侯の列に帰順」する、というものだ。幕府に大政奉還と将軍職の辞退を迫っている。

ところで、西郷は上の山県・品川両名宛の手紙で「実に渡りに船を得た心地がして、すぐさま同意致した」としているが、これは、ただ盟約が結ばれただけではなく、後藤の率兵再上京の約束があったからのようだ。ただし、この率兵については、後藤と西郷のあいだで認識が一致していたかどうかは怪しい。佐佐木高行はその率兵について、『保古飛呂比(ほごひろい)』(以下、佐佐木の記録と呼ぶ)の七月三日の条で、

「後藤はじめ帰国する。その節、自分より後藤へ十分出兵ありたい旨を相談した。その訳は、このたびの建白は不容易の義に付き、兵を備え周旋せずしては、必ず(幕府側の)兵力に圧せられると申したところ、後藤同意し、帰国の上その運びに致すべく云々。」

と記している。

これからして、後藤が佐佐木の勧告に「同意」した「出兵」というのは、建白の後ろ楯にするための兵であり、挙兵のための兵ではない。また、次に挙げる史料からは、後藤が西郷に挙兵のための率兵を約束したなどとは考えられない。宇和島藩主・伊達宗城(むねなり)は『在京日記』の七月一日の条に、後藤が帰国の挨拶に来たことを次のように記している。

「後藤参。明後日出立(帰国)の由。…。薩の西郷は目下(もっか)戦いの意気あり。象(象二郎)より重々(じゅうじゅう)留め置いたが、この方(宗城)よりも(話が)出れば重々戒めてくれるようにと申すので、承知したと申しておいた。また云う。会桑ではことのほか気を付けており、もしサツ(薩)の三人小・大・西(小松・大久保・西郷)などへ召し捕る策などを施せば、直(じき)にヤブレてしまう大事と申す故、実々左様なり。」

これからすると、後藤は、西郷の「目下戦いの意気」が強いのを心配して「重々留め置いた」こ

とになり、また宗城にも、機会があれば「重々戒めてくれるようにと」頼んだことにもなる。そんな後藤が西郷に、挙兵のための率兵を約束するはずがない。

もっとも、西郷の方も、兵の使い方はともかくも、土佐藩がそれなりの兵員を京都に配備してくれれば、それでよかったのかもしれない。いずれにしても、西郷が後藤の率兵再上京を信じて待っていたのは事実だ。後藤が離京した一ヵ月後の慶応三年八月四日付の桂久武宛の手紙で西郷は、

「土州の憤発、近来国論も定まり、後藤象二郎の大議論も容堂侯がご許容になったことは一左右ありました。…。先月中には是非後藤など上京の筋申し来ていますが、いまだ着かず。決して議論が変わったということではなく、長崎で英国人殺害に遭い、土州人へご不審がある由で、段々難しくなっていると聞いています。」

と書いている。

後藤は七月三日寺村左膳らとともに京都をたち八日に高知に着き、直ちに土佐政庁に大政奉還建白策を建議して、政庁は翌九日にはそれを承認している。しかしその際、容堂は出兵を禁じている。したがって、西郷がいう「議論が変わったということではなく」というのが、後藤の率兵を含めて言うものであるなら、それは事実ではない。

さらに、少し後のことになるが、後藤が再上京してきた際、後藤に同行していた寺村左膳が、後藤と西郷が大坂で会ったときのことを『寺村左膳手記』（以下、『手記』）に、

「九月三日着坂。左膳・象次郎両人、西郷吉之助の旅宿へ行き面会。その節の応答の大略次の通り。

一、第一、吾が藩の出兵のことを問うたのに付き、国元には用意しているが、未だ発していない。
一左右次第で上京のつもりだと答えた。」[23]

と記している。

西郷はやはり、後藤に会うなり、「第一」に土佐藩の「出兵のことを問うた」ようだ。西郷が後藤の率兵再上京を待っていたことは間違いない。

ところで、西郷は七月二十七日に大坂でアーネスト・サトーと会見している。そのときに、英国人水夫殺害事件のことが話題になり、それについて西郷は上でも引いた八月四日付の桂久武宛の手紙で次のように書いている。

「ミニストル（英国公使パークス）より言って来ているのは、このたびのようなことが到来すると、このようにまで親睦している（薩英）両国のあいだでも、たちまち瓦解してしまうことになるので、よくよくそのところをくみ取って、壮士たちへも十分に注意してほしいとのことでした。（中略）もしや御国に右のようなことがあったなら、私はご相伴（しょうばん）に割腹して謝（あやま）らずしては、これまでの親睦は水の泡になってしまうと決着しています。このたびの土州の談判に加わって、私の首を質物に差出す含みに決めておりましたが、これもせずに済みました。ただ、異人を圧倒すべきことはただ一つ、これにあると兼ねてから考えています。異人は自刃することはできない由ですので、目前にて見事に割腹すれば、少しは膽（きも）を冷やすことだろうと考えています。」

英国人水夫殺害事件が起きたことで、英国側から受けた注意を国元の桂に知らせているのだが、そのなかで西郷は、自分も「このたびの土州の談判に加わって、私の首を質物に差出す含みに決めておりました」と言う。土佐藩の嫌疑が晴れて、そういうことはせずに済んだが、どうやら西郷は、自分自身が異人の前で割腹することを大まじめに考えていたようだ。

いかにも西郷が考えそうなことだが、それにしても、もしほんとうに西郷がこのとき、そんなことを考えていたとすれば、西郷は薩土盟約の履行や長州との「挙事」といったことを、いったいどの程度真剣に考えていたのか疑われる。土佐藩の水夫殺害嫌疑の処理のために自分が死んでしまったのでは、それらは何も果たせなくなる。

西郷には、時にこのような言動が見られる。飛躍というか本末転倒というか、理解に苦しむところだが、特に上のように、自分の命（いのち）が何かに使えると思ったときに、そういった考えが急に頭をもたげるようだ。以前、二度目の遠島後、赦免されて京都に呼ばれたときも、こじれている薩長関係の解決のために、島津久光に自分の命を使うことを申し出ている。その件で、西郷は元治元年四月に、やはり桂久武に送った手紙で、次のように書いている。

「先月下旬、長州の大臣と御末家が着坂と聞こえ、すぐさま大坂長州の邸に参って説破したく、一同に申し述べたところ皆々もっともということで決まっておりました。しかし、ひとまず（久光公の）お耳に入れてから定めるべきだということになり、お待ちし、お目見えすることになり、詳しく申し述べたのですが、殊勝のことながら、今回は先ず見合わせるように達しがあり、控えることになりました。
長薩の間隔（不仲）も畢竟、幕府の離間策に陥ったものと思われます。とても、説得するのは難しいことで、（私が行っても）承諾せず、そのまま帰し難く、殺すことになれば、長州は人心を失うことになるはずで、…。
その節、一詩を綴りました。ご一笑下さい。

　誓って長城に入って身を顧みず
ただ皇国を愁（うれ）えて和親を説く
たとえ首を投げうって真卿（しんけい）の血となるも
これより多年賊人を駭（おどろ）かさん

是非、長州に入って殺されたいと願っていたところ、今になって無になったような次第です。」

自分が説得に乗り込んでも、うまくいかず、殺されるかもしれないが、その場合はそれで、「長州は人心を失うことになる」と言う。一ヵ月ほど前に都合五年もの遠島から帰還したばかりの西郷に、この時期のこじれた薩長関係や政治情勢が十分に呑み込めていたとは思えない。久光からは、やはり「殊勝のことながら」と、やんわり拒否されている。

西郷のこういった言動は、この後もしばしば現れ、そのため政局を大きく揺るがすことにもなる。明治六年に西郷が主張した自身の朝鮮遣使論がその事例に当る。それについては、第八章で述べる。

当時の武士は死を厭わないことを美徳とした。死を賜れば「従容と死に就く」ことを武士の誉れともした。西郷はそういった武士の規範のもとで、若いときからずいぶんと自身を鍛え上げてきた。島津斉彬のもとで、いつでも死ねる気構えで献身的に仕え、斉彬の死後、僧・月照とともに入水自殺を図ったこともある。しかしそのときは、自分一人が蘇生したため、以後「土中の死骨」になって「皇国のため暫く生を貪りおる」ことを決める。

その後、西郷は国事に携わって何度も自分を死地に置いている。一回目の遠島のあと、召還されて文久二年三月に任務に就いたときには、尊攘派の有志や浪士の暴発を抑えるために自分が「死地に入らなくては死地の兵を救うことはでき」ないとして彼らの懐に入り、また、長州征討の総督府参謀格に就いたときには、「戦って死ぬも、謀って斃れるも同様」として、自ら長州の先鋭部隊の真っただ中に乗込んだ。

西郷には、自分の死を何かに使おうとする習癖があったように思われる。西郷にとって死は、必要な時いつでも応じられるものであり、また、主君や天下国家のために役立つものでなければならなかった。そういった死生観を西郷は生涯持ち続けている。

さて、話をもとの薩土および薩長の関係に戻そう。長州藩は、西郷に代わる村田新八の来訪後、さっそく、参政の御堀耕助と直目付の柏村数馬を京都の薩摩藩邸に送る。薩長盟約の上に新たに薩土盟約が加わったことで、その先行きをつかんでおきたかったからであろう。慶応三年八月十四日にその御堀・柏村と小松・西郷・大久保との会談があり、その内容を国元の藩庁に正確に報告するために、柏村が会談の模様を「我」と「彼」という質疑応答の形式で記録している。以下、それから抜粋する。[24] ここで「彼」は薩摩藩側を指し、その責任者は家老の小松であるが、案件が軍事上のことであったので、答弁の中心は西郷であったと見てよい。

「我　（薩摩側が「弊藩はもはや人事は尽くし、この上は兵力をもって」云々と述べたことについて）右のようにお聞きするところでは、定めてご秘策もお持ちのことと存じます。これまた帰国の上、（藩主）御父子様へ申し上げたく、できますれば委細をお聞かせいただきたく存じます。

彼　薩邸に兵員千人おりますので、期を定めたならその三分の一をもって御所の守衛に繰り込み、このとき正義の堂上方が残らず参内され、お詰になる。今一分をもって会津（藩）邸を急襲し、残る一分をもって堀川辺の幕兵屯所を焼き払う策です。かつ、国元に申し遣わし、兵員三千人を差し登らせ、これをは浪速城（大坂城）を抜き、軍艦を破る策です。

なお、江戸表には定府の者そのほか取り合わせ千人ぐらいまかりおり、ほかに水戸藩浪士等同志の者、所々に潜伏していますので、これをもって甲府城に立て籠もり旗下（幕府側）の兵隊を京師に繰り込むのを支える（防ぎとめる）策にて、期を定め、三都一時に事を挙げるつもりです。もとより勝敗利鈍は予期できませんが、弊国斃れるときはまた、あとを継ぐ侯藩もあるやと、それを見詰めて（見定めて）一挙動する心算です。

我　逐一承知しました。右のような事態に立ち至ったときは、自然、（御所が）出火して新帝（天皇）が火除け遊ばされる節は、いずれにご治定（お移りに）なられるのか承りたい。

彼　まず、男山（石清水八幡宮）と治定しています。いずれご混雑にもなるでしょうが、期限前後にお立除(たちょ)け遊ばされるかどうか、取り入ったお話は今日は申し難いところです。」

以前に山県・品川が、小松・西郷らから長州との「挙事」のことを聞いていたが、柏村らはその後に新たに薩土盟約が加わり、改めて薩摩藩が立てている策を具体的に聞き出そうとしている。それに対して、小松・西郷らは「三都一時」の挙兵計画を告げている。もっとも、「三都一時に事を挙げる」と言っても、それは幕府との全面対決しようとするものではない。

要は御所を封鎖してクーデターを起こすためのもので、天皇の身柄を確保し、その動座（御所から他所への移動）もあり得るものだ。西郷らも薩摩一藩の兵をもって幕府と全面戦争ができるとは考えていない。大坂で「浪速城を抜き」としたり、幕府方が江戸から「兵隊を京師に繰り込むのを支える」などとしたりしているのは、いずれも京都でのクーデターを成功させるためのものである。もっとも、上のように「三都一時に事を挙げ」て、幕府との全面戦争にならない保証はどこにもない。

続いて、さらに長州側の質問に対し、薩摩側は次のように応えている。

「彼　前にお話申し上げた件、もとより（兵員）少人数につき不意に起こさずしては仕損じますので、急挙を専一にしてあらかじめ策を立てているわけです。それ故、弊藩でもごく密議にて、君侯以下両三輩のほかは預かり聞いている者はなく、同志の堂上方へも当日に至ってご内通する含みで、遂げられるかどうかは万々覚束（おぼつか）ないのものの、打ち破るだけのことは且々（かつがつ）できるかと考えています。

弊藩において討幕は仕（つかまつ）らず、事を挙げた後、趣きにより、討将軍の綸旨（りんじ）[25]は差し出されるでしょう。これはご同志の堂上方より粗（あら）（天皇の）ご内意を探索されているとのことです。」

このところの前段の説明からも、上にある「一挙動」が奇襲による御所封鎖のクーデターであることがわかる。そしてそれは、これまでの経緯やこのあと実際に起きた十二月のクーデターからして、天皇を確保して、政変によって王政復古を宣言し、新政権の樹立を目指すものであったと見てよい。

ところで、上の後段部分で薩摩側が「弊藩において討幕は仕らず、事を挙げた後、趣きにより、討将軍の綸旨は差し出されるでしょう」としているところの意味がつかみにくい。「討将軍」というのは、将軍徳川慶喜を討つということになるから、徳川幕府を討つに等しいはずだが、「討幕は仕らず」と言っていることからして、「討将軍」と「討幕」とを分けているようだ。あるいは、自分たちが事を挙げてクーデターに成功すれば、「後に、趣きにより討将軍の綸旨」が下り、それによって、いずれ「討幕」が成るという意味であろうか。

あるいは、「討幕」を直接的に言わずに、「討将軍」と言っているところに含みがあるのかもしれない。この二ヵ月後に、実際に朝廷から勅書が下るが、それは確かに、「賊臣慶喜を殄戮（てんりく）し」云々と命じるものであって、「討幕」を直接的に命じるものではない。

この意味合いを明確にはしがたいが、西郷らに「討幕」の意志はあったとしても、それを表立っては言いにくい事情があったのも事実である。この当時、薩摩藩は各方面から何かにつけ、徳川氏を倒して天下の覇権を握ろうとしていると見られていた。土佐藩の寺村左膳の『手記』によると、薩土盟約の交渉を進めていたころ、後藤が薩摩側に、

「このごろ密（ひそ）かに聞く事あり、貴藩は長州と約して兵を挙げ幕を討つとの意、…。それは理を得るといえども、未だその時を得ず、今の時に当たっては真の叡慮（天皇のお考え）より出ないものは私闘の責を逃れ得ない。」[26]

と説いたとある。

西郷らも「幕」との戦いが、徳川幕府を倒して薩摩藩が天下の覇権を取ろうとする「私闘」や「私戦」と見られやすい事情はよくわかっていた。そういうところからも、「討幕」は言いたくなかったのかもしれない。

なお、ここに出る「幕」という言い方は、前にも触れたが、このころ上の後藤のほか、西郷・大久保らは無論、龍馬や志士・浪士たちもよくしていたもので、それは普通、鎌倉幕府以来の一般用語としての幕府ではなく、徳川幕府ないしは徳川氏を指す。したがって、上のように「幕を討つ」と言うのも、ことさら鎌倉時代以来の統治権力としての幕府を倒すというようなものではなく、徳川幕府ないしは徳川宗家を討つという意味である。

西郷らが「討幕」を言いたくないのは、当時この用語が通常、否定的な意味合いで使われていたからでもある。たとえば、土佐藩の国元では、慶応三年八月二十日に大政奉還の建白を正式に決定

した際、同時に藩主山内豊範(とよのり)名で発せられた訓告には、

「このごろ猥(みだり)に討幕などと唱える者これあるやにあい聞こえる。もってのほかのことである。……。」[27]

とある。

また、薩摩藩でも同じく、次章で見るように、国元で九月に「討幕」を戒める訓告が発せられている。

「討幕」が徳川幕府ないしは徳川氏を討つ意味であれ、また仮に、鎌倉時代以来の幕府制を打倒するものであれ、幕藩体制のもとで存在している大名家や藩にとっては、それは危険きわまりない思想である。藩政府が上のような訓告を出すのは当然だ。

西郷や大久保らの幕府に対する姿勢は、藩内でも討幕を目論むものと見られて強い反発を生んでいた。市来四郎が編纂した『石室秘稿』の慶応三年七月一日の条で、国元の情勢として、

「京師では討幕論がしきりに起こっている由、いかが相成るべきか、有志のあいだで歎息あり。」[28]

とある。なお、ここで市来が言う「有志」というのは、西郷らからすると、言うなら「俗論派」である。この時代、「有志」というのは、単に志(こころざし)を持つ者を指すのではなく、自分たちと同じそれを持つ者を指す。

なお、戦争を危惧していたのは、ここで市来が言う「有志」や一般藩士だけではなかった。西郷

や小松にきわめて近く、国元で出兵準備に当たっていた家老の桂久武は、八月十二日付で小松宛に、「なるべくは皇国のため、干戈に及ばず、一新のご処置あるべしと祈っています。一戦は難しくて易く、後のご処置においてはなはだ難しいと深く心痛しています。」[29]
と書き送っている。
「一戦は難しくて易く」の言辞は含蓄に富む。同役の家老小松としては、胸に響くものがあったであろう。

西郷は薩摩藩の軍事部門の枢要の地位にありながら、自身の人物好悪を、わりあい直裁に言動に表す人であった。そのために、西郷を危険視したり敵視したりする者は、藩内でも少なくなかった。上に出る市来四郎などもその一人だが、このころ国元にいた奈良原繁は、西郷らの討幕論は御国の存亡にかかわるとして、自分が上京して説得し、西郷が聞き入れない場合は斬り捨てるとまで言ったようだ。

土佐藩の寺村左膳は薩摩藩のそのような様子について、『手記』の九月二十六日の条で、
「一、薩の情実を探るに、このごろ鹿児島表国論二端に分かれ、京師の論と表裏すると。京師邸もまた二派になっていると聞こえる。高崎左京（正風、左太郎）四五人一派の巨魁なりと聞く。
一、薩の大監察町田民部…、言うに、西郷の挙動は児戯に等しいと。…。
一、薩の二大隊ばかりはすでに西郷に背き、もし西郷が事を発したなら、かえって吾、内を討たんとする勢いなりと聞く。西郷・大久保は決して撓めず、是非事を発する勢いなり。」

と記している。

小松・西郷・大久保らは藩内でも必ずしも主流派ではなかった。反対派を抑え込み、あるいは宥めすかし、また脅し欺きながら、徳川政権打倒の歩を速めていかねばならなかった。

注

1 松岡司『定本坂本龍馬伝』新人物往来社、二〇〇三年、四五八頁、参照。

2 なお、これの実際の起草者については、山田一郎氏は『海援隊遺文』(一九九一)で、「このボキャブラリーは龍馬のものではない」として、「長岡謙吉ではないか」とされている(二四四頁)。

3 この竹島開拓については、小美濃清明氏の『坂本龍馬と竹島開拓』(二〇〇九)が詳しい。

4 『伊達宗城在京日記』、四九七頁。

5 『続再夢紀事』六、三〇三頁。

6 同上書、三四二頁。

7 『岩倉具視関係文書』三、三五七頁。

8 宮地佐一郎『龍馬の手紙』等では五月二十七日付とされているが、翌二十八付の同じ伊藤助太夫宛の手紙にある「その後は益々ご勇壮なされていることと大賀申し上げます」とする書き出しや二書の全体的な内容の照合からしても、二十七日のものとは思えない。松岡司氏が『定本坂本龍馬伝』(二〇〇三)で、これを「十七日伊藤助太夫へだした手紙」としているのが正しいと思われるので、それに従う。

9 『山内家史料　幕末維新』六、二二三頁。

10 同上書、二二九頁。

11 この重臣会議は一般には、五月二十五日とされているが、高橋裕文「武力倒幕方針をめぐる薩摩藩内反対派の動向」(家近良樹編『もうひとつの明治維新—幕末史の再検討』)の注7によると、新納の日記原文(写本)では五月二十九日となっているそうで、ここではこちらを採用している。なお、大久保利通の日記では、この時期、毎日日記が綴られ、現に二十五日も二十九日も記載があるのに、この重要な会議の記載が一切ない。やや不思議である。

12 『大久保利通文書』一、四七九頁。

13 『修訂防長回天史』五編下九、三一九頁。

14 徳富蘇峰『公爵山縣有朋伝』上、七七五頁。

15 『維新史』四、六七四頁。

16 『鹿児島県史料　忠義公史料』四、四二二—四二三頁。

17 高橋裕文氏は前掲論文で、このとき薩摩藩京都指導部では、「倒幕挙兵」を掲げない「公式方針」と明確にそれを打ち出した「秘密方針」の二つが並立していたとされている。

18 『大久保利通文書』一、四七六―四七七頁。

19 『鹿児島県史料　玉里島津家史料補遺南部弥八郎報告書二』、七三九頁。

20 この件については、知野文哉氏が『「坂本龍馬」の誕生』（二〇一三）で詳細に考証されている。

21 高知県佐川町立青山文庫・所蔵資料集5『寺村左膳道成日記』三、一九頁。

22 この盟約書については、青山忠正氏が『明治維新の言語と史料』（二〇〇六）で、史料批判をして既往説を否定している。もっとも、盟約書の約定内容については、青山氏が正しいとしているものと『西郷隆盛全集』二（二一九―二二二頁）や『大西郷全集』一（八六四―八六八頁）に掲載のものとで変わるところは特にないので、ここでは、『全集』掲載のものから引用している。

23 「寺村左膳手記」、『維新日乗纂輯』三、四八〇―四八一頁。

24 『修訂防長回天史』五編下に「柏村日記抄出」が三四五頁から掲載されている。また、青山忠正氏が山口県文書館蔵毛利家文庫の「柏村日記」から一部であるが、直接引用されているもの（『明治維新と国家形成』、二六六―二六八頁）があって、両者でいくらか文言等に違いがある。ここでは青山氏のものを主に使わせてもらっている。

25 この「論旨」のところは、実際の史料では「倫旨」や「論旨」となっているが、意味内容からして、どちらも綸旨の誤字と思われる。

26 「寺村左膳手記」、前掲書、四七六―四七七頁。

27 『山内家史料　幕末維新』六、五〇七頁。

28 『鹿児島県史料　忠義公史料』四、四二六頁。

29 高村直助『小松帯刀』吉川弘文館、二〇一二年、一八六―一八七頁、参照。

# 第七章　大政奉還

## 一　龍馬の土佐回帰

龍馬は、慶応三年一月の終わりに長崎で後藤象二郎の歓待を受け、以来その後藤と、いろは丸衝突事件で一体になって紀州藩側と戦い、また、六月にはいっしょに上京して六月二十二日には薩土盟約を結んでもいた。このころの龍馬の後藤象二郎への惚れ込みようは並大抵のものではなかった。

　このとき満年齢でいうと、龍馬三十一歳で後藤が二十九歳であった。二人は気性が合い遊び好きなところもよく似ていて、馬が合ったようだ。それに、脱藩して流浪している龍馬にとって、同郷人と一体になって働ける喜びは、ほかには代え難いものであった。いくら親しくしても、その喜びは、勝、西郷、木戸らとの共同では得られないものだ。人にとって、生まれ育った郷里が同じということは、共有するものも多く、何か特別の感情を抱かせる。

龍馬は六月二十四日付で、兄の権平と姉の乙女にそれぞれに後藤について、次のように書いている。兄・権平には、

「国家（土佐）の事をほんとうに心配しているのは後藤象次郎、福岡藤次郎、佐々木三四郎、毛

利荒次郎（恭助）にて、中でも後藤をもって第一の同志と致し、天下の苦楽を共に致しています。」と書き、また姉・乙女には、彼女が以前に後藤のことを罵倒して、龍馬のしていることを「御国の姦物役人にだまされ」、「利をむさぼり、天下国家のことを忘れている」などと書いてきていたのに、反論して次のように書いている。

「また、（「天下国家のことを忘れ」）御国（土佐）のために力を尽すと仰せられるが、これは土佐で生まれた人が、またほかの国に仕えては、天下の大議論をするのに、書生にまで二君に仕えているように言われ、また、女の二夫に仕えるように言われ、自身の議論が貫きかねる故に、浪人をしてきたのです。…。

私も京に出て、日々国家天下のため、議論し交わっています。御国の人は後藤庄次郎、福岡藤次郎、佐々木三四郎、毛利荒次郎、石川誠之助〔この人は私同様の人〕、また望月清平〔これはずいぶんよき男なり〕、なかでも、後藤は実に同志にて、人のたましいも志も、土佐国中でほかにはあるまいと存じます。…。私一人で五百人や七百人の人を率いて、天下の御為をするよりは、二十四万石を率いて天下国家の御為致すがはなはだよろしい。」

龍馬はこのとき、土佐藩の同志と一体となって働き、ほとんど、土佐藩士に戻ったような気分になっている。当時の人々にとって、日本や皇国、神州といった概念はあったにしても、自分の国と言えば、やはり土佐、薩摩、長門（長州）などであり、特に武士にとっては、山内家、島津家、毛利家の領国こそが「御国」であった。脱藩士の龍馬も、これまで藩を捨てて浪士として奮闘してきたが、土佐藩から脱藩の赦免が出て海援隊の隊長にもなり、ここに来て相当に御国返りしている。

薩土盟約が結ばれ、後藤が京都から帰国の途に就いていたころ、長崎で慶応三年七月六日に、英国船イカルス号の乗組員二人が何者かに殺される事件が起きていた。花街で遊んだあと、泥酔して路上で寝ころんでいたところを襲われたのである。被害を受けたイギリス側は、その下手人を、当日の長崎港の船の出入りから土佐藩船の乗組員と割り出し、長崎奉行所や幕府そして土佐藩に対して強硬な態度に出ていた。

土佐藩の大監察・佐佐木高行は、老中・板倉勝静からその件で英国公使パークスが土佐に向かうと聞かされ、それへの対策を練るために帰国の途に就くが、その八月一日の彼の記録に、

「七ッごろ兵庫着。すぐさま三国丸（西郷・小松が手配してくれた薩摩藩船・三邦丸）に乗込む。このとき小舟で急に来る人あり。近寄り見ると坂本龍馬なり。越前の春嶽公より老公への書簡を持参した。このたびの英人との事件を春嶽公が心配されてのご文通の由。坂本はこれより帰京の心づもりのところ、運転が始まっている場合にて、いろいろ話もあるなか、すでに出帆、そのまま同乗して高知に向かった。」[1]

とある。

このとき龍馬は、高知へ行くつもりでやって来たわけではない。しかし、佐佐木との話し合いで、英人水夫殺害事件の嫌疑がかかっている船が土佐藩船で、それに海援隊員が乗組んでいたことがわ

かり、佐佐木に同行することになったようだ。[2]

ところが、須崎港に着いたものの、龍馬は上陸できなかった。その翌日の八月二日の佐佐木の記録に、

「龍馬は兵庫より計らずも乗船にて、須崎に着いたところ、同人は両度までも出奔したことにて、御国内では脱走人として上陸すれば、国法に許さざるところなれば、…、夕顔船に乗り移らせて船中に潜伏した。」

とある。

龍馬は土佐藩から正式に脱藩の赦免を受けて、長崎や京都ではそれなりに活動できたが、国元の高知ではそうはいかなかった。

佐佐木はさっそく城下に入り、翌三日に板垣ならびに後藤に会って、それぞれから藩内の様子を聞き出し、次のように記録している。

「八月三日、五つ（朝八時）ごろ高知着。…。今日ちょっと乾（板垣）退助に面会する。乾は大いに不平で、後藤は大政奉還がされれば、即日将軍（慶喜）を関白に申し立てるつもりだと言っている。そのような精神ゆえに、出兵等は深く嫌い、老公によいことを申し上げ出兵のご沙汰は止まった（と板垣は言う）。（中略）

また、後藤にちょっと面会したところ、曰く、自分も実に困却している。兼ねて約束の通り、二大隊の兵は速やかに出す心得のところ、老公の思召しは、大政返上等の周旋をするのに、後ろ楯に

兵を用いるようなことは、強迫手段であって不本意千万なり。天下のために公平心をもって周旋するのに、どうして兵を後ろ楯とするか。出兵無用の御意なり。」[3]

板垣は先の「薩土密約」でもわかるように、討幕論者だからもとより出兵に賛成なのだが、「後藤は大政奉還がされれば、即日将軍（慶喜）を関白に申し立てるつもり」で、「出兵等は深く嫌っていると佐佐木に伝え、一方の後藤は佐佐木に「二大隊の兵は速やかに出す心得のところ」、容堂公の反対にあったと話したようだ。

ここで佐佐木が後藤から「二大隊の兵は速やかに出す心得のところ」と聞いていることからして、西郷もやはり、後藤離京時に彼からそのように聞いていたことになろう。このあと土佐藩政府は、八月二十日に「御国論（藩論）」として、幕府に大政奉還を建白することを決め、併せて、出兵は見合わせることも正式に決めている。[4]

龍馬は、佐佐木が上陸して再び夕顔に戻って来る十日ほどの間に、着港した同日の三日には、幕府外国奉行・平山図書頭（ずしょのかみ）が搭乗する回天丸が須崎港に入るのを、また六日には、英国公使パークス搭乗するバジリスク号が同じく須崎港に入るのを目の当たりにしたことになる。土佐藩からは後藤象二郎が代表として派遣され、英・幕・土のあいだで交渉が夕顔等の船上で行われる。後藤はその場で、ここ土佐で談判しても埒（らち）が明くはずはなく、現地調査による事実確認がまず必要と強硬に申し入れて、交渉の場を長崎に移すことに成功する。

その長崎での交渉には、佐佐木が土佐藩特使として派遣されることになり、佐佐木は龍馬を隠していた夕顔に搭乗して、八月十二日に須崎港を出帆する。佐佐木の記録に、

「長崎に行き、かれこれご用談いたすことになり、…。すぐさま夕顔船に乗り移り、九ッごろ須崎出帆。船長は由比畦三郎、乗組員は『サトー』、…、他に坂本龍馬・岡内俊太郎也。」

とある。

「サトー」はパークスに随行して来ていたアーネスト・サトウのことだ。このとき、龍馬も船中でサトウと顔を合わすぐらいのことはしたであろう。もっとも、サトウの『日本での一外交官』(一九二一)には、このときにはまだ龍馬の名前は出てこない。もう少し先のことになる。

サトウは上陸して、高知城で山内容堂に会ってもいる。そのときのことを、サトウは上記の本で、[5]

「容堂と後藤は、…、(自分に)憲法や国会の機能、選挙制度などについて質問した。彼らのなかに、大英帝国の憲法に似たものを制定しようという考えが深く根差していることは明らかだ。」

と記し、また、次のような人物評も書き留めている。

「後藤は我々がこれまでに会った日本人のなかでも最もよく頭の働く人物の一人であったので、ハリー卿も彼のことが大いに気に入った。そして私の見たところでは、ただ西郷だけが人物性の点で後藤よりも一枚上だ。」

サトウは薩摩びいきで、薩摩藩士との交流も多く、西郷は特に好きであったようだ。

このあと、佐佐木と龍馬は長崎で一ヵ月余りにわたって、土佐藩士に掛けられた嫌疑を晴らすために、一心同体のごとくになって働く。この間にのこる、龍馬の数多くの佐佐木宛の手紙と佐佐木の記録がその親密ぶりをよく物語っている。

八月十二日に須崎を出帆した夕顔は十四日に下関に寄港し、龍馬は久しぶりにお龍に会い、そのとき佐佐木にお龍を紹介している。佐佐木はその印象を、

「同妻は有名なる美人の事なれども、賢婦人や否やは知らず。善悪とも為し兼ねている様に思われた。」

と記している。

龍馬はまた同日、三吉慎蔵に下関に立ち寄ったことを、

「薩、このごろ大島吉之助等決心、幕と一戦心得ているが、土佐後藤庄次郎の今一度の上京を待っています。さきごろ私、後藤ら上京して西郷・小松と大に約したことある故です。後藤庄次郎今月十七日出京…。

思うに一朝、幕と戦争するときは、御本藩・御薩州・土佐の軍艦を集め一組と致し、海上の戦いせずしては幕府とはとても対戦はできるはずもなく、打ち合わせもしたいところですが、いずれ長崎よりかえってから、…。」

と知らせている。

これからして、龍馬は、西郷らは「幕と一戦心得て」、後藤の「今一度の上京を待って」いるとして、自身もそのつもりでいることがわかる。ここに「後藤庄次郎今月十七日出京」とあるのは、

佐佐木からそのように聞いたのだろう。

龍馬らは八月十五日に長崎に着くが、このころ木戸孝允も伊藤博文を連れて長崎にやってきていた。長崎で諸藩の情勢を探索するのと、夕顔で長崎にやって来たサトウに会うためだ。龍馬も木戸に会い、二十日に佐佐木に木戸を紹介している。そのとき木戸は、長州藩船の修理代の不足分を佐佐木に一時的に建て替えてくれるよう頼み、それを土佐商会が用立てている。木戸は翌二十一日に龍馬にその礼状を書き、龍馬はそれを佐佐木に送り、併せて、

「同人（木戸）は御国（土佐）の情によく通じている者で、彼の言う『初め強く、あとは女のごとく』などはもっともなことで、我が（「御国の」）病に当たります。何とぞ、御国の議論も根強くしたく、ただここのところご尽力願います。」

と伝えている。

龍馬は木戸から、土佐は「初め強く、あとは女のごとく」と嫌みを言われて発破をかけられたようだ。

英国側から嫌疑を掛けられているのが、土佐藩船・横笛の乗組員の海援隊員であることが判明したため、龍馬はその嫌疑を晴らすために懸命になる。長崎奉行所などにも何度も出向き、才谷梅太郎と称している自分の身元がばれないように、日々気の抜けない仕事を続ける。その間、八月末か九月初頭、龍馬は佐佐木に一風変わった次の手紙を送っている。

「まず、西郷、大久保越中の事、戦争中にもかたほ（片頬?・片帆?）にかかって一向に忘れたことはありません。もしや戦死を遂げたとしても、この両人が手ずからただ一度の香花を手向けてくれれば、必ず成仏致すこと、すでに決論のところなり。

しかるところ、ただ今も、もう引き取るべし。『糞をくらえ』と鎮台（長崎西奉行所）に攻めかかっております。『何とぞ今少し待ってたべ』と申して来たので、例の座敷は断って、皆、寝がえって足を空にして昼寝をしております。何はともあれ、他人は他人にしておき、西郷、越中守殿の方へは、必ずやご使者をお頼み申し上げます。これが来ないと聞けば、小弟に限り、なげき死ぬことになります。その心中返す返すも深くお察し下されたく。」

この手紙を書いたときというのは、後段にあるように、「皆」といっしょに寝転んで、「例の（遊興の?）座敷は断って」、「鎮台」からの返事待ちをしている時のようだ。あるいは、少し酒も入っていたのかもしれない。皆が「足を空にして昼寝をして」いるなか、自分は眠れず、いささかセンチメンタルな気分になって、これを書いている。

「戦争中」とあるのは、英国や奉行所相手の談判での戦いのことを指す。特にお尋ね者でありながら、危なっかしい所を動き回っている龍馬にとっては、それは根を詰め、神経をすり減らす、まさしく戦争であっただろう。しかしその間も、「西郷、大久保越中の事」は忘れたことはないと言う。また、もしここで死んでも「この両人が手ずからただ一度の香花を手向けてくれれば、必ず成仏」するとも言う。「成仏」するかどうかは、本来、神・仏が決めるものだが、自分が「すでに決論」していると言うあたりは、いかにも龍馬らしい。

ちなみに、その「両人」はなぜ、勝海舟や木戸孝允ではなく、西郷と一翁なのだろうか。龍馬は心底自分のことを考えてくれているのはその二人だと思っているのであろう。勝は龍馬にとって偉大な師匠だが、このあと幕府と戦争になった場合は、多分、海戦で対峙することになる敵将だ。また木戸は、彼もまた偉大な長州の指導者だが、龍馬にとっては発破をかけられる人物でもある。ともに、必ずしも心を解き放って寄り掛かれる人物ではない。それと、やはり、龍馬と「西郷、大久保越中」のあいだにある互いの信義が関係しているのであろう。信義というのは、理よりはるかに情に近いものだ。

龍馬は長崎でこのあと、長州へ帰った木戸から九月四日付で次の手紙を受け取る。

「長崎滞在中はいろいろご高配を賜り、多謝奉ります。…。そのときにも内話致しました件、上方（かみがた）の芝居も近寄ってきましたが、何ぶんにも、このたびの狂言は大舞台の基（もとい）を立てるにつき、是非ともうまくやらなくてあい済まず、…、何ぶんにもご工夫ご尽力を祈ります。…。

乾（板垣）頭取の役割、この末は最も肝要と存じます。何とぞ、万端の趣向、ここにおいては乾頭取と西吉（西郷）座元ととくと打ち合わせになり、手はずを決められること、最も急務かと存じます。この狂言が食い違っては、世上の大笑いになるのはもとより、遂には大舞台が崩れるのは必然と存じます。（後略）」

ここで木戸が「上方の芝居も近寄ってきました」と書いているのは、幕府との戦争を芝居に見立てて、それが薩土の連携によっていよいよ近付いてきたという意味である。長州藩は兵を上方に送ることはできず、さしずめその戦争に加わることはできない。薩土連携しての戦いに期待をかけ、そのために龍馬に、まずは板垣と西郷による周到な打ち合わせが急務だとして、その周旋を求めている。

木戸はこれより前の八月二十一日付で龍馬に書いたときには、京都での御堀・柏村と小松・西郷・大久保との八月十四日の会談の結果をまだ聞いていなかったが、これを書いたときには、御堀・柏村も同月二十四日に帰国してその結果を聞いていた。そのため、木戸は、西郷が後藤の率兵再上京を待っていることを知り、それが近いとして、上の手紙を書いているのである。

しかし実際には、後藤の再上京は、遅れに遅れた上、兵を伴わないものになる。ちょうど木戸がこの手紙を書いた九月四日ごろには、後藤が率兵せずに再上京して薩土盟約が崩れ始めていた。龍馬はこの木戸の手紙に対して九月二十日、長崎から下関に着いたときに返書している。その龍馬の返書を見る前に、京都でのその薩土関係の変化を見ておく。

## 二　薩土の軋轢

後藤象二郎・寺村左膳らが大政奉還建白書を携えて高知をたったのは、龍馬が先に三吉に伝えていた八月十七日からはかなり遅れ、八月二十五日になる。その上、悪天候が続き、大坂に着くのが九月二日になり、翌三日に大坂で西郷に会い、そのとき西郷が真っ先に率兵のことを尋ねたについては、先に述べた。

そのあと、京都で九月七日（この日とするのは疑わしい。注六参照）に後藤が小松帯刀邸に呼ばれている。そのときのことを『寺村左膳手記』（以下、『手記』）は九月七日の条に次のように記している。

「吉之助が言うのには、兼ねて大条理の建白（薩土盟約）のことはご同意して、貴兄のご上京をお待ちしていましたが、段々と全体の模様も変になり、ただ今となっては、しょせん建白等でうまく運ぶ見付け（見込み）もなく、弊藩にては兵力をもって尽力致す心得になり、ご返約の段は不都合な筋もあるでしょうがご同意いただけるかと。

これに対して象次郎は、弊藩にては両君公に決して挙兵のご趣意はなく、建白書をもってどこまでも貫徹するよう申付けられ、愚存も挙兵はご同意致しがたくと種々弁論し、遂に議論合わず、なおまた双方熟考することを申し述べてあい別れた。」[6]

西郷が「弊藩にては兵力をもって尽力致す心得」で、薩土盟約の「返約」を申し出、それに対して後藤は「弊藩にては両君公に決して挙兵のご趣意はなく、建白書をもってどこまでも貫徹する」と述べて、両者はひとまず物別れになったと言う。

このとき、薩摩側が薩土盟約を「返約」したのは、単に後藤が率兵してこなかったからだけではない。土佐藩が建白しようとしているその内容が、明らかに先の薩土盟約に違反していたからでもある。

「建白書」の第一条では、

「一、天下の大政を議定する全権は朝廷にあり。我が皇国の制度・法制一切万機、必ず京師の議政所より出るべし。」

と謳うなど、全体として薩土盟約の趣旨を受け継いでいるものの、この新たな「建白書」では、前の薩土盟約にあった、

「将軍職をもって、天下の万機を掌握する理はない。自今（今より）よろしくその職を辞して、諸侯の列に帰順し、…。」

とする、将軍職剥奪条項が完全に抜け落ち、その上で、さらに最後の第八条で、

「一、…、既往の是非曲直を問わず、一新更始、今後のことを見るを要す。…。」[7]

としている。

これでは、薩摩藩としては、土佐藩の建白に同意できるわけがない。薩摩藩としてはあくまで、徳川幕府の「既往の是非曲直を」追及し、その過去を弾劾して将軍職を辞退させ、さらに新政府での徳川慶喜の地位に制限を加えようとしている。

さらに、西郷の「返約」の理由としては、これより先、八月十四日に、前章四節で一部を取り上げた小松・西郷・大久保と長州の御堀・柏村との会談で、西郷が次のように発言していたことも関係している。

「先だって土藩後藤象次郎来訪、…、見込みの筋、逐一詰問したところ、もとよりその策（大政

奉還の建白）を持ち出しても、幕府に採用できないことは必然で、（そのときは土佐藩も）右を塩に幕と手切りの策になるとのこと。…。万一、土藩が協同できない場合は、即、期を定めて弊藩一手で事を挙げる所存です。」

西郷はここで、土佐藩は、自分たちが大政奉還建白の「策を持ち出しても、幕府に採用できないことは必然で」、それをもって「幕と手切りの策」にすると述べたと言っている。確かにこのころ、土佐藩が大政奉還の建白をしても、幕府がそれを聞き入れるはずはなく、幕府によるそれの拒否を機に、いよいよ「事を挙げる」というのが大方の者の認識であった。

木戸が上の九月四日付の龍馬宛の手紙で「上方の芝居も近寄ってきました」と書いていたのも、その認識による。まず「建白芝居」があって、その後に「兵力芝居」や「砲撃芝居」（佐佐木高行や木戸らが使った言葉）になるというものであり、龍馬も同様の認識であった。

しかしここにきて、土佐藩兵の上京もなく、新たに提出する建白書には将軍職剥奪条項が欠け、その上「既往の是非曲直を問わず」となると、土佐藩が「幕と手切りの策」などを真剣に考えているとはとうてい言えなくなる。また、よくよく考えてみれば、後藤始め土佐藩の者が初めから、西郷が言うような考えであったかどうかも怪しい。もとから、「策を持ち出しても、幕府に採用できないことは必然」というような策を、土佐藩が藩を挙げてやるとは思えないからだ。そのためであろうか、西郷も上の最後では、薩摩一藩でも「事を挙げる所存」と述べている。

同時期、薩摩藩は、土佐藩と不和をきたす一方で、薩長連携に芸州藩を加えて薩長芸三藩の連携を図っていた。京都で九月八日に三藩の在京指導者が集まって出兵協定について話し合い、その取り決めをするために大久保が長州に赴く。大久保は大山格之介（綱良）・品川弥二郎・伊藤博文を連れて九月十五日に大坂を出帆するが、同日、島津久光も大坂から別便で帰国の途に就く。久光は四侯会議のため四月に西郷とともに入洛して以来、在京が五ヵ月にも及んでおり、あとは、新たに率兵上京して来た島津珍彦（うずひこ）（藩主茂久の弟、久光の三男）に任せて帰国することにしたのである。珍彦の上京は、先に大久保が国元に送っていた出兵準備の指示書に応じるものであった。

久光が大坂をたつ前の九月十一日には、小松が今後の方針を報告するために下坂している。久光は小松・西郷・大久保らがしようとしていることを知った上で帰国したことになる。久光の帰国は、薩長芸の出兵を控え、その前に早めにそこを立ち去る意味合いもあった。もし、出兵時に藩の責任者が居合わせると、後々面倒なことになるからだ。芸州藩世子の浅野長勲（ながこと）（茂勲）も同時期に、京都をたって帰国の途に就いている。

大久保は九月十六日に三田尻に着き、十八日には山口で藩主父子に拝謁して「決策」について説明し、翌十九日には木戸・広沢らに会い、さらに芸州藩重役の植田乙次郎（おとじろう）（藩命を受け山口にきていた）にも会って、三藩出兵行動計画を結んでいる。それは十一項目から成るもので、

第一項　薩摩兵が軍艦二艘を率いて、長州三田尻に集結する。日時は九月二十五、六日に。

第八項　大坂城攻撃は、京都の『一挙』がすんだ時刻を計り、少し遅れて攻め入る。

第十一項　決策の一挙は、九月中を期限として決行する。

などを取り決めるものになっている。[8]

ここで言われている「一挙」はクーデターのことで、御所を封鎖して政変を決行するものだ。長州ではそれを「一挙奪玉」と呼んでいる。「奪玉」は天皇を掌中に収めることを意味する。

久光は九月二十一日に鹿児島に帰着し、同時期、大久保とともに長州に来ていた大山綱良が三藩出兵行動計画を告げるために帰藩してくる。しかし国元は、とても即時に出兵に応じられるような情勢ではなかった。京都藩邸指導部と国元のあいだでは、政局の情況認識や藩の取るべき方針で相当の乖離があった。九月二十八日には、五名の家老名で次の訓告が発せられている。

「豈(あに)はからんか、我等の趣意、もったいなくも、京師において無名の干戈をもって討幕の挙動を催す儀と心得違いをし、議論区々末々に至っているようである。甚だもって意外千万の至り。今度またまた出兵を達するのは、長州末家の者、浪華までお召し呼ばれ仰せ出されるにつき、どのような変動が生じるか計りがたいので、禁闕御警衛のため右のように及ぶ次第である。……」[9]

「討幕の挙動」の「心得違いを」戒め、「今度またまた出兵を達する」のは「禁闕御警衛のため」だと言う。薩長芸三藩出兵の目途は、「一挙奪玉」の挙事である。訓告は明らかに、事実を粉飾するものになっている。

このような情勢下で、山口で取り決められた「九月二十五、六日に」「薩摩兵が軍艦二艘を率いて、長州三田尻に集結する」というようなことは不可能であった。薩摩藩の出兵は遅れ、三藩出兵行動計画は端からつまずくことになる。そのため、十月三日には長州藩が「失機改図」の通達を発令して、次節で見るように、策の大幅な変更を余儀なくされる。

さてここで、話しを再び、長崎の龍馬の方に戻す。龍馬と佐佐木は九月十日に長崎西奉行所から「お構いなし」の判決を受け、[10] ようやく英国人水夫殺害事件から解放される。龍馬はその仕事中にも、佐佐木と相談の上、一方で、戦争に備えて武器購入の交渉を進めていた。

水夫殺害事件が落着すると直ちに、ハットマン商社との間で進めていたライフル小銃千三百挺の買い取り交渉に決着を付け、そのうちの千二百挺を芸州藩船・震天丸に積み込み、九月十八日に長崎を出帆する。このときの同行者は、三条家家臣・尾崎三良（戸田雅楽、七卿落ちで三条に随行）、佐佐木の配下で海援隊に所属して龍馬の補佐役を務める岡内俊太郎、および海援隊の中島作太郎（信行）・陸奥宗光・菅野覚兵衛らで、途中九月二十日に下関に寄港する。ちょうど山口で、大久保が三藩出兵行動計画の取り決めをしたころである。

下関に着くと龍馬はそこで、大久保に同行して上方から帰藩していた伊藤博文に偶然に会う。そのとき龍馬は伊藤から、後藤象二郎が兵隊を伴わずに上京したこと、薩土盟約が解約になって薩長間で軋轢が生じていること、さらに、大久保が三日前十七日に山口に到着して、新たに芸州を含む薩長芸三藩出兵協定を結ぶ手はずになっていることを聞く。

それらを聞いた上で、龍馬はこの日、九月四日付で木戸から届いていた先の手紙に次の返事を書く。

「先日のお手紙中、大芝居の一件、かねてからのお考えのようで、実に面白くよくわかりましたので、いよいよ奮発すべきときと思っています。その後、長崎でも上国のこと種々心にかかり、少々考えるところもあって、私一身の考えで小銃一千挺買い求め、芸州蒸気船を借り入れ、本国（土佐）に積み廻そうと、本日下関まで参ったところ、計らずも伊藤兄、上国よりお帰りになられ、お目にかかって、薩土及び云々、かつ大久保が使者に来たことまで承りましたにより、急いで本国を救わんことを欲し、…出帆します。

小弟思うに、これより帰り、乾退助に相談した上で、それより上国に出て、後藤庄次郎を国に帰すか、または長崎へ出すようにすべきと存じます。…。」

龍馬はここで、小銃一千挺を高知に運び、その際、板垣と相談して後藤との役者の入れ替えを図るつもりだと伝えている。長崎出港時に積んでいた千二百挺のうちの二百挺は、下関で別の船に移し陸奥・菅野が別途に上方に運ぶことになる。京都にいる中岡率いる海援隊や自分たちで使うつもりであったのだろうか。

龍馬も薩土関係の予想外の変化と薩長芸三藩出兵協定などの話を聞いて、情勢の混迷と緊迫を感じたことであろう。しかし、龍馬が上で書いている板垣と後藤の役者の交代などは、土佐藩がすでに「御国論（藩論）」として出兵の見合わせを決めていることからして、まず無理である。龍馬には、この時点でまだ、そこまでの土佐藩の情報は伝わっていなかった。

龍馬は二日ほど下関に留まって土佐に向かう。龍馬とお龍が会うのも、このときが最後になる。九月二十四日に土佐の浦土港に入り、震天丸に積んでいる小銃一千挺の売り付けの交渉に入る。しかし、それは龍馬が勝手に買い入れ、勝手に運んできたものだから、話がすぐにまとまるはずはない。それでも、土佐藩一部重役の尽力によって藩が買い取ることになる。しかし、板垣退助と会うことは、やはり叶わなかった。

龍馬の高知上陸は先にも見たように難しかったが、それでもこのときは周りの支援があって、夜間ひそかに上陸して上町の家に帰り、兄権平や姉乙女ほか家族と脱藩以来五年半ぶり（兄権平とは一度京都で会っている）に再会を果たしている。しかし、これがまた、家族との最後の別れにもなる。

龍馬らは十月一日に震天丸で浦土港を出帆するが、悪天候にはばまれて、大坂に着くのが十月六日になり、十月九日に入京する。龍馬は京都に着いてすぐに兄権平に、

「その後、芸州の船より胡蝶丸に乗り換え須崎を発し、十月九日（六日の誤記）に大坂に着きました。則（すなわち）、今朝（九日朝）上京しました。このごろの京坂の模様は以前とはよほど変わり、日々にごてごてとしていますが、世の中は乱れんとしてなかなか乱れないものだと、皆々申しているようなことです。まずは今日まで無事なること、幸便にて申し上げます。」

と伝えている。

龍馬は、薩長芸の兵がすでに上方に到着していることも想像しながら入京したのではないか。実際、三藩出兵協定では、「決策の一挙は、九月中を期限として決行」とされていた。おそらく、そ

のような緊迫感を持っていたため、「世の中は乱れんとしてなかなか乱れないもの」といった印象になったのであろう。しかし、「世の中は」ほどなく乱れ始める。世間はそれを敏感に感じ取っていたのか、九月ごろから各地で「ええじゃないか」の乱舞が始まり、上方ではではそれが十一月に入ってたけなわになる。

## 三　建白路線と挙兵路線

後藤らは大政奉還建白書を携えて九月四日に着京しながら、薩土盟約の解約など薩摩藩の不服がブレーキになって、その提出が遅れていた。建白書の署名者の一人・寺村左膳は九月下旬になってその『手記』に、

「九月二十日、永井玄蕃頭（げんばのかみ）殿より象次郎をお呼び立てがあり、まかり出たところ、先だっての須崎での英国船応接の一条等、委細お尋ねがあったあとに、このたびの土州の建言の筋もあると聞こえるが、なるだけ早々に差し出すよう仰せられたように聞く。」

と記している。

幕府の若年寄格に就いて将軍慶喜の側近になっている永井尚志（なおゆき）から後藤に呼び出しがあり、「建言の筋もあると聞こえるが」と、建白書提出のプッシュがあったと言う。

また、この三日後、同『手記』に次のようにある。

「九月二十三日、板倉殿より明二十四日五ッ時（朝八時）に罷り出るようご沙汰があったところ、

御建白書はいちおう薩州へ見せずしては手の足らないことになるにつき、この日、藤次（福岡藤次、孝弟）が西郷吉之助方へ持参して、なおまたご高諭も承りたき段、申し述べたところ、吉之助は御建白の可否は一言も申さず。ただこの御建白をお差出しになれば、幕府より先へ手を出す勢いになり、そうなると、弊藩の軍略に相違をきたすので、お差し出しに引き続き、この方より事を発しなければならぬことになる。

しかし、大久保一蔵もまだ長州より帰っておらず（この日に帰京）、かれこれ未だ行き届かない筋もあるので、来月五日ごろまでには発すべきと予定しているが、尊藩にていよいよ御建言書差し出すご決定あれば致し方もなく、止むを得ず事を発するに付き、いよいよお差し出しの前日にはご沙汰下されたくと言うので、藤次もことのほか当惑して帰ってきた。」[11]

この日には、老中の板倉勝静（かつきよ）から明朝入来するようにという呼び出しがあったようだ。そのため、福岡が西郷のもとを訪ねて、建白書の提出の承認を求めたが、西郷はもし出されるのなら、薩摩藩としては「幕府より先へ手を出す」前に「この方より事を発する」ことになると答えたようだ。西郷がここで言っている「事を発する」というのは、大久保が長州でまとめていた薩長芸三藩出兵によるクーデター（「一挙奪玉」）のことだ。また、幕府が「先へ手を出す」というのは、幕府が天皇を彦根城に動座さすなどして、機先を制してくることを指す。[12]

土佐藩は西郷の反対にあったため、このときの板倉の呼び出しには応じられなかったようだ。そのため、今度は後藤が九月の二十七日と二十八日に大久保と小松をそれぞれ別個に訪ね、懸命の説得をして、ようやく両人から建白書提出の了承を取り付けている。西郷のところには回らなかったようで、西郷は二十九日に大久保に、

「後藤よりまたまたご相談の趣きがあったようで、…。今日は建白書差し出しするよう、ご返答（家老・小松から）されたので、そのようにご納得ください。」

と伝えている。

後藤はこのとき、二十九日に小松に礼状を送り、

「昨夜は長座、お邪魔しました。特にご高話拝承、近年の愉快、別してありがたく存じております。」[13]

と書いている。

これからすると、小松は仕方なく了承したというのではなかったようだ。かなり長時間話し合い、小松はむしろ好感をもって建白書提出に同意したことになろう。十月二日には、その小松から土佐藩へ正式に建白書提出に同意する旨の通知があり、土佐藩はただちに翌十月三日に老中板倉にそれを提出している。

薩摩藩京都藩邸でも、多くの者が土佐藩の建白書提出を歓迎している。このころ上京していた奈良原繁は帰藩する直前、十月五日に後藤に手紙を送って、

「その後、帯刀方へご光臨下さった由、その折のご公論も承り、天下のため、拝悦致しております。当人（小松）もこの節、御末尾に従い、必死の尽力を致す含みです。…。」

と、土佐藩の建白を称賛し、小松も「必死の尽力を致す含み」と伝えている。[14]

新納嘉藤二（立夫）もまた、同日十月五日付で義弟の大久保利通に手紙を送り、「中将様（久光）ご帰国後、土州は異論を唱え、芸州は断然変約に及んで、わずか我が国はここにきて孤立の姿になり、加えるに、邸中（薩摩藩邸）人気紛乱期に臨んで変動測りがたい勢いにある。…。

土州の後藤の建言行われざる（拒否される）ときは、天下の人心またいっそう離反いたすべく機会いよいよ到来するに違いなく、そのときに当たり、太守様（藩主茂久）挙国の兵を率いられご上京なされれば、また有志の国々も奮起致すこと疑いなく、右の大機会を待たずして我が兵、今無謀に起こり一敗、…。」[15]

と意見している。

新納もまた、土佐藩の建白を幕府が拒否したときこそ、「機会いよいよ到来」という考え方だ。なお、ここにある「芸州は断然変約」というのは、芸州藩家老の辻将曹が九月二十九日に薩摩藩邸に小松を訪ね、先の薩長芸三藩出兵協定の一時停止の要請をしたことを指す。また、芸州藩はこの翌十月六日には、土佐藩に続いて、藩主・浅野茂長（長訓）名で大政奉還建白書を幕府に提出している。

新納から上の手紙を受けた大久保だが、もうこのころには、大久保自身は新納の意見に耳を傾けるような情勢にはなかった。大久保の十月六日の日記に、

「六日、品川同道で岩倉・中卿のご別荘に参り、岩（岩倉）・中（中御門）両卿に拝謁。両藩（薩長）の国情を尽し言上致し、秘中のお話をお伺いした。同夜、植田乙次郎・広沢兵助（真臣）着。今夜、会評云々。」

とある。

大久保はここで、この日、岩倉・中御門（なかみかど）両卿から「秘中のお話をお伺いした」という件と、「同夜」植田と広沢とが着京して「会評云々」したという二つの件を書いている。どちらも、挙兵にかかわることだ。前者については、『岩倉公実記』に次のようにあるのと符合する。

「（十月）六日、…、幕府を討伐し、皇室を興復する順序を謀議する。かつ、太政官職成案を示し、熾仁（たるひと）親王（有栖川宮）をもって知太政官事となし入道純仁（すみひと）親王（仁和寺宮嘉彰親王）をもって征討大将軍となさんことを商議する…。具視また玉松操（たままつみさお）が作る錦旗の図を一蔵（大久保）・弥二郎（品川）に示し、これを製作せんことを託す。…。その半を山口城に密蔵しその半を京師の薩摩藩邸に密蔵する。…。」[16]

これからすると、大久保の言う「秘中のお話」というのは、「幕府を討伐し、皇室を興復する順序」を謀（はか）る話であったことになる。この時点ですでに、「太政官職成案」ができ、有栖川宮熾仁親王と仁和寺宮嘉彰親王を主要ポストに据えること、さらに「錦旗」の図案が大久保・品川に示され、その製作・保管のことまでが話し合われていたことになる。いずれも、この二ヵ月から三ヵ月ほどのうちに現実になることばかりだ。

次に、大久保が十月六日の日記に書いているもう一つの件、「同夜」着京した植田・広沢と「会評云々」の件だが、それは、芸州藩から出ている薩長芸三藩出兵協定の一時停止要請をもとへ復活させようと、植田（芸州藩）との広沢（長州藩）の二人が急きょ上京してきて、大久保と三人でこの夜、話し合った件だ。

植田と広沢はこのあと、翌七日に芸州藩家老・辻に会い、翌八日に改めて薩長芸三藩連合の会議を開くことを決める。大久保は、その十月八日にあった会議のことを日記に、

「八日、芸藩の辻将曹ほか両人、植田乙次郎・寺田庄（生）十郎、広沢兵助・品川弥二郎、小大夫（小松）・西郷、会集。前議に復す。兼ねて中卿（中御門経之）の御邸にて山卿（中山忠能）に広沢同道拝謁のはずのところ、今日三藩で決議に及んだに付き、植田乙次郎にも同道しかるべしと話し、左の三藩の国情の決定の次第を（中山に）言上に及んだ。」

と記している。

三藩同盟の修復が成り「前議に復」したのである。

このころさらに、薩摩藩は単独で、小松・西郷・大久保の三人が連署して、中山忠能（ただやす）・正親町（おおぎまち）三条実愛（さねなる）・中御門経之（なかみかどつねゆき）の三卿連名宛に次の奏請書を差し出している。[17] それは、「義挙」のための「宣旨（せんじ）」を乞うもので、長文の「趣意書」を添付した上で、次のように上疏（じょうそ）するものである。

「宝祚（天皇の位）の存亡にかかわる御大事の時節、…、国家のため干戈をもってその罪を討ち、奸兇を掃攘し、王室恢復の大業を成し遂げたく、…、義挙に及びますので、伏して冀わくは相当の宣旨を降下成し下されるよう、ご執奏ご尽力下されたくお願い奉ります。」

「王室恢復」のために「奸兇を掃攘」するので、「相当の宣旨」を賜りたいと言う。ここで言われる「奸兇」は、いわゆる「君側の奸」のことである。それが誰を指すかは、この五日ほどあとに、「賊臣慶喜」の「殄戮」ならびに松平容保と松平定敬の「誅戮」を命じる勅書が降下されていることから明らかだ。「一会桑」の三首領である。

在京薩摩藩首脳部はここにようやく、芸州藩の「変約」を何とか「前議に復」させ、改めて薩長芸三藩の出兵協定書を交わし、反幕派公家同志とも話し合って、いよいよ「義挙」を目前にするところまでに至る。

ところが、ここでまた、思わぬ事態が発生する。十月九日の夜、長州藩士・福田侠平（奇兵隊軍監）が「失機改図」の報を携えて着京したのである。「失機改図」というのは、「一挙奪玉の時期は既に後れ」たとして、三藩協定の出兵をいったん中断するというものだ。九月二十五、六日に三田尻港に集結するはずの薩摩の軍艦が、それを過ぎても到着せず、長州藩としては、この処置を取らざるを得なくなったのである。薩摩の軍艦はこのあと十月七日に三田尻港に到着する。

小松・西郷・大久保は自藩の失態で三藩出兵協定が台無しになってしまい、面目を失う。三人はしている。

苦渋のなか、十一日早朝から鳩首凝議する。そこで決まったことを、大久保は日記に次のように記している。

「十一日、小大夫（家老小松）・西郷、早天、塾評。いちおう帰国、委曲の形勢を申し上げ、出兵はもちろん、御出馬の英断を願い奉り、内外一途の本を尽して早々大挙謀らんとの議を決す。よって、広沢にもその趣きをもって答える。…。」

帰国して「委曲の形勢を」説明し、「出兵はもちろん、御出馬の英断を願い奉り」、「大挙謀らんとの議を決」したと言う。三人はここに来て、クーデターなどの「一挙」から、いっきにレベルを引き上げて、藩主島津茂久直々の率兵による「大挙」へと、その方針を大きく変換したのである。この決定は直ちに長州と芸州の同盟二藩に伝えられ、長州の広沢は同日十月十一日付で山口政庁宛にその旨を急報し、自分たちも小松・西郷・大久保らとともに帰国すると伝えている。[18]

ところで、大久保のこの日記の記載は、実際の「塾評」の結果を、正確に記すものになっているのだろうか。大久保の認識ないしは自己流の書き方になっているのではないか。これまでの経緯からしても、大久保と西郷が同じ考えであったにしても、小松がまったくそれと同じであったとは思えない。

小松はこれまでも、西郷・大久保とは違って、土佐藩の大政奉還建白に賛同する姿勢を取ってきたし、藩内の挙兵反対派の意見にもずいぶん耳を傾けている。それにこの日、十月十一日には、小松のもとに幕府から十月十三日に二条城に代表者を出頭させるよう召集状が届いていた。その招集は、諸藩に対して、幕府が大政奉還することを通告するためのものであった。

そのようななかで、小松としては、建白の成り行きを無視して、一方的に「大挙」へと舵を切ることはできなかったはずだ。小松はこのとき「塾評」して、「早々大挙謀らんとの議」を是とする一方、土佐藩と芸州藩が進めている大政奉還建白についても、その成り行きを見守るということで、二人を納得させたはずである。

そのことは、土佐藩の寺村左膳が『手記』の十月十一日の条に、小松から次のような「内話」があったと記していることからも裏付けられる。

「薩、挙兵不可に決極。土州の建白、幕府がご採用にならないときに至って、本国より挙兵すべし。そのときは土兵も、もちろん出るべく云々と、小松氏より内話。則ち、当時の兵は帰とのこと也。」[19]

小松は以前から、土佐側と互いに連絡を取り合うようにしていたようだ。[20] それに沿って、十月十一日の「塾評」の結果についても、その日うちに土佐藩に「挙兵不可に決極」と伝え、併せて、薩摩藩は土州の建白が失敗したときには「本国より挙兵」するので、その際は、土佐藩兵も「もちろん出るべく云々と」申し伝えたわけだ。「土州の建白」を見守ることを伝えたことになる。

これらからして、「塾評」で実際に決めたことは、正確には、大久保が記す「大挙謀らんとの議を決す」の挙兵を方針とする路線だけではなく、それとともに、大政奉還建白の成り行きを見守る方針の建白路線も並行させるものであったと見てまず間違いない。そのことは、次に示す大久保の十月十三日と十四日の日記の記載の仕方からも読み取れる。

大久保の十月十三日の日記は次のようである。

「一、十三日ひる後、北岡（岩倉）公へ参殿、云々の義（秘物授与の件）を拝承。広沢同道で今晩参殿。山卿（山中忠能）よりお渡しのはずであるが云々に付き、全卿よりお渡しになる趣きをもって、秘物を広沢に下し賜う。小臣にも一品の秘物を下し賜い、肝要の御品は明朝、三卿（正親町三条）より云々。両人感涙のほかなし。

二、今日、二条城に諸藩重役、国事関係の者を召され、朝廷に政権返上、天下に公議を尽し、…、仰せ付けられた。御国からは小大夫（小松）が御留守居付添いにて登城云々。…。」

このなかで、一の件は、大久保自身が活動する挙兵路線に関する記事で、大久保と広沢が岩倉邸を訪ね、二人がそれぞれ「秘物」を授かったことを記すものだ。広沢が授かった「秘物」は長州藩父子への朝敵赦免・官位復旧の勅書であり、大久保が授かった「秘物」は錦旗の目録で、併せて、明朝「肝要の御品」が降下されるとの予告も受けた。二人は感激して、「両人感涙のほかなし」と記す。広沢は藩主父子が長年蒙ってきた「冤罪」が晴れ、感きわまって泣いたのである。ここに来てようやく、薩長盟約で薩摩藩が約束した長州藩の冤罪赦免への尽力も叶ったことになる。大久保も泣いた。当時の武士は男ながらよく泣いた。

次に、二の件だが、これは小松が活動する建白路線に関する記事で、その小松から二条城であったことの報告を受けた件である。

小松は退城後直ちに大久保に、

「ただ今、帰りがけ罷り出ましたが、お留守に付き引き取ります。登営（登城）の都合は、先ず殊の外の運びになりました。王政復古の義十分に相立ち、実に意外の事です。明日いよいよ奏聞になる事に決まりました。早々にお話ししたいこともありますが、今宵はよほどくたびれましたので、今宵は御免して、明朝罷り出ますので、左様に御承知下さるよう。」[21]

と、置手紙をしている。

要するに、建白路線が「殊の外の運びになり」、「王政復古の義十分に相立ち、実に意外の事です」と伝えたのである。

続く、翌十四日の大久保の日記は次のようだ。

「一、四日辰刻（朝八時ごろ）正三卿（正親町三条実愛）に参殿、秘物拝戴。なおまた北岡（岩倉）公に参殿。

二、今日、徳川公奏聞、別紙差出し。…。

三、十四日、小大夫（小松）登城。内府公（慶喜）拝謁。なおまた、委曲言上して、左の五ヵ条を決す。

一　政権返上の議、早々、朝廷は聞き召されること。

二　長防のご処置（長州の復権）を初政（奉還後の最初の朝議）でご沙汰のこと。

三　賢侯お召し。

四　征夷将軍返上のこと。

五　五卿一条（三条ら五卿の復権）。

右のほか、諸藩来会の上、万事ご決定なされられるよう。

四、今日、正三卿より秘物降下への御受書を差し上げるようお話があり、承知したにつき、…。右一通受書差し上げ…。」

ここでも、挙兵路線と建白路線に関する記事が並列的に記されている。一と四が大久保が活動する挙兵路線に関する記事で、二と三が小松が活動する建白路線に関する記事である。

一では正親町三条実愛から、前日予告のあった「秘物（＝密勅）」を授かったことを記し、四ではそれに対して、広沢・小松ら六名（ほか福田・品川・西郷・大久保）連署で、中山忠能ら三卿宛に、「秘物」を受領した旨の請書（うけしょ）を渡したとして、その文書を日記に転載している。

それらに対して、二では、慶喜が朝廷に差し出した大政奉還の奏聞書を転載し、三では、小松から報告を受けた「五ヵ条を決す」の五ヵ条を記載している。どちらも、建白路線にかかわるものである。小松は、前日とこの日、慶喜の大政奉還の奏聞に対して朝廷が即時に聴許するよう朝廷に働き掛けをしたのち、二条城に慶喜を訪ねて話し合い、上記の「五ヵ条」を確認して、それを大久保に伝えたのである。

慶喜は小松に征夷大将軍を返上すると約束したようで、これで、幕府を廃止する目処も付いたことになる。小松は、この慶喜と「五ヵ条を決す」の面談で、慶喜の大政奉還は世間で言われているような、再委任を見込んだものではなく、真意のものと判断している。十五日に、正親三条実愛に「大樹（慶喜）虚心のこと」[22]と伝えている。

上の五ヵ条が現実のものになれば、確かに、小松が言うように「王政復古の義十分に相立」つことになる。

また、五ヵ条のうちの三の「賢侯お召し」は、有力諸侯の上洛を命じるもので、大政奉還後は公議政体を取ることになっているので当然ではあるが、これによって、藩主の率兵上京の名分が、必ずしも密勅によらなくても立つことになる。藩主の上京には、兵の多寡は別にしても、相当数の帯同が許される。小松としては大いに満足の行くものであっただろう。

これら、十三日と十四日の大久保の日記に見られる、挙兵路線と建白路線の記事の並列的な記載は、小松と大久保がともに、それぞれの路線を認め合っているからこそ、できたものであろう。そうでなければ、大久保が上のように淡々と書けるはずがない。

これまで多くの歴史学者が、このころの小松の行動について、かつて、井上清氏は小松ら「上士

層の妥協主義」[23] と述べ、遠山茂樹氏は「奇怪」[24] と述べ、近年でも、井上勲氏が、

「小松帯刀は、しばしば、武力討幕論と大政奉還論との間を動揺していたとの評をうけることがある。けれども、そのように断定することはできない。小松の心裡は詳らかにはしないけれど、行動は西郷・大久保と協議し決定した方針にしたがっていて、武力討幕の戦略にそっている。」[25]

としている。

しかし、上で見たように、小松は決して「上士層の妥協主義」の行動を取ったのでも、「奇怪」な行動を取ったのでもなく、また「武力討幕の戦略にそって」行動したのでもない。挙兵と建白の両路線を並行させることを大久保・西郷にも認めさせ、小松自身は建白路線に沿って活動したのである。このことは、考えてみれば、薩摩藩家老として、むしろ当然のことと言えよう。

井上勲氏が上で、「西郷・大久保と協議し決定した方針」としているのは、大久保が十月十一日の日記に三人「塾評」、「大挙謀らんとの議を決す」としているのにもとづくものであろう。誰もが同じように、この大久保の日記を文字通りに読み取っている。

当時の人、特に志士たちは、自分を断然、正義の側に置いて物事を判断する傾向が強い。自分側を「正義」や「正論」とし、多くの場合、相手側を「非義」や「俗論」とする。いわゆる、正邪・善悪の二元論である。実際、彼らは命を賭けて戦っており、生半可（なまはんか）な気持ちでは戦えないのである。大久保や西郷もこの類に漏れない。そのため上の日記でも、大久保自身は決して虚偽を書いているつもりではないものの、客観的に正しい記述をしているわけではない。自身の正義・正論を中心において、記載は「大挙謀らんとの議を決す」になるのである。当時の史料の読み方として注意を要

するところであろう。

西郷や大久保は、「譎詐（けっさ）」の人とする慶喜が、何の算段も目処（めど）もなく大政奉還をするとはもとより考えていない。むしろ、慶喜はこれを機に、幕府を犠牲にして「大君（自身）」による絶対制を目指して舵を切ったと見ることもできた。事実、慶喜は前年七月に徳川宗家を相続して以来、直ちにフランス公使ロッシュの支援を受けて急速に幕政改革を進めており、徳川家支配による中央集権国家を目論んでいるように見えた。同時期、『西洋事情』に詳しい福沢諭吉が、慶応二年九月に「大名同盟説」を退け「大君のモナルキ（君主政治）」を提唱してもいた。

西郷・大久保は慶喜の排除こそを目標にし、すでに四侯会議失敗後の重臣会議で「長とともに挙事」を決め、明確に挙兵路線に立っている。その点では、小松はいささか違う。小松は島津久光の信任を受け、藩の存亡を双肩に担って政局の最前線に立っている。その小松としては、慶喜が相当の覚悟をもって大政奉還に踏み切り、また薩摩藩に対して譲歩してきている今、そう簡単に、一方的に戦争の道を選ぶわけにはいかなかった。大政奉還の実現に光が射し、土佐藩の後藤や芸州藩の辻と協力し合っているなかで、小松がひとまずそれの成功を目指したとしても何の不思議もない。小松はそれを、大久保・西郷にも了承させて行動しているのである。

## 四　龍馬の変節

龍馬は十月九日に入京している。同日に、福田侠平が「失機改図」の報を携えて京に着いてもいる。龍馬は翌十日には、岡内俊太郎・中島信行とともに白川の土佐藩邸に海援隊長中岡慎太郎を訪ねる。岡内がこのときの会談のことなどを、長崎にいる佐佐木高行宛の十月十四日付の手紙で、次のように報告している。

「翌日（十日）龍馬、作太郎（中島）、私三人ともに白川邸に参り、石川誠之助（中岡慎太郎）を訪問し、昨今の時情を聞き、種々談話の次第もあり、薩長は兵力をもって為すの論、土佐は後藤殿もっぱら建言論にて、すでに建言書を出す運びとのこと。

龍馬もそれより種々尽力周旋、もっぱら薩長藩士に会い、また後藤殿にも論じ、…。私どもも一面建言の成り行きに注意し、一面薩長挙兵の時機を探り、石川等ももっぱら挙兵の方策に周旋し、私どもも種々その他の成り行きに参画し、また長岡謙吉はもっぱら筆を執って坂本の意見・手紙の草案等、種々文書に忙しく、追々時期は切迫、建言は深く進んでいる由とのこと。…。」

着京後四、五日のあいだの様子を的確に伝えている。「建言論」と「挙兵」論とが並存し、中岡は「もっぱら挙兵の方策に周旋し」、龍馬・「私ども」は「一面建言の成り行きに注意し、一面薩長挙兵の時機を探り」、「時期は切迫、建言は深く進んでいる由」と言う。

中岡と龍馬・「私ども」とでは、いくらか違っていることがわかる。中岡は、長州とのこれまでの深い関係や西郷ら薩摩藩との結び付からして、従来から「挙兵」論である。土佐藩が薩土盟約に違反して建白策を取っているのには不満で、中岡はこのころには、後藤に対しては強い不信感を抱いている。それに対して龍馬は逆で、このころには特に後藤と親密で、中岡とはだいぶ違ってきている。

龍馬と中岡は、ともに薩長提携に命懸けで尽力するなど幕末の志士として共通するところが多いが、行動パターンは元来かなり違う。中岡は信念実行型の活動家で政事一筋であるが、一方の龍馬は、何事にもいささか懐疑的で合理主義者でもあり、活動も政事一辺倒ではない。その点、同じ土佐出身の志士でも、吉村虎太郎は中岡に近く、近藤長次郎は龍馬に近い。また、中岡と吉村は農村部の庄屋出身であるのに対して、龍馬と近藤は高知城下の商家出身である。やはり、生まれ・育ちや環境といったものが人格形成やその人の思考や行動パターンに関係しているようだ。しかしまた、四人は脱藩の浪士として、全員が自然死はできずに、殺されるなどして早死にしている。

龍馬も中岡と同じく、今回の入京時までは挙兵論であった。建白については、西郷が言う「もとよりその策（大政奉還建白策）を持ち出しても、幕府に採用できないことは必然で、右を塩に幕と手切りの策になる」の認識であった。それ故に龍馬も、いずれは戦争になると考えて、この九月に長崎で武器を購入し、それを土佐藩に運び、またいくぶんかは大坂にまで運んできている。しかし、その龍馬もここに来て、建白路線が意外にうまく進んでいるのを知って、建白路線から目が離せなくなっている。

この変化は、龍馬が着京後、後藤に二三日を隔て書いた二通の手紙を比較すれば明らかである。最初のものは、着京後すぐか、岡内らと中岡に会った直後、多分、十日か翌十一日（日付が欠けている）に後藤に書いた次のものだ。

「御建言書（建白書）に『国体を一定し、政度を一新し』云々のご論をなされるときは、先ず将軍職云々のご論があることは兼ねても承っています。このほか、幕中の人情に行われ難いものが一ヵ条あります。それは江戸の銀座（貨幣鋳造所）を京師に移すことです。この一条さえ行われれば、かえって将軍職はそのままでも、名あって、実なければ、恐れるに足らずと存じます。

このところによくよく目を注がれ、これが行われ難いと見込まれたときは、議論中において何か（なお交渉中の？）証しとすべきことをお認め（したため）になり、決して破談とならない内に御国より兵を呼び、ご自身は早々にお引き取りになり、老侯様にご報告なさるべきと存じます。破談とならない内に云々というのは、兵を用いるの術のことです。」

最初のところで「将軍職云々のご論があることは兼ねても承っています」と書いているのは、薩土盟約書には「将軍職を返上して、諸侯の列に並ぶ」の一条があるが、建白書ではそれが欠けていることを婉曲（えんきょく）に言っているものであろう。その上で、龍馬は、その将軍職返上のほかに、幕府の認めがたいものに、銀座（貨幣鋳造所）を京都に移す問題があり、もしそれができれば、「将軍職はそのままでも、名あって、実なければ」大した問題ではないと言う。

これをもって、歴史家のなかには龍馬の財政・経済通の一面を評価する向きもあるが、銀座の京都移転と慶喜の将軍職辞退とは元来別問題である。貨幣鋳造権を掌握することは重要であるにしても、「将軍職はそのままでも」、「銀座を京師に移すこと」ができれば、「名あって、…、恐れるに足ら」ないなどということには全然ならない。将軍職を辞退させない限り、徳川宗家から諸藩統治の権限も軍事指揮権も剥奪することができないし、また、四百万石ともされる幕府直轄領地を返還させる道筋も立たないからだ。その返還がない限り、新政府の財政基盤を築くこともできない。

そういった点で、この手紙で龍馬は何を言おうとしているのか、ややつかみにくいのだが、下段で「このところによくよく目を注がれ」、「これ（銀座移転、将軍辞退？）が行われ難いと見込まれたときは」、「決して破談とならない内に御国より兵を呼び、ご自身は早々にお引き取りに」なるのがよいとしていることからして、要は、幕府との折衝を「決して破談とならない」ようにして、その間に、自分は退いて兵を上京させよと進言していることになる。言うなら、時間稼ぎをして、その間に、後藤と板垣の役者の入れ替えをせよと言っているのである。以前に木戸から言われていることだ。最後のところでは、「兵を用いるの術のことです」と、用兵策の必要に念を押してもいる。

おそらくこの手紙は、龍馬が着京したばかりで、まだ、土佐藩の建白の進捗状況をあまり知らずに書いたものであろう。進み具合を知っておれば、「ご自身は早々にお引き取りになり」などとは書けなかったはずだ。

龍馬は、このあと間もなく、徳川慶喜が大政奉還の建白を受諾する形勢になっていることを知り、また、薩長芸の三藩出兵協定に支障がきたし、すぐに「一挙」とは行かなくなっていることも知ったはずだ。土佐藩には、前述のように、十一日には小松から「挙兵不可」の知らせも届いていた。

どちらも、龍馬からすれば予想外のことであった。龍馬は、この二つの予想外の事態を知り、言うなら、自分の算段違いを自覚して、臨機応変に自身の方針を変えたと考えられる。上の手紙に続いて、十月十三日の早朝に後藤に送った次の手紙から、そのことが読み取れる。後藤はこの朝、幕府からの召集に応じて二条城へ向かう直前であった。

「（幕閣と）ご相談なされた建白の儀、万一行われないときは、もとより必死のご覚悟故、ご下城がないときは、海援隊一手をもって大樹（将軍慶喜）参内の道路に待ち受け、社稷（しゃしょく）のため、不倶戴天の復讐をなし、成否に関係なく先生に地下でご面会致します。
草案中に一切政刑を挙げて朝廷に帰還し云々、この一句、他日幕府よりの上表中に万一遺漏していたり、あるいはこの一句の前後を交錯し、政刑帰還の実行を阻障したりすることがあってはなりません。従来、この件は鎌倉以来武門に帰せられた大権を解かしめる重大事なれば、幕府においてはいかにも断じ難き儀なり。それ故に、営中（城中）の議論の目的ただこの一点にあります。
万一先生一身失策のために、天下の大機会を失せば、その罪、天地に許されべからず。しからば、果たして小弟もまた、薩長二藩の督責を免れず。あに、いたずらに天地の間に立ち得ましょうか。」

龍馬は前段で「建白の儀、万一行われないときは」慶喜を討つとか意気盛んなことを書いているが、それは言わば前文の飾り文句のようなもので、要は、後藤に大政奉還の建白を完全な形で成就すべしと尻をたたいているのである。

先の手紙にあった、建白交渉を「破談」にさせないための時間稼ぎ策や、その間に取るべき用兵策、それに後藤に帰国を促すようなことは、一切出てこない。もっぱら、建白の完遂のみを訴えている。龍馬がここに来て、自分の立ち位置を挙兵路線から建白路線へと変えていることは明らかだ。龍馬はまた、もしこの「大機会」に、慶喜に大政奉還を完遂させることができなければ、そのときは、後藤の「その罪、天地に許されべからず」であり、自分もまた、「薩長二藩の督責を免れず」生きてはおれないと言う。龍馬は自分が「薩長二藩の督責を」受けるようなことをしているのを自覚しているのである。しかし、もし大政奉還が完全な形で実現されれば、それが覆されることになって、龍馬還の建白をしても幕府はそれを拒否すると見ていたのだから、それが覆されることになって、西郷も木戸も大政奉としても何とかその「督責」から免れると考えているのだろう。いずれにしろ、龍馬は着京してほどなく、二つの予想外の事態に接して、自身の算段違いを自覚し、自分の立ち位置をいっきに転換したのである。

龍馬のこの手紙に対する後藤の返書は、

「文中の政度を朝廷に帰還云々の論、行われざるときは、もちろん生還する心はありません。しかし、今日の形勢により、あるいは後日、挙兵のことを謀り飄然として下城いたす哉も計られずといったところですが、多分、死をもって廷論する心事。もし、僕の死後、海援隊一手云々は君が時機を見て投じるに任せます。妄りに軽挙して事を破られることなかれ。すでに登営のとき迫れり。大意、奉答します。」

というものであった。

「あるいは後日、挙兵のこと」などと書いてはいるが、後藤には、大政奉還成就の大方の目途は付いていていた。書き振りには、いくぶんか余裕も感じさせる。切迫の時にあっても、なかなか見事な返答で、能吏というにふさわしくそつがない。

二条城では将軍慶喜による大政奉還の表明があり、そのあと意見のある者は残れとの指示に応じ、薩摩の小松、土佐の後藤・福岡、芸州の辻らが居残る。後藤は退城後、直ちに龍馬に、

「大樹公、政権を朝廷に帰す号令を示せり。このことを明日奏聞、明後日参内内勅を得て、直接、政事堂を仮に設け、上院下院を創業することに運べり。実に千載の一遇、天下万姓、大慶これに過ぎるものなし。」

と感激の言葉を書き送っている。そしてまた、ちょうど同日同時刻、小松もまた、先に見たように大久保に、「登営（登城）の都合は、先ず殊の外の運びになりました。王政復古の義十分に相立ち、実に意外の事です」と、置手紙をしていた。

さて、龍馬と後藤のあいだでこれらの問答があった十月十三日の翌十四日には、将軍徳川慶喜が朝廷に大政奉還の上表を提出して、建白路線はさらに進む。ところがまた、その一方で、朝廷から同日に、薩長両藩主父子宛に「賊臣慶喜」の「殄戮」を命じる密勅が下って、挙兵路線もまた大きく前進する。相反することがともに前に進む、誠に奇妙な事態となる。

慶喜が十月十四日朝廷に提出した大政奉還の上表は次のものだ。

「…。保平の乱、政権部門に移ってより、祖宗（徳川家康）に至りさらに寵眷（天皇の寵愛）を蒙り、二百余年、（徳川家）子孫が受け、臣その職を奉ずるといえども、政刑の当を失すること少なからず、今日の形勢に至ったのも、畢竟、徳の薄きことの致すところ、慙懼に耐え難い。いわんや当今、外国の交際が日に盛んになり、いよいよ朝権一途に出るようにしなければ、綱紀立ち難くなり、従来の旧習を改め、政権を朝廷に帰し奉り、広く天下の公議を尽くして、聖断を仰ぎ、同心協力、…。」[26]

土佐藩が提出した建白書では幕府の「既往の是非曲直を問わず」とあったが、この上表では、慶喜は自ら施政の失敗を認めて「政刑の当を失すること少なからず」と反省の弁を述べ、その上で、政令二途の悪弊を絶って「政権を朝廷に奉帰し、広く天下の公議を尽くして、聖断を仰」ぐと言う。公議政体を指向し、ここに王政復古の言葉こそ出ないが、それを受け入れるものになっている。

慶喜としては、徳川幕府開闢以来「二百余年」に渡るその政権を返上するについては、これに至った形勢を考え抜き、かつ、将来を見据えた上での覚悟の決断であっただろう。

大政奉還を建白した土佐藩には十二分に満足できるものであり、「反正（これまでを反省し、正しい道に戻すこと）」の弁を述べているところなどは、薩摩藩の意を慮ったとさえ言えそうだ。

一方、大久保が十月十四日に正親町三条実愛から授かった、中山・正親町・中御門連署の島津藩主父子宛の勅書は次のものだ。

「詔する。源慶喜、累世の威を藉り、…、しばしば王命を棄絶し、遂には先帝の詔を矯めて懼れず、万民を溝壑（みぞと谷）落とし入れて顧みず、罪悪至る所、神州まさに傾覆せんとす。…。万やむを得ざるなり。汝よろしく朕の心を体して、賊臣慶喜を殄戮し、もって速やかに回天の偉勲を奏して、生霊を山岳の安きに措け。…。」

「賊臣慶喜を殄戮（抹殺）」せよと命じる激烈な内容になっている。一般に「討幕の密勅」と呼ばれているが、本書ではこれを、以下「賊臣慶喜殄戮」の密勅と呼ぶ。これは、先に見た薩摩藩の小松・西郷・大久保が三名連署で「相当の宣旨を降下成し下され」と奏請したものに応じるものであり、また、もう少しさかのぼれば、西郷らが八月十四日に長州の御堀・柏村と交わした挙兵問答で、「時宜により討将軍の綸旨は差し出されるでしょう」と述べていた「討将軍の綸旨」に相当するものであり、さらにさかのぼれば、長州の山県有朋がこの年の六月に島津久光に拝謁した後、帰国して復命した際に「奸賊一橋（慶喜）を殺戮し、朝廷の鴻基あい立てたきこと」としたものに叶うものでもある。

このとき、上の勅書と同時に、「会津宰相」松平容保と「桑名中将」松平定敬に対し、

「右二人、久しく輦下（天子のひざもと）に滞在して幕賊の暴を助け、その罪軽からず。これにより速やかに誅戮を加うべく旨仰せ下された。」

とする勅書も下っている。

つまりこのとき、続けて発せられた二つの勅書は、「輦下」に巣くう三人の君側の奸を討伐せよ

と命じるものになっている。そして、この君側の奸の討伐こそ、かねてから小松・西郷・大久保、木戸らが一貫して目指してきたものである。

なお、この勅書は真正のものではない。このとき天皇は満十四歳で二条斉敬（なりゆき）が摂政に就いていたので、その二条を通じて発せられたものであれば「真勅」だが、そうではない。もっとも、これには天皇の外祖父の中山忠能の名が入っており、中山が天皇の承諾を得て降下したと想像できるようにはなっている。いずれにせよ、この勅命は公（おおやけ）になるものではなく、薩長の両藩主父子宛にのみ降下されたもので、それ故に「密勅」であり、それが「真勅」か「偽勅」であるかは、さほど大きな問題ではない。要は、それを受け取る側が、それをもって勅命が下ったとして、挙兵の大義名分に使えれば、それで十分なのである。

さて、将軍慶喜から朝廷に大政奉還の上表が提出される一方、朝廷からは薩長両藩に「賊臣慶喜殄戮」の密勅が下るという奇妙な事態のなかで、その両方を知っている小松帯刀が大政奉還成就のために建白路線上で精力的に動く。十四日には、前日二条城で居残った後藤・福岡・辻と話し合い、そろって摂政の二条斉敬を訪ねている。

このとき小松は摂政・二条に恫喝（どうかつ）するがごとくに、即時の聴許を迫ったようだ。同行した福岡がそのように書き、また後藤は「小松氏は貴人に対する談論はごく上手なり」と言ったと伝わっている。小松は公家・堂上方との付き合いの経験が豊富で、そのツボを心得ている。翌十五日にも、小松は朝、後藤と辻を自宅に呼んで話し合ったあと再度参殿して、大政奉還奏請への勅許の文案を作成したり、大政奉還を聞き入れたあとの当面の措置等について相談に乗ったりしている。

大政奉還への勅許が下った翌十六日には、小松は土佐藩からの招待を受け、夕方からその宴席に出向いている。神山郡廉（こうやまくにきよ）の日記に、

「小松帯刀・辻将曹を松力（料亭）へ招く。日暮れより小松・辻来たる。象二・藤次・自分三人出会。談合終わり梅太郎（龍馬）も来たる。但し、酒・肴・膳も出させ、妓も呼ぶ。」[27]

とある。

このとき龍馬も、三藩重役同士の会談後の宴会に加わり、ともに土佐藩ならびに芸州藩の建白の成功を祝っている。龍馬は最後の時点では、薩摩藩での挙兵路線と建白路線の並行で言えば、西郷・大久保の挙兵路線ではなく、小松の建白路線に立っていたことになる。その点からすれば、龍馬の取った態度は、必ずしも薩摩藩の方針に反するものではなかったことになる。

この十月十六日の同日、岩倉具視は大久保宛に前日十五日の朝議で大政奉還が勅許されたことや諸侯の招集が決まったことを通知するとともに、

「会（会津）、狂気のごとく憤然。是非薩邸を討つなど段々申している由、万事畢竟（ひっきょう）は西（西郷）、小（小松）、大（大久保）の三人がいる故なり。土（土佐）は云々、芸（芸州）云々、これらを斃（たお）すべしと種々議論ある由。よって、予（私）案じるのに、明日速やかに帰国されるのがよいと思います。」[28]

と伝えている。

岩倉は三人に速やかな帰国を勧告している。しかしこれは、彼らに早く身を隠せと言っているものではない。岩倉は京都での軍事バランスが崩れるのを心配して、早く帰国して薩摩藩兵の上京を急ぐよう促しているのである。

## 五　龍馬最後の一ヵ月

小松・西郷・大久保は十月十七日に京都をあとにするが、龍馬は、九日に入京して以後、彼らが離京する八日ほどのあいだに西郷に会ったのだろうか。吉井友実が十月十一日付で西郷・大久保宛に龍馬の大坂到着を知らせた手紙がのこっており、[29] それからすると、少なくとも十一日までは、龍馬は西郷・大久保に会っていなかったことになろう。龍馬が挙兵路線から建白路線に立ち位置を変えたのは十一日前後なので、もしかすると、龍馬はこの最後となった上京の際、西郷に会っていなかったのかもしれない。

吉井は西郷らが離京した十七日に、龍馬に宿所のことで連絡を入れている。龍馬は翌十八日に、その宿所のことで、土佐藩京都藩邸詰めの望月清平に次のように書いている。

「小弟（私）の宿のこと、色々探しているのですが、何ぶん適当な所が見つかっておらず、そこへ昨夜、薩摩藩邸の吉井幸輔よりこと付けがあり、…。二本松の薩摩藩邸に早々入るようにとのことです。しかし、小弟思うのに、御国表（おもて）の不都合（脱藩罪があること）の上、また、（海援隊長の）小弟さえ（土佐の）屋敷に入れないところへ、ここで、（薩摩藩の）二本松邸に身を潜めるのは、いかにもいやみになるので、万一のときがあっても、そのときはそのときで、主従（私と従者の元力士の藤吉）二人でここで一戦の上、屋敷（土佐藩邸）に逃げ込もうと決心しています。

しかし思うのに、大兄（望月）が昨日も小弟の宿のことをお問い合わせ下さった御屋敷の辺の寺、あるいは松山藩の下陣辺りを樋口真吉に周旋させるようお世話下されば、実に大幸のことに存じます。…。」

龍馬は手紙で、自分の宿所のことで心配してくれる望月にその口利き(くちき)を頼んでいるのだが、その件で自身の複雑な心境を書いている。吉井はおそらく岩倉が警告してきたこともあって、龍馬の身を案じて早く薩摩藩邸に移れと忠告したのであろう。しかし龍馬は、自分が薩摩藩邸に入るのでは「いかにもいやみになる」として、周囲のことを気遣い、それには応じにくいようだ。

ところが、龍馬が上のように頼んだ望月は、この翌日十九日に寺村の『手記』に「御沙汰につき、同月十九日望月清平、ご使者のため京師出足」とあるように、離京してしまう。朝廷から山内容堂に対して、再度の上京催促があり、それを国元に伝えるためだ。そしてまた、龍馬も間もなく土佐藩士・岡本健三郎とともに福井に向けて旅立ったために、宿所の件は結局、このあと、うやむやになる。

龍馬は上で、襲われたときは「主従二人でここで一戦の上」などと書いているが、実際に官憲による手入れを受けたなら、とても二人で戦えるようなものにはならない。そんなことは、寺田屋での経験で十分にわかっているはずだが、龍馬にすれば、そんなことをいちいち気にしていたのでは、とても活動できなかったのであろう。それに、人はわかっていても、つい、今までの自分の幸運にかまけて、注意を怠ってしまうものだ。

龍馬は十月二十四日に岡本とともに、後藤の指示で容堂の春嶽宛の手紙と、後藤自身の春嶽への一日も早い上京を乞う伝言を預かって福井に向かう。春嶽はすでに朝命による京都召集や老中板倉勝静からの早期上京催促を受けていたが、それらに応じていなかった。

春嶽は、この五月に京都であった四侯会議のとき、朝議で「(慶喜の)一大戯場の観」を見、七月には「幕府反正の望みは絶え果てたり」[30]の言葉をのこし、八月六日に離京して帰国したままであった。春嶽は、今回の十月十四日の慶喜による大政奉還が本意によるものらしいことは感じていたが、それでも、他の大名と同じく様子見をしていたのである。

龍馬のこのたびの福井行きには、自身の明確な目的があった。新政府の開設に当たって、財政通の三岡(みつおか)八郎(由利公正)の登用に道筋を付けておくためだ。この三岡の採用は、龍馬が以前から考えていたことで、長崎にいたころの、佐佐木高行の記録『保古飛呂比(ほごひろい)』のこの年八月二十八日の条に、龍馬が話したこととして、

「これより天下のことを知るときは、会計もっとも大事なり。幸いに越前藩の光岡(三岡)八郎は会計に長じているので、兼ねて話し合いもしている。その御含みで同人を速やかに御採用するのが肝要と申した。」

とある。

龍馬と三岡は、龍馬が文久三年五月に福井を訪ねたときに意気投合した仲だ。龍馬は早くからこ

の三岡に目を付けており、この機会に彼を引き出そうと、さっそく動いたのである。この辺は、龍馬の国政における経済・金融重視の先見性、そして、ネットワークの広さとフットワークの良さをよく示している。

龍馬は十月二十八日に福井に到着し、旧知の村田巳三郎に会い容堂公の春嶽宛親書を手渡し、二十九日には藩主松平茂昭に拝謁してもいる。翌三十日には三岡に会い、大政奉還が成ったことを報じて、新政府の財政運営について相談し、朝廷の信用をもって金札（紙幣）を発行するなどの案を話し合って十一月五日に帰京する。

帰京後、龍馬は新政府の樹立に向けての活動を加速させる。その要諦は「新政府綱領八策」をもって、将軍慶喜の側近・永井尚志に談判することだ。

「船中八策」と呼ばれる文書はのこっていないが、「新政府綱領八策」は、龍馬によるものが複数のこっている。その中身は、全体として土佐藩の大政奉還建白書の趣旨に準じるものだが、特徴的なところを拾い上げると、

「第一義　天下有名の人財を招致し顧問に供(そな)う。

第二義　有財の諸侯を撰用し、朝廷の官爵(かんしゃく)を賜い、現今有名無実の官を除く。

第八義　皇国今日の金銀物価を外国と平均する。

右あらかじめ二三の明眼士と議定し、諸侯会盟の日を待って云々。

〇〇〇自ら盟主となり、これをもって朝廷に奉り、始めて天下万民に公布云々。」

といったところである。ここで省いている第三義から第七義では、順に外国交際、律令、上下議政所、海陸軍局、親兵に関することが記されている。

末尾の「○○○自ら盟主となり」とあるところは、思わせぶりに見えるが、数人に見せるものであり、また実際、「諸侯会盟」の「公議」に付すことになるため、そのような表現を取っているのであろう。

今日の歴史家も、その「○○○」にいろいろな人物を推測しているが、龍馬自身は、これを見せる最も重要な相手は幕府要路であり、そこには徳川慶喜が入ることを念頭に置いているのであろう。

そのことは、慶喜が征夷大将軍職辞退を朝廷に上表したとき、土佐藩の福岡藤治（孝弟）が慶喜の辞退を「稀世（きせい）のご英断」と高く評価した上で、

「さて今後の見込みは、いずれに議事院を開き、上院、下院を分かち、上は摂政（二条斉敬）初め、内府公（慶喜）ご主宰にて名侯お加わり、下は諸藩士より草莽輩（そうもうはい）までも出役になり、……。」[31]

と述べていることからも推察できる。

しかし、慶喜を「盟主」にすることなど、西郷や木戸らが聞いたら憤慨するのは明らかだ。西郷らはもとより、徳川宗家を島津家ら諸侯と同列にすることを目指し、慶喜を将軍職辞退後も特別職などに就けないことを前提にしている。やはり龍馬がやろうとしていることは、西郷・木戸らの考えに反するものだ。龍馬はそのことを承知の上で、将軍慶喜が大政奉還をし、さらに将軍職の辞退も表明したことを高く買って、土佐藩の建白路線を成就させ、そのもとで平和裏に、新政府を発足

させようとしているのである。

龍馬と西郷・大久保や木戸とでは、慶喜という人物を知る程度がまったく違う。龍馬は慶喜を直接に知っているわけではない。その龍馬が、慶喜の大政奉還や将軍職辞退の「英断」に感激したのは、むしろ当然である。次章で見るが、薩摩藩の伊地知正治らでさえ、慶喜の「英断」を高く評価している。

しかし、西郷・大久保や木戸にとっては、慶喜は長く、かつかかわり合いの深い人物であり、今や敵将でもある。西郷・大久保にとっては、前藩主・島津斉彬による慶喜の将軍継嗣擁立運動以来、藩を挙げての尽力にもかかわらず、その後に慶喜から受けた失望・落胆や無念は言いようのないものであった。また、木戸にとっては、長州が禁門の変で禁裏御守衛総督徳川慶喜と戦って以来、長州征討を通じて、まさしく戦争をしてきた相手であり、今や徳川の総大将でもある。

さて、龍馬は十一月十日に福岡孝弟に同伴して慶喜の側近・永井尚志を訪ねている。しかしその日は会えず、翌十一日に再度訪ねて、この日は面談している。同日、林謙三に送った手紙の後段で、龍馬は次のように書いている。

「さて今朝、永井玄蕃(げんば)方に参り、色々と談じたところ、天下のことは危ないともお気の毒とも、言葉に尽くしがたい様子です。大兄も今しばらく命をお大事になされたく。実に為すべきときは今です。やがて方向を定め、シュラ(修羅)か極楽かにお供(とも)致すべく存じております。

追白、彼玄蕃ことハヒタ同心。」

天下は今、危険きわまりない情勢にあると言う。おそらくは、建白路線と挙兵路線が競合して切迫した状況にあり、いつ何が起きてもおかしくない情勢だというのであろう。林に「今しばらく命をお大事になされたく」とも言う。龍馬は「実に為すべきときは今」で、いずれ「方向を定め、シュラか極楽か」どちらかに行くことになると言う。この「シュラか極楽か」が何を指しているのか、もう一つはっきりしないが、単に戦争か、それとも戦争なしの平和的な新政府樹立かといったことだけではないだろう。西郷や木戸らと仲たがいをして戦いになるか、それともその彼らともうまく行って、いっしょになって新政府を創れるかといったところではないか。

龍馬はやはり、永井ら幕府側と結び、この際、西郷や木戸に背いてでも、いっきに大政奉還を成就させて公議政体の新政権を樹立させようとしているのであろう。おそらく、龍馬はこの日、永井に「新政府綱領八策」を差し出したはずだ。

林宛の手紙の「追白」では、自分と永井とは「ヒタ同心」だと付け加えている。しかし、初対面の日に、いくら話が合ったにしても、ごく最近までは敵方でさえあったはずの幕閣と「ヒタ同心」とはいささか危うい。しかし、こういったところが、龍馬の人との交わり方の一つの特徴でもある。

もっとも、龍馬にとって、初対面とは言え、永井を含む幕府の外国通の開明派は、もとから親近感を持てる面々であった。龍馬の立身の原点は、勝海舟・大久保一翁それに松平春嶽らの幕府方の開明派にある。その点で、龍馬はもともと、自らのルーツの一つを幕府側に置いていたとも言える。

そこが、薩摩藩の西郷・大久保や長州藩の木戸ら、それに同じ脱藩士でも中岡慎太郎らと明らかに違うところだ。

龍馬は十四日にも永井のもとに行っている。そのことは、越前藩の『丁卯（ていぼう）日記』の十一月十五日の条に、春嶽公側役（そばやく）の中根雪江がこの日、永井尚志と談論した記録として、次のように記していることからわかる。中根は十一月二日に春嶽の上京に随行して福井をたって八日に入洛していた。

「（自分が）象二郎という人物はいかがと承（うけたまわ）ったところ、…、確実正直の人物にて決して私説更張の義はあるまじく、考えさせられるとのこと。坂本龍馬も参ることになったが、毎々は嫌疑もあるにつき、夜中に出掛けてくることにて、昨夜も参った。

象二郎とはまたいっそう高大にて、説も面白く、彼が申すところ至極もっともであるが、未だ時機至らずと申し聞いたところ、それは薩士に任せておけば必ず行われるべしとの故、例の兵威をもって事を成しては朝廷に対して申し訳が立たず、それ故に時いまだ至らずと考えると言うと、決して兵力によらずして行われるべき条理があると申すので、左様なれば兎も角もと申し置いたとの物語なり。」[32]

永井は確かに龍馬の話に強い共感を覚えている。「象二郎とはまたいっそう高大」とも言う。龍馬が林に永井と「ヒタ同心」と書くのも当（あ）て外（はず）れではない。永井が「未だ時機至らずと」と言ったことに対しては、龍馬は「それは薩士に任せておけば必ず行われるべし」といったと言う。その

「薩土」というのは、小松と後藤のことを指しているのだろう。また、永井が「例の兵威をもって事を成しては」と尋ねると、龍馬は「決して兵力によらずして」と答えたようだ。龍馬が何をもってそう言っているのかはわからないが、龍馬自身やはり、戦争なしに新政権の樹立が可能だと考えていたことになろう。

上の中根の記録の末尾には、中根による「私云う。ひそかに案ずるに、龍馬の秘策持論は〈誤説ではないか〉内府公（慶喜）関白職のことか」という書き込みがある。これの意味は「誤説ではないか」という書き込みもあって、正確にはわからないが、龍馬が慶喜を「関白職」に据える「秘策」を持っているといった意味ではないか。そして、そのことは、以前、佐佐木高行がこの年の八月三日に板垣退助に会ったときに、彼から「後藤は大政奉還がされれば、即日将軍（慶喜）を関白に申し立てるつもりだと言っている」と聞いたことと一致し、後藤が早くから持っていた考えということになろう。また、そうであるなら、龍馬はやはり、「〇〇〇自ら盟主となり」の「新政府綱領八策」を永井に見せ、「〇〇〇」に慶喜の名が入ることを提示したと思われる。

ところで、上の越前藩中根雪江との面談で、永井が龍馬について「嫌疑もあるにつき」と話しているのは、龍馬にお尋ね者の「嫌疑」が掛かっていることを指す。永井は自身が京都町奉行や大目付を歴任してきていることもあって、龍馬が早くから幕府が警戒する人物で、寺田屋事件では捕吏殺しのお尋ね者になっていることも十分に承知している。そのため、永井も龍馬が自分のもとにやってくるのは危険だと注意をしているのである。しかし、止めることまではしていない。もし、これが大久保一翁なら、完全に止めていたであろう。やってくるのを夜にするぐらいで、その危険が避けられるはずがない。幕府関係の史料での十月八日の条に、

「征夷大将軍徳川慶喜、内命を京都守護職松平容保（かたもり）に下し、新撰組をして、老中板倉勝静・若年寄格永井尚志等を護衛せしむ。」[33]

と記載するものがある。

十月八日と言えば、慶喜が大政奉還の建白受諾の意向を固めたころである。慶喜がその件の仕事をしている板倉と永井への身辺警護を、京都守護職の容保に直々に命じたことになる。二人は大政奉還受諾の仕事をしていたため、幕府守旧派から狙われる危険性が高かった。永井の身辺はそれによっていっそう厳重な警戒態勢が敷かれ、お尋ね者の龍馬が、のこのこと出掛けて行くような場所ではなかった。おそらく、永井のもとを訪ねる人物に龍馬がいることはすぐに判明していたであろう。

このことからしても、龍馬襲撃はほとんど時間の問題になっていたはずだ。龍馬を捕吏殺しの犯罪人と見れば、もはや捕縛にこだわる必要はない。龍馬は、永井が中根雪江に「昨夜も参った」と話したその日の慶応三年十一月十五日の夜、中岡慎太郎といっしょにいるところを刺客に襲われる。これからすると、中岡は龍馬襲撃の巻き添えを食ったことになろう。龍馬は宿所を変えたいと言いながら、結局は民家の醤油屋の近江屋に居続け、やって来た中岡とともに殺される。[34] 龍馬ちょうど三十三歳になったときであり、また、中岡はこの二日後に、二十九年と半年の生涯を閉じる。

ところで、龍馬はこの十月に上京後、最後の一ヵ月となった期間に、ただ国事にかかわる仕事だけをやっていたわけではない。海援隊や商取引の仕事も継続してやっている。龍馬が最後の一ヵ月に書いた手紙のなかにも、それらにかかわるものが六通ほどのこっている。海援隊の商業部門をまかせていた陸奥宗光に書いたものが三通あり、うち二通は商取引上のもので、残りの一通は、二人が共に趣味にしていた刀剣のことを書いたものだ。その一通の差出人は「自然堂」である。一人の趣味人に帰って書いているのであろう。日付は十一月の「十三日」になっていて、殺される二日前に書いたものになる。

後藤象二郎宛に十月十五日か十六日に書いたもので、当時再燃していたいろは丸の賠償金問題の件について書いたものがある。いろは丸の賠償金支払いは六月初旬に長崎で、紀州藩勘定奉行・茂田一次郎とのあいだで決着が付いていたが、茂田は帰国後、罷免蟄居の譴責処分を受け、そのあと紀州側が新たに調査を開始して、条約にある「十月限りに長崎表において」支払うという期限が迫るなか、賠償金の減額を申し立てていた。[35] 龍馬は後藤にその件で、

「ただ今、田生（田中幸助）に聞いたところによると、小松は大方蒸気船で帰国するだろうとのこと。思うに中島作太郎を急いで長崎へ遣わしたいと思っています。紀州の事（賠償金問題の件）をやらせるものです。…。小松に一人同船の件、頼んでいただけないものでしょうか。…。」

と書いている。

龍馬は中島を長崎に送って交渉に当たらせ、この問題を早期に決着させようとしたのだ。風雲急を告げる情勢下で、ともかく実際に金額を受け取ることを最優先にしたのであろう。交渉の結果、

土佐藩・龍馬側が折れて、以前六月約定時には八万三〇〇〇余両の賠償金であったものを七万両に減額して決着を付けている。龍馬は以前、いろは丸の件で紀州と「一戦」を覚悟したころ、「六万両ばかり」取るつもりであったことからすれば、七万両でも十分なわけだ。そして、その金額が実際に十一月中に土佐側に三回にわたって支払われている。もっとも、龍馬がこの金を見ることはなかった。

そのほか、十一月の十日付と十一日付で、林謙三宛に書いた二通の手紙がのこっている。どちらも、林が大坂に出てきて、自身の身の振り方で相談を掛けてきたのに対し、龍馬が応えたものだ。林は龍馬より八歳若く、芸州藩出身で若くして長崎に出て英学と航海術を学び、英国の軍艦に乗込んで修行をしたこともある。おそらく、彼が薩摩藩の海軍の指導に当たっていたころに、龍馬が海援隊に引っ張ったのだろう。

十日付のものでは、

「大極丸の一条へチャモクレ、ご一身面白くないと思われれば、海援隊の名は身を寄せる所なれば、待っておられるのもよろしい。それとも、幕へでも、薩へでも、ただ君を歓迎し、君もまた天下に海軍をもって力を発揮されるところへお出でになるのも、またご同意します。もしこれよりまた、ご進退の筋があれば一通お寄せください。」

と伝えている。

頭に「大極丸の一条へチャモクレ」とあるのは、大極丸を使ってやろうとしていたことに、さんざんケチが付いたことを言っている。龍馬は「海援隊の名は身を寄せる所なれば」として、林に今しばらく「待っておられるのもよろしい」、また、「幕へでも、薩へでも」行かれるのもまたよい、と助言している。「海援隊の名は身を寄せる所」という規定の仕方も面白いし、「幕へでも、薩へでも」というのも、さすが、自身が自由人でもある龍馬の面目躍如といったところだ。

これに続く林宛の十一月十一日付の手紙は、その後段に「シュラか極楽か」などとあるもので、その後段部分は上で先に取り上げた。前後が逆になったが、その前段は、林が自分の身の振り方として蝦夷地開拓のことを書いてきていたのに、龍馬が次のように応えるものになっている。

「十日にお認め(したた)の御書、十一日に着き拝見しました。段々の思し召しよくわかります。そんななかでも蝦夷の一件は、別して兼ねてより思っていること故、もとより同意致します。別紙二通を今度(このたび)愛進(沢村惣之丞)に差し送りますので、内々ご一覧の上、その上に封をしてお送りになられるべく。そうすれば、愛進より何か申し出てくると思います。その上で、お考えになられるべし。私も暇を得れば、下坂する所存。ほかに用向きもありますので。」

龍馬は「蝦夷の一件は、別して兼ねてより思っていること故、もとより同意致します」と返答して、その件を進めるために、海援隊の沢村惣之丞宛に手紙を書いてそれを林に送っている。蝦夷地開拓は、龍馬が神戸海軍操練所にいたころの元治元年に着手したことがあり、またその後には、竹島開拓に取り掛かったこともある。どちらも偶発的な事件や事故のために途中で頓挫したものの、龍馬にとって新天地の開拓は終生持ち続けた夢であった。

龍馬のこの思いは結局、果たせなかったが、およそこの一年後、旧幕府・海軍副総裁であった榎本武揚(たけあき)が、動機も事情もだいぶ違うが、龍馬の思いに似たことを実行している。榎本は、新政府や勝海舟の命に服し切れず、永井尚志や彰義隊や遊撃隊の生き残りを開陽丸等に乗せて蝦夷地に逃れ、そこに「蝦夷共和国」をつくろうとしたと言われる。それは、龍馬が京摂の地に浮浪する浪士や有志たちを移住させて「新国」をつくろうとしたのに似ている。

龍馬が十一月十一日に林宛に書いた手紙は、本書では、上段と下段とを分けて掲載することになったが、全体としては偶然にも、龍馬が生涯を通じてやろうとした二つの事柄をともに綴るものになっている。一つは若いときから思い描いてきた、自分たちの「海軍」による新天地の開拓であり、もう一つは「やがて方向を定め、シュラか極楽か」という国事のことである。そのどちらも果たすことなく、龍馬はこの手紙を書いた四日後に来世へと旅立つ。

注

1 佐佐木高行『保古飛呂比　佐佐木高行日記』二、四三〇。以下、この書を佐佐木の「記録」と呼ぶ。

2 そういったことを、龍馬自身が須崎港で八月八日付兄宛の手紙で書いている。

3 佐佐木高行、前掲書、四三二—四三三頁。

4 青山忠正『明治維新と国家形成』吉川弘文館、二〇〇〇年、二七〇頁、参照。そのほか、このあたりの論述については、同書を参考にしている。

5 Sir Earnest Satow『A Diplomat in Japan』ICG Muse、二〇〇〇年、二六七頁と二六四頁。

6 「寺村左膳手記」、『維新日乗纂輯』三、四八一—二頁。多分、これの日付から諸書で、京都で後藤と小松・西郷・大久保の会談があった日を九月七日としているようだが、西郷が大坂から九月七日付で大久保に「両日中には後藤の引き合い（交渉）もあるにつき、…。」（『西郷隆盛全集』二、二六五頁）とする手紙を送っていることからすると、この日付は間違いということになろう。

7 『山内家史料　幕末維新』六、六四三—六四五頁。

8 以上のような経緯は、『大久保利通文書』一、四八八—四九五頁にある大久保書簡およびその解説によってわかる。なお、薩長芸三藩の協定については、佐々木克『幕末政治と薩摩藩』、二〇〇四年、三九〇—三九一頁に詳しい。

9 『鹿児島県史料　忠義公史料』四、四五八—四五九頁。

10 この事件については、明治になって、下手人は筑前藩士であったことが判明する。外国人水夫のふしだらな振舞いに憤慨して、行き掛った筑前藩士が切り捨てたようである。しかし、その藩士が事件直後に自刃したらしく、それを筑前藩が隠したため、当時にはわからなかったようだ。

11 「寺村左膳手記」、前掲書、四八四頁。なお、この時期、寺村自身は高知に帰国中で、多分、後に神山佐多衛から聞いて、あるいは彼の日記を見て、それを記載ないしは転載したものと思われる。

12 このことは、反幕派公卿の正親町三条実愛が、その手記の八月三十日の条（『史籍雑纂』二、一二頁）に、同派の中御門経之が大久保利通から聞いた話として書き留めている。

13 高村直助『小松帯刀』吉川弘文館、二〇一二年、一九一—一九二頁、参照。なお、この本では薩藩指導者の小松の難しい立場とその苦労がよく書かれており、本書でも参考にした。

14 同上書、一九二頁、参照。

15 『大久保利通関係文書』五、一二八—一二九頁。

16 『岩倉公実記』中、六二一—六三頁。

17 高橋秀直氏は奏請書が十月八日に提出されたとする「通説は成り立たない」とされ、その根拠を説明されている（『幕末維新の政治と天皇』四六四—四六五頁）。もっともに思える。しかし本論の論旨上は、その提出日や、実際に提出されたかどうかは、さほどの問題ではなく、この奏請書が小松・西郷・大久保の三名連署によって作成されている事実を問題にしているので、ここで取り上げる。

18 青山忠正、前掲書、二七五頁、参照。

19 「寺村左膳手記」、前掲書、四九五頁。同様の記載が、同日の神山郡廉日記にもある（『山内家史料　幕末維新』七、第四七巻、七一七頁）。

20 寺村の『手記』や日記に、小松から受けた連絡の記事がよく出てくる。例えば、薩長芸三藩出兵行動計画についても、小松に問い合わせて返事があったことを、九月十九日の日記に「大久保一蔵、長州へ参着は十五日のつもりにつき、それより日数廿日目に発するはずなりと。長州が応ずると否やにかかわらずとの由なり」と記載している。

21 国立国会図書館憲政資料室蔵『大久保利通関係文書』リール十。

22 「嵯峨実愛手記」、『史籍雑纂』二、二一〇頁。

23 井上清『日本現代史　明治維新』東京大学出版会、一九五一年、二六五頁。

24 遠山茂樹『遠山茂樹著作集　第一巻　明治維新』岩波書店、一九九一年（『明治維新』の初版は一九五一年）、一〇〇頁。

25 『王政復古』第七版、中公新書、二〇一〇年、二三〇頁。

26 『維新史』四、七五五—七五六。

27 『山内家史料　幕末維新』七、第四九巻、五頁。

28 『大久保利通関係文書』一、二一一頁。

29 同上書、五、三四九頁。

30 『続再夢紀事』六、四〇三頁。

31 『再夢紀事・丁卯日記』、二二三頁と二二五頁。

32 同上書、二三二頁。

33 東京大学史料編纂所の維新史料綱要データベースのネット検索。「維新史料綱要」七、二七一頁。

34 この龍馬殺害については、その居場所を教えたのは薩摩藩の者として「薩摩藩黒幕説」が特に歴史作家のなかで旺盛で、大久保黒幕説（半藤一利『幕末史』、二六九頁）や西郷黒幕説（中村彰彦『幕末維新史の定説を斬る』、八七頁）などがあるが、いずれも、いわゆる「陰謀論」の類であろう。何も、薩摩藩の者が京都見廻組等の者に伝えなくても、龍馬の入京は十月九日入京以来、巷間でも噂になっており、その居場所は官憲によって追跡されていたと考えるのが自然である。

35 この件については、織田毅氏の論文「再考・いろは丸事件―賠償金はなぜ減額されたか―」『共同研究・坂本龍馬』（一九九七）が詳しい（二五五―二九一頁）。

# 第八章　西郷の武断

小松・西郷・大久保らは十月十七日にそろって京都をたって帰国の途に就く。岩倉から前日に早く京都を出よと言われていたが、そのために急いで離京したたわけではない。十月十四日に薩長両藩に「賊臣慶喜殄戮」の密勅が下った翌十五日には、帰国のための船の手配を始めている。しかしこのとき、自国船の手配ができず、結局は芸州藩船の万年丸で十九日に大坂を出航する。同船には、薩摩藩と同様、長州藩主父子宛の「賊臣慶喜殄戮」の密勅を携えた長州の広沢・品川らに加えて、龍馬が後藤象二郎を介して依頼した長崎に向かう中島作太郎や大宰府に向かう尾崎三良らが乗船していた。

## 一　クーデター

西郷らは帰国の途次、山口に寄って長州藩主父子に会い、二十六日に鹿児島に帰着する。直ちに登城して藩主父子宛の密勅を手渡し、翌二十七日に重臣会議を開いて藩主島津茂久（もちひさ）の率兵上京を決定する。やはり、朝廷から発せられた密勅の威力は絶大であった。島津図書（藩主茂久の実弟）らの出兵反対はあったものの、藩内にあった異論を封じ込み、十一月七日に家老名で次の告諭が布告される。

「和漢古今、忠臣と称される者、いずれも社稷（祖国）の興廃を顧みず、その道を尽くすをもって千載の亀鑑（模範）となったのではないか。今、国家（薩摩藩）廃弊、百事備わらず、とき至らず等の説は、ややもすれば衆人の難ずるところにして、我らまた痛心に堪えざるところである。…。別して大事の時節、あに（どうして）、これを捨て彼を取り、他を顧みる、ために暇あろうか。この上は死力を尽くし、順聖院様（斉彬）、中将様（久光）のご趣意を奉戴して、上は奉安宸襟（天子様のお心を安んじ）、下は万民塗炭の苦しみを救い、忠孝の大道を踏み、挽回し鴻業（大事業）を遂げたく確断せしめた。」[1]

藩主じきじきの率兵上京に当たって、「社稷の興廃を顧みず」との決意を表明し、「国家廃弊、百事備わらず、とき至らず等の説」は今や言うべきときではないと戒める。最後にある「確断せしめた」の「確断」は大久保がよく使う言葉だ。

大久保は十一月十日に鹿児島を出発して途中、高知に立ち寄って京都に向かい、西郷は家老の島津広兼と岩下方平とともに藩主島津茂久に随従して十一月十三日におよそ一千の兵を率いて鹿児島を出発する。しかし、小松帯刀の姿はそこにはない。小松は足の疾病が悪化して歩行困難となり鹿児島に留まることになり、岩下が小松に代わることになったのである。小松は離京時に後藤に、帰国後再度上京するときに高知に立ち寄ると約束をしていたため、その代わりを大久保が務めたのである。

この小松の不参加は、帰国前の京都での奮発ぶりからして、誰が見ても異変であった。国元では、好戦派の西郷との対立によって小松が上京差し止めを食ったとの風評が立ち、高知や京都では小松失脚説が行き交った。しかし、小松自身が十一月七日付で家老桂久武に送った手紙で、

「小拙も昨日は上京を仰せ付けられ有り難く存じております。お礼を申し上げます。一昨日あらかたご内話願い置いた通り、…。昨今の塩梅（あんばい）にては、五六日中に快方になるのは覚束なく、かようなご時節、病身にては十分のご奉公も出来かね、実々残念の至りです。…。」[2]

と伝えており、今回の上京不参加は自らの辞退によるものであったようだ。しかし、辞退の理由が足の疾患だけであったかどうかは定かでない。

小松は藩主出発前日の十二日に、西郷に湯治中の温泉地から次のように書き送っている。

「進退起居も難しく臥床（がしょう）いたし、…、実に残念の至り、期日御大事のご時節に臨み遅れを取ったこと千歳の遺憾。…。この上はなにとぞ、皇国のため、お手抜きなきご尽力のところ、一心に祈ります。芸土両藩のところもご親睦に成り、少々にても（不都合あっても）お助けあい成るようありたく存じます。…。ご上京の上は、芸土両藩へよろしくご伝達下さるべく頼みます。尽力の件は、過日お話ししました通りですので、ほどよくお談じ下さるよう。」

少々のことがあっても、「芸土両藩のところもご親睦に成り」助け合ってやってくれるよう頼ん

でいる。また、「芸土両藩へよろしく」と繰り返して伝えていることからしても、小松としてはやはり、挙事よりは、まずは土佐・芸州の両藩と協力して大政奉還の完遂を目指してほしかったのであろう。小松にとっては、藩主が率いる兵は、挙兵のための兵というよりは、大政奉還成就の後ろ楯になるものであっただろう。

藩主茂久の一行は十一月十七日に三田尻に着き、翌日茂久らが上陸して長州藩主世子毛利広封と会見し、西郷は同十八日に長州藩家老毛利親信らと協議して薩長芸三藩出兵の六カ条からなる協定を結ぶ。芸州藩はこれより少し前の十月二十七日に、長芸両藩の世子同士（毛利広封と浅野長勲）が協議して、三藩出兵協定への参加に同意していた。協定は、

一、三藩とも浪華根拠の事。
一、薩侯御一手は京師を専任とする。
一、薩侯は…、二十三日ご入京。（長州兵は）二十八日西ノ宮着、薩藩より京師の模様報知の上、侵入のはず。
一、〇の義は、山崎路より西ノ宮へ脱、詰り芸州までの事。

などから成る。

禁裏御所を完全制圧できなかった場合は、最後の条にある「〇の義」すなわち天皇の動座を実行するものだ。先に立てていた「一挙奪玉」の挙兵策と同じである。

さて、三人が帰国しているあいだに、京都の情勢は大きく変化していた。なかでも薩長にとっての大きな変化は、両藩が持ち帰った「賊臣慶喜殄戮」の密勅に対して、それを一時差し止める沙汰書（以下、「見合わせ沙汰書」）が出ていたことだ。それは、密勅を発した三卿が連署して十月二十一日付で発していた次のものだが、それを国元に知らせると混乱をきたすため、藩主上京時に通知するよう指示が出ていた。

「去る十四日申し達した条々、その後、かの（徳川）家祖以来、おこなってきた国政を返上し、深い悔悟をもって恐懼（きょうく）の趣きを申し立てたにつき、十四日の条々をしばらく見合わせ、実行否かどうかを勘考、…。」[3]

慶喜が大政奉還を奏聞して朝廷が勅許したとあっては、三卿としても「賊臣慶喜を殄戮し」と命じる勅書をそのままにしておくわけにはいかなかった。もっとも、奉還の実現までには紆余曲折も予想されるので、ともかく「実行否かどうか」「見合わせ」ると言う。

この沙汰書への対応については、藩主島津茂久入洛時の藩議で諮られるので、そのときに述べるとして、その前に、京都で起きていたもう一つの情勢変化、慶喜による征夷大将軍職辞退が政局に及ぼした影響を先に見ておく。

徳川慶喜は大政奉還に続いて、十月二十四日には征夷大将軍職辞退の上表を朝廷に提出する。しかし、この征夷大将軍職辞退に対しては、朝廷はさすがに直ちに受理することはできず、諸侯が上京して協議するまで「これまで通り心得るべし」と命じている。受理してしまえば、たちどころに、諸大名をたばね、日本や朝廷を外夷から守る軍事統率者がいなくなってしまうからだ。この将軍職辞退ついては、小松が帰国前に慶喜自身から聞き取っており薩摩藩指導部は先刻承知済みであった。

しかし、慶喜が将軍職辞退の上表を提出するや、大政奉還時時と同様に大きな反響を呼ぶ。幕府側では、守旧派が強く反発する一方で、それを慶喜の「勇断」や「大英断」として高く評価する者も多く現われる。尾張藩老公・徳川慶勝は慶喜の上表前日の十一月二十三日に二条城で慶喜からその話を聞き、「これまで疑いが滞っていたのはすべて氷解の次第」と賞賛し、[4] また、先にも取り上げたように、土佐藩の福岡孝弟は「稀世（きせい）のご英断」と激賞した。

この高い評価は、西郷らの留守を預かっていた吉井友実・伊地知正治・関山糺ら薩摩藩京都藩邸首脳にも及ぶ。伊地知正治は「十一月」付で国元に意見書を送り、そのなかで、

「徳川前日の重罪を悔悟し、時勢の沿革を観察して政権を奉還し、朝廷に将軍職を辞退したにつき、今は難事を追責されては不公平と存じますので、朝廷が将軍辞職をお聞き入れになり、徳川内大臣を諸侯の上席に召し置かれるようあるべきではないでしょうか。……。」[5]

と建言している。

この伊地知の意見書は、西郷ら留守中の京都藩邸を代表するものであった。しかし、これを知った、西郷・大久保らは驚いたであろう。慶喜の排除や徳川家を島津家等と同格の一大名にすることは、これまで、伊地知らもともに共有していた目標であったはずだ。伊地知が「徳川内大臣を諸侯

の上席に召し置かれるよう」というのは、土佐藩の福岡が「内府公（慶喜）ご主宰にて」というのや、龍馬の「〇〇〇自ら盟主となり」に慶喜の名を入れるのと同じである。慶喜による大政奉還に続く将軍職返上がいかに大きなインパクトを与えたかがわかる。西郷・大久保は藩内でさえ、異端の側に立っていることになる。

大久保が高知を経由して京都に着くのは十一月十五日である。この日、龍馬と中岡慎太郎が襲われ龍馬は絶命する。その知らせを岩倉から受け取って、大久保は十六日に岩倉に、

「ご直書ありがたく拝見。坂本・中岡異変の儀につき、早々ご示諭なし下され、…。後刻参殿、…。」[6]

と返書している。

大久保は岩倉邸に「後刻参殿」して、「坂本・中岡異変」のこと、ならびに「見合わせ沙汰書」のことを詳しく聞いたはずだ。岩倉はさらに、十七日に中岡が死んだことを聞いて、十九日に大久保に、

「坂（龍馬）、横（中岡）死云々、臣（岩倉）も実に遺憾切歯の至り。なにとぞ真っ先に復讐いたしたきものに候。」[7]

と伝えている。

土佐の後藤象二郎が上京してきたのは、大久保より六日遅れの十一月二十一日であった。有力諸侯に求められた上洛期限は十一月末日であったが、山内容堂はその期限内の上洛は無理と見て、先

に後藤を上京させたのだ。

土佐藩は、藩主父子のもとで大政奉還建白を藩論にして進めて来ているが、藩内がそれ一つにまとまっているわけではない。建白を推進する主流派のほかに、この五月に西郷らと意気投合して「薩土密約」を結んだ板垣退助らの反幕派があり、またそれとは逆に、藩祖山内一豊以来の徳川尊崇を掲げる佐幕派もあった。それらのうち、反幕派は大政奉還の建白は慶喜を摂政・関白に据えようとするものだとして山内容堂の上京に反対し、また、佐幕派は大政奉還の建白は徳川家への信義にもとるとして、やはり容堂の上京に反対していた。

とは言え、土佐藩は中央政界では大政奉還建白を成功させた輿望の藩であり、後藤象二郎はそれを代表するスターであった。後藤は着京と同時に精力的に活動を再開し、越前侯松平春嶽や尾張侯徳川慶勝らと連携し、慶喜側近の永井尚志にも積極的に働きかけ、同時に朝廷の反幕派の公卿たちにも入説して回り、「賊臣慶喜殄戮」の密勅を発した中山忠能や正親町三条実愛らの心までも揺さぶる。後藤が進める大政奉還の建白路線は、平和的に王政復古をして公議政体の新政権を樹立しようとするもので、誰にも受け入れやすかった。

後藤の入京に二日遅れて十一月二十三日に、薩摩藩主島津茂久が島津広兼・岩下・西郷らを伴い、兵およそ一千を帯同して入洛する。しかし、「見合わせ沙汰書」が出ているという事態で、二十五日に茂久臨席のもとで藩議を開き、先着の大久保が岩倉と談合していた策をもとに戦略の練り直しを諮る。密勅が差し止めになった限りは、薩長芸三藩協定にもとづく挙兵策をそのまま実行するわけにはいかず、禁裏制圧のクーデター策を維持しつつ、とりあえず待機することにする。

この決定を聞いた長州藩の品川弥二郎は、十一月二十七日付で国元の藩庁宛に次のように報じている。

「朝廷のところ、火急に一発というわけには行かず、…。その訳は、将軍が大政を朝廷に返還したについては一通りの条理を立て、もし、その上で（慶喜が）聞かないときは、この前の秘書（密勅）通りにする由とのこと。

ついては、先に近々、総参内、太政官を立て、即日将軍を諸侯の列に下し、会桑を奪職して帰国を命じ、我が藩の兵を（京都に）入れる等の勅を下し、そのほか云々（慶喜の辞官納地など？）の事件を運ぶとのこと。

実に戦機を失い、彼（幕府方）より暴撃に遭うことも計り難く、懸念このことです。（長州方は）来月（十二月）五日までのところは、先ず西之宮へ滞陣してくれとのことです。…。幾回にも時機を失い、実に遺憾に耐えませんが、今さら致し方なく、ただただ彼より先を付けられないようにと、それのみを煩念する次第です。」8

品川の無念さがにじみ出ている。末尾には、幾重にも「時機（戦機）を失い」、「彼（幕府方）より先を付けられない」か、「それのみを煩念する」と言う。これまでも幕府にさんざん痛み付けられてきた長州藩としては、警戒の念をいっときも緩めることはできないのである。

このように薩長側は待機を余儀なくされていたが、他方の後藤ら土佐藩側も山内容堂の上京が遅れて動きが取りにくい上、クーデターの実行を急ぐ薩摩藩との調整に苦労する。薩摩藩に先走られてしまっては、平和的に公議政体へ移行しようとする策が台無しになってしまうからだ。それに、後藤にとっては何よりも、薩摩藩に小松が欠けていることが苦労の種(たね)であった。

それでも、土佐藩と薩摩藩は、王政復古を実現して、新たに公議政体の政権樹立を目指す点では一致しており、そのためにはともに、相手の力が必要であった。両藩はこれまでに薩土盟約の締結とその解約があり、たびたび衝突もあったが、関係が断ち切られたことはない。

十一月二十八日には後藤が西郷らを訪ねて、自分たちの計画とこれまでの経過を説明し、十二月二日には今度は西郷と大久保が後藤を訪ねて、自分たちのクーデター計画の詳細とその実行日を伝えている。後藤は告げられた実行日の十二月五日を八日に延ばすよう要請して、西郷らはその日への延期を承諾するとともに、クーデターの手順を開示している。そして十二月五日には、中山邸で中山・正親町三条と大久保・後藤の四者会談があり、クーデター実行の合意が成る。

それらでの協議の内容は、慶喜による辞官納地、摂関制の廃止、太政官(総裁・議定・参与の三職制)の設置、会津・桑名両藩の役職の廃止などの確認である。ここで、辞官納地の辞官というのは慶喜の官位(内大臣)を辞退させることであり、納地は幕府直轄地(全国五十一ヵ国に及ぶ「天領」と呼ばれる領地)の半分すなわち二百万石ほどを新政府に返納させることである。そして、慶喜の新政府での採用については、辞官納地を見定めてその後に決めることになる。

後藤はクーデターが内戦に発展することを避けるために、薩摩側に対して、松平春嶽や徳川慶勝にクーデター実行の承諾を得ること、さらに慶喜にも知らせることを申し入れる。これについて、薩土間で確執や紆余曲折があったが、ともかく、後藤は十二月五日には松平春嶽と徳川慶勝にクーデター計画を知らせ、春嶽を通じて六日には慶喜にもそれが伝わる。

薩摩側も今回のクーデターは、政変によって新政権の早期樹立を目指すものであって、戦争をやろうとしているわけではない。越前藩や尾張藩がクーデターを承認してそれに参加してくれることや、慶喜が自重してクーデターを見過ごしてくれることは大いに望ましいことであった。

このころ、西郷の慶喜に対する評価も一時的ながらずいぶん上がっている。十二月五日付で国元の蓑田宛に書いた手紙では、西ノ宮に到着している長州兵への取り扱いの件で、会津藩および摂政二条斉敬と伊宮（朝彦親王）が帰国させよとする強硬な態度を取っているのに対して、慶喜が好意的であることに触れて、

「大樹も心配致しており、まったく相離れ反正の姿が顕かで、……。幕府においてはいよいよ反正の姿にて、決して動揺いたす勢いは見えませんが、会・桑のところは、いかにも安心できず、動くものがあるとすればこの両藩かと察せられます。」

と伝えている。

いよいよクーデター決行を翌日に控えた十二月八日に、薩摩藩は岩下・西郷・大久保の三名連署で同志の三卿に肝っ玉を据えてもらうため、次の建議書を岩倉に差し出している。[9]

「今般ご英断をもって王政復古のご基礎を召し立てられたいとのご発令については、一混乱を生じさせるかも知れません。二百有余年の太平の旧習に汚染してきた人心であってみれば、一度干戈を動かし、かえって天下の耳目を一新して、中原を定められるご盛挙になるべきで、戦いを決し、死中に活を得るご着眼、最も急務と存じます。

しかしながら、戦いは好んでするべきでないことは、大条理において動かすべきでないことです。

（中略）

詳考深慮、ご初政（王政復古後の最初）の一令をお誤りにならないようにすることが第一の事に存じます。ついては、徳川家ご処置振りの一重事、大略のご内定を伺ったところ、尾張藩と越前藩をして、（徳川家を）真に反正謝罪の道に立たせるよう、ご内諭周旋を命じられるとのこと、実に至当かつ寛仁のご趣意と感服しております。

全体、皇国が今日のように危うきに至った、その大罪が幕に帰することは論を待たずして明らかです。それ故、すでに先々月（十月）十三日、云々ご確断の秘物のご一条（密勅の降下）までに及ばれております。

この先、いかようの論が起こりましても、（慶喜を）諸侯に列し官位一等を降ろし、領地返上して、闕下（天皇のもと）に罪を謝らせるに至らずしては、公論に背き、天下人心、もとより承服する道理がありません。右のご内議は断乎、寸分のご動揺もあってはなりません。尾張藩・越前藩の周旋が、もしうまく行かない節は、朝廷の寛大のご趣意を奉ぜず、…、早々に朝命、断然右（密勅）の通りご沙汰なるべきと存じます。」

前段では戦争論を述べ、この際「一度干戈を動かし」、「死中に活を得る」として諸卿に覚悟を求めている。新国家を「創業」するには、なまぬるい方法ではなく、「一度干戈を」交えておいた方がよいとも言う。

中段以降ではもっぱら、「徳川家ご処置をどうされるかの重大事」について論じ、まずは「皇国が今日のように危うきに至った、その大罪が幕に帰することは」明らかで、そのことを明白にすることが肝心だと言う。そして、「この先、いかようの論が起」きても、徳川慶喜を「諸侯に列し官位一等（内大臣）を降ろし、領地返上して、闕下に罪を謝らせること」が肝要で、この「辞官納地」については、薩摩藩は一歩も退けないと言う。これが、薩摩藩の基本的な態度である。

尾張藩・越前藩による「内諭周旋」のことを書いているが、これは、両藩が慶喜に「反正謝罪の道に立たせるよう」周旋することを指す。この「内諭周旋」方式について、ここでは「寛仁のご趣意と感服」などと書いているが、これは、中山らがこの方式を強く望んだためであって、西郷らの本意ではない。西郷らはもとから、「内諭周旋」方式といった迂遠なやり方ではなく、勅命降下すなわち聖断による即決を旨（むね）としていた。それを拒否すれば、名分によって討つことができるからだ。

十二月八日に諸卿のほか、在京の諸侯にも参内が命じられ、正午から朝議が開かれる。参内した諸侯は尾張侯徳川慶勝、越前侯松平春嶽、芸州侯浅野長勲（ながこと）らで、徳川慶喜、松平容保、松平定敬は病気を理由に参内せず、二条城で様子を見守った。夕刻に朝議が始まり、そこで長州藩父子と三条実美ら五卿の官位復旧と入洛許可、併せて、岩倉具視ら文久二年以来の幽閉者の赦免が評議され、それらが翌九日の明け方にようやく決まる。長州藩父子の官位復旧と入洛許可ならびに岩倉の赦免は、どうしてもこの日に決めておかねばならなかった。長州藩兵は今月初めには西ノ宮に布陣して、その入京許可を待つばかりであったし（このあと十一日に入京）、岩倉の赦免は当日からの朝廷での活動のために不可欠であった。

長丁場となったこの朝議も九日朝八時ごろに閉会となり、摂政の二条斉敬（なりゆき）らが退朝し、このあと、次に起こることを知っている中山忠能、正親町三条実愛ら公卿と上記の三侯の六名がその場に留まり、その頃合いをはかって、薩・土・芸・尾・越の藩兵が一斉に禁裏御所封鎖のために六門などそれぞれの持場に就く。

出動兵士の人員や配置については、上記各藩重臣が前日八日夕刻に岩倉邸に呼ばれて、翌日の王政復古断行への協力を求められるとともに、「一紙」をもって指示を受けていた。その封鎖計画は薩摩藩が立案して、当日の総指揮には西郷が当たる。クーデターを事前に知っていた慶喜は、邪魔立てするようなことは一切していない。

九日当日は、前日（実際には当日）に赦免されたばかりの岩倉具視が十時ごろ参内して、天皇に王政復古の断行を上奏したあと、有栖川宮熾仁（たるひと）親王らの宮（皇族）や公卿、それに島津茂久、山内容堂の諸侯が参内して、前夜からの居残り組に加わり、そろったところで、小御所（こごしょ）で会議が開かれ、そこで次の「大令」（後に「王政復古の大号令」と呼ばれる）が宣言される。

「徳川内府、従前ご委任の大政返上、将軍職辞退の両条、今般断然、聞（き）こし食（め）された。…。叡慮決せられ、王政復古、国威挽回の御基（おんもとい）を立てられるにより、自今、摂関（摂政・関白）・幕府等廃絶。即今、まず仮に、総裁・議定・参与の三職を置かれ、万機行わせられるべし。…。」

王政復古が宣言され、朝廷の摂関制ならびに幕府の廃絶が決定され、続いて、新政府の陣容が発表されて、総裁に有栖川宮熾仁親王、議定に中山忠能、徳川慶勝、島津茂久ら、参与に岩倉具視らと各大名家家臣らが任命され、同時に、これまで朝政を仕切ってきた近衛忠熙、鷹司輔熙、二条斉敬や中川宮ら二十一名の参内停止処分が布達される。

このあと、再び小御所で上記新役職者による最初の三職会議が開かれ、内覧・議奏・武家伝奏等の旧朝廷政治職の廃止と五摂関家・門流の廃絶など、従前の朝廷政治機構の完全な解体が決議される。さらにその場で、京都守護職・京都所司代の両職の廃止ならびに慶喜の官位問題と領地返上の辞官納地問題を議案にして評議が始められるが、そのうちの両職の廃止については、会議中に幕府から両職解職の申し出があったために、評議に付されることなく廃止が決まる。しかし、辞官納地問題では会議が紛糾する。

薩摩藩が勅命によるべしと主張したのに対して、「周旋」によって慶喜から自発的に辞官納地させるべしとする意見が多数を占めたからだ。特に山内容堂が、そもそもこの場に慶喜が呼ばれていないことに憤慨して、直ちに慶喜を呼ぶべしと申し立てたために会議は荒れる。

容堂の弁論については、越前藩の『再夢紀事　丁卯日記』が次のように記録している。

「土老公（容堂）大声を発して、このたびの変革の一挙、陰険の所為が多いのみならず、王政復古の初めに当たって兇器を弄する。甚だ不祥にして乱階を唱えたに似る。二百余年天下太平を致した盛業ある徳川氏を、一朝に厭棄して疎外に付し、幕府衆心の不平を誘い、また…、政権を返し奉ったごとき大英断の内府公をしてこの大議の席に加えないのははなはだ公議の意を失せり。速やかに参内を命じられるべし。畢竟、このごとき暴挙を企てられた二三の公卿、何らの定見あって、幼主を擁して政柄を窃取せられたるや。…。」[10]

容堂は前日八日に入京したばかりで、事前の根回しが十分に施されていなかったため、「陰険の所為」、「大英断の内府公」、「公議の意を失せり」、「幼主を擁して政柄を窃取」などいずれも、言うなら正論を開陳してしまったのだ。そのため、春嶽らもこの容堂に弁説に勢いを得て賛同の弁を述べ、会議は紛糾して暫時休憩に入る。

この場面に関して二つの逸話がのこっている。一つは「岩倉の一喝」の話であり、もう一つは西郷の「短刀一本」の話である。

『岩倉公実記』は、上のように言辞を浴びせた容堂に対して、「具視、これを叱って曰く」、

「これ御前における会議なり。…。聖上は不出世の英材をもって大政維新の鴻業を建て給う。今日の挙は悉く宸断に出づ。妄りに幼冲の天子を擁し、政柄を窃取せんとの言を作す。何ぞ、それ礼亡きこと甚だし。豊信、恐悚し失言を謝す。」[11]

と記す。

しかし、この小御所での会議を記録した他の史料では、こういった言質は一切出てこない。[12]また近年では、そもそもこの場に天皇は臨御していなかったとする説が優勢である。[13] おそらく「岩倉の一喝」は、天皇を崇めるためと岩倉の果敢さを称揚するための作り話であろう。

次にもう一つの西郷の「短刀一本」の方であるが、これは『維新土佐勤王史』が、岩下方平が暫時休憩中に西郷に会議の様子を知らせたのに対して、

「西郷自若として、ただ短刀一本あれば足ると答える。」(一一六六頁)

などと記すもので、これもその真偽は定かでないが、ただ、これには傍証する一次史料がある。春嶽(慶永)名でこの会議を国元の藩主松平茂昭に十二月十三日付で伝えた手紙で、

「薩の大久保一蔵・岩下佐次右衛門・大嶋吉之助等、悪まさるものなし。…。越・土両老侯極死にて激論に及ぶ、…、死しても我が魂は天幕(天朝と幕府)を守護することと決心致しました。」[14]

と書き、また、この直後の手紙でも、西郷や大久保のことをはっきりと「薩奸」と書いている。[15] これからして、「薩奸」によるテロを警戒した雰囲気が読み取れる。西郷が、会議の成り行きを危ぶんで、発していた言葉であったとしても不思議はない。

辞官納地問題については結局、慶勝と春嶽が責任をもって慶喜の説得に当たることで了承され、翌十日に慶勝・春嶽二人が二条城に出向く。越前藩の記録によると、二人が二条城に出向いたとき城内は、

「幕下の人心大いに動揺し、旗下の面々いずれも兵器を携え甲冑にて登城。」

といった様子で、慶喜は二人の説得に応じず返答を保留する。さらに翌十一日にも二人で二条城に行くが、情勢はさらに悪化して、

「城中の変動不測にして、狂人のごとくになる者多し。」

といった雰囲気で、[16] この日も、返答保留の返事しか得られなかった。

そして翌十二月十二日には、慶喜が突如、幕臣と五千の直属兵ならびに会津・桑名両藩主と両藩それぞれの三千と千五百の兵を引き連れて京都を出発し大坂城に移動する。この慶喜の会津・桑名両藩兵を伴っての下坂は、慶喜が京都で偶発的な軍事衝突が起きるのを避けるために取った措置として、公家や京都の町民たちから高い評価を受ける。実際にそのためだけであったかどうかはわからないが、いずれにしても、慶喜の取った措置は穏当なものとして評価され、それに対して、兵力をもってクーデターを起こした薩摩藩への風当たりは強くなる。

そんななか、太政官三職の総裁に就任したばかりの熾仁親王が早くも十一日に辞意を表明して朝議に出なくなり、一方で、平和的に公議政体の新政権を樹立しようとする穏健派が巻き返しを図る。そのことは、改めて布告された十二月十四日付の全国の諸大名向け、ならびに十六日付の人民向けの「大令」の文面によく表れている。それらでは、当初クーデター当日に宣言された上掲の「大令」と違って、いくつかのところで文言が書き変えられている。その一つが、

「叡慮決せられ、王政復古、国威挽回の御基(もとい)を立てらるるにより、既往を論ぜず、更始一新、自今、摂関・幕府等廃絶。即今、まず仮に、総裁・議定・参与の三職を置かれ、万機行わせらるべ

し。…。」[17]

のところだ。周りの他の文言はみな同じだが、上記傍線部だけが、新たに挿入されている。つまりは、薩摩藩が幕府の過去の「大罪」を「反正謝罪」させることを最重要事項にしているのに対して、それを無効にするかのごとくに、土佐藩の大政奉還建白書にある「既往の是非曲直を問わず、一新更始」に相当する文言がここに書き加えられているのである。穏健派が巻き返しに成功していることは明らかだ。

そしてこのころ、大坂に退いた慶喜側でも不穏な動きが目立つようになる。老中・板倉勝静は在府（江戸）の老中に軍艦による派兵を命じ、慶喜も十二月十六日には、大坂で仏・英・米・伊・蘭・プロシアの六ヵ国公使を引見して、新政府を批判し、かつ、外交権は依然自分のもとにあることを通告する。これは、大政奉還の上表で慶喜自身が「外国の交際が日に盛んになるとき、朝権一途に出るようにしなければ、綱紀立ち難く」としているのに反する。

さらに、慶喜もいよいよ、十二月九日以来の成り行きに憤慨して覚悟を決めたのか、十八日には大目付の戸川伊豆守（安愛）に下記のような上書を京都に届けさせる。

「…。祖宗継承の政権を奉帰、…、なお将軍職ご辞退も申し上げたところ、召集の諸侯が上京し衆議あい決するまでは、これまで通り心得るべき旨ご沙汰につき、…。（待っていたところ、結局）、列藩の衆議もなく、にわかに一両藩戎装（武装）をもって宮闕（禁裏）に立ち入り、未曽有の大御変革仰せ出され由にて、先帝（孝明天皇）よりご遺託なされている摂政殿下（二条斉敬）を停職し、旧眷（頼りにされていた）の宮・堂上方を故なく排斥せられ、にわかに先朝譴責の公卿数名を抜擢し、陪臣の輩みだりに玉座近くに徘徊いたし、数千年来の朝典を汚し、…。幼冲にあらせられる折柄、右のような次第に立ち至っては、天下の乱階、万民の塗炭眼前に迫る。…。速やかに天下列藩の衆議をなし、正を挙げ奸を退け、万世不朽の御規則あい立て、上は宸襟を寧じ奉り、下は万民を安んじするよう仕りたく、臣・慶喜千万懇願の至りです。」[18]

新政権樹立の不法を糾弾して、「（天皇の）臣・慶喜」が「速やかに天下列藩の衆議をなし、正を挙げ奸を退け」ると宣言している。書中にある「先朝譴責の公卿数名」は中山忠能や岩倉具視らを指し、また、「陪臣の輩みだりに玉座近くに徘徊いたし」というのは西郷や大久保らの所業を指す。岩倉からこの上書を見せられた春嶽や容堂は、その内容に驚き、その提出を制止している。岩倉は十二月二十日付の大久保宛の報告書の一項目で、

「極秘書一件、くれぐれも吐露なきよう、知らぬ事に、くれぐれも頼み入れます。」[19]

と書いている。

この「極秘書」は上記の慶喜の上書を指す。「吐露なきよう」と言っても、当然、西郷も知るところとなる。春嶽や容堂はもみ消したつもりであったかもしれないが、大久保・西郷らは慶喜の内意を知ることになる。

また、二十四日の廟議では、薩摩藩が慶喜から謝罪の意味を込めて徳川宗家の領地の半分相当を返上（納地）させようとしていたのに反して、むしろそれを逆手に取るかのごとく、徳川宗家だけ

でなく大名家すべてから、石高割りで領地を返上させることが決定される。さらに、二十六日には下坂した春嶽が慶喜にそれらのことを伝え、慶喜京都呼び戻しの合意が成る。

ここに至って、西郷・大久保らは、いよいよ武力対決の意思を固める。クーデターの前日には同志の公卿たちに、「（慶喜を）諸侯に列し官位一等を降ろし、領地返上して、…。尾張藩・越前藩の周旋が、もしうまく行かない節は」、「確断の秘物（「賊臣慶喜殄戮」の密勅）のご一条」の通り決行すると申し入れていた。

## 二　戊辰戦争

十二月二十八日、大坂城に江戸の薩摩藩邸焼討事件の報が伝わる。この事件は、江戸の治安に当たっていた庄内藩ほかの兵が十二月二十五日早朝に出動して、薩摩藩邸に寄宿している浪人の差し出しを求めたところ、薩摩藩が拒否したため戦闘になり焼討ちになったものだ。その報を、幕府大目付滝川具挙（ともたか）が急きょ幕艦・順動丸に搭乗して大坂に伝えたのだが、そのとき滝川は、江戸で幕府方と薩摩方とが交戦状態に入ったと伝えたようだ（あるいは、そのように伝わった）。そのため、城中の兵隊たちがいきり立ち、慶喜もまた、遂に堪忍袋の緒が切れたようだ。慶応四年一月元旦に、朝廷に差し出す次の上表を認（したた）める。

「臣慶喜、謹んで去月九日以来のご事態を恐察致しますのに、一々朝廷のご真意ではなく、まったく松平修理大夫（島津茂久）の奸臣どもの陰謀より出ていることは天下のともに知るところです。

特に江戸・長崎・野洲・相州処々乱暴および強盗の儀も、すべて同家家来の唱導により東西饗応して皇国を混乱に陥れる所業、別紙の通りにて、天と人ともに憎むところです。
前文の奸臣どもをお引き渡しいただくようご沙汰下されたく存じます。万一、ご採用ならないときは、止むを得ず誅戮(ちゅうりく)を加えるべく、この段、慎んで奏聞致します。」[20]

「松平修理大夫の奸臣ども」の引き渡しを求め、「ご採用ならないときは、止むを得ず誅戮を加える」と言う。その「奸臣ども」が西郷・大久保らを指すことは明白である。

慶喜はかつて、第一次長州征討時には長岡護美(もりよし)宛の手紙で、西郷のことを「総督の英気は至って薄く、芋に酔うのは酒よりも甚だしいとの説、芋の銘は大島とか申す由」と皮肉り、また、慶応元年九月の朝議で長州再征の評議があったときには大久保のことを「匹夫」と呼んでもいた。ともに慶喜にとっては、自分に歯向かう許し難き輩(やから)であり、また今や、「玉座近くに徘徊いたし、数千年来の朝典を汚」す輩なのである。

翌一月二日早朝には、いよいよ滝川具挙がその上表を携え大坂をたって京都に向かい、同時に、会津・桑名の両藩兵が先鋒を務め、旧幕府直属軍と姫路・讃州高松・伊予松山等の諸藩兵が続いて、およそ一万五千の兵が大坂を進発していく。慶喜が先の戸田に持たせた上書の内容、それに上の上表に「松平修理大夫の奸臣ども」の「誅戮」とあることからすれば、ここに勃発しようとしている戦争は、旧幕府軍が西郷・大久保らの成敗を名義にした戦争とさえ言えそうである。

西郷が京都で薩摩藩邸焼討事件の報を受けたのは、慶応三年の十二月三十日（旧暦ではこの日が大晦日）であった。報をもたらしたのは、十二月二十五日の焼討直前に江戸の藩邸を逃れてこの日に京都に着いた秋田藩浪士の二名であった。翌一月朔日付で西郷は国元の蓑田伝兵衛に次のように伝えている。

「大いに驚駭した次第です。右のような変動ゆえ、一左右（一報）申し送る道もなかったのでしょう。畢竟、二十三日にお城出火、翌二十四日まで焼け通した由です。ついては、その出火で浪士どもへ不審をかけたのか、はなはだ暴動の次第のようですが、何分様子がわかりませんので、早々探索の者を差し出した次第です。江戸において諸方で浪士が起ち動乱に及んでいる様子に聞かれますので、きっと諸方へ義挙いたしたことかと察せられます。……。

全体、九日以来のところ、大いに旧幕の輩は（我々を）憎んでいますので、早く江戸の浪士を倒す策ではないかと察せられます。（浪士たちは）百五十人ばかりおりますが、決して暴挙するはずはないと思われ、京師の挙動によって、どのようにも致すはずで、おとなしくしている様子は近ごろまで聞こえていました。しかし、右のような恐れがあり、先手を打ったのか、残念千万の次第です。」

この焼討事件で江戸留守居の篠崎彦十郎ほか多数が死に、関東一円で攪乱工作を指揮していた益満久之助が捕えられ、伊牟田尚平と相楽総三らは翔鳳丸でかろうじて江戸を脱出して一月二日に兵庫港に到達する。このとき江戸で攪乱工作を実行していたのは、西郷らの指示で益満・伊牟田らが十月ごろに江戸に入って寄せ集めた、相楽を首領とする浪人たちであった。

西郷は「大いに驚駭した」と書き、また、浪人たちが「暴挙するはずはない」と書いている。確かに、吉井友実が十月から二度にわたって益満・伊牟田宛てに「云々の件（攪乱工作）」は見合わせるよう指示を送り、また、留守居の篠崎にも、幕府が大政奉還したので「今日においては事を挙げるに名義はない」、当面、浪士部隊を制御しておくよう指示を出している。[21]

しかし、西郷は「諸方で浪士が起ち動乱に及んでいる様子」は知っていたようだ。また実際、いったん攪乱のために集めた多数の浪人たちを、ずっと何もさせずに自重させておくのは無理である。事を起こしたとしても不思議はない。

江戸から知らせが入った直後に、西郷から呼び出しを受けた土佐藩の谷干城は、回顧談だが、

「（十二月）二十八日に至り西郷より急使が来て直ちに行くと、西郷が莞爾として（ほほ笑んで）曰く、始まりました。至急乾君（板垣退助）お知らせ下さい。それより諄々として説いて曰く、…、兵端すでに彼（幕府）より開く。寸時も猶予すべきでありません、と。」[22]

と語っている。

二十八日というのは、谷の記憶間違いと思われるが、話の内容の大枠は、谷が「薩土密約」を結んだメンバーの一人であったことからしてもまったくの作り話とは思えない。いずれにしろ、西郷にとって、開戦の大義名分に悩んでいたときに、江戸で薩摩藩邸焼討事件が起きたことは幸運であった。しかも、それがもとで、慶喜の方が大軍を京都に向けて進発させたのだから、ほとんど天の

賜物のように思えたに違いない。
今や、慶喜が大政奉還をして征夷大将軍を返上し、朝廷が「幕府等廃絶」と宣言しているなかで、慶喜の大軍が京に入ることは、朝廷がそれを許さない限りはその兵は「逆賊」となる。それに、天皇は今や、新政権側が掌握しているのである。これらからすると、慶喜が大政奉還し将軍職辞退後に、軍隊を大坂に移動させたことは、結果的には失策であったことになる。

薩長土の兵が旧幕府軍の入京を阻んで鳥羽と伏見に布陣する。そのにらみ合いのなか、ついに三日の夕方五時ごろに発砲があって戦闘となる。大坂では同夜、薩摩藩大坂藩邸への襲撃があり、留守居の木場伝内や税所篤らは藩邸に火を放って脱出する。さらに、翌四日には兵庫沖で海戦が起き、薩摩藩艦船の翔鳳丸や春日丸などが、榎本武揚が指揮を取る幕艦・開陽丸等によって摂海から追い払われる。

西郷は前線に出ないよう指示されていたが、三日に伏見の戦場に出向き同夜、大久保に次のように伝えている。

「今日はお叱りを蒙るとは考えましたが、戦の左右を聞き、たまり兼ねて伏見まで差し越し、ただ今帰ってきました。初戦に大勝、誠に皇運開き立つ基と大慶このことです。兵士の進退、実に感心の次第で驚き入りました。
追討将軍の件、いかがなっているでしょうか。明日は錦旗を押し立て、東寺に本陣をお据え下されば、一倍官軍の勢いを増すことになります。なにとぞご尽力なされたく合掌します。」

大久保は三日の朝廷の緊急会議で徳川征討の布告と錦の御旗（みはた）の授与を要請する。しかし、松平春嶽らがこの戦いは薩摩と徳川の私戦だと主張して反対する。しかしまた、岩倉具視が強硬に動いて、朝廷から錦の御旗を下賜させる。錦の御旗は先述のように、すでに作られて薩摩藩京都藩邸に保管されていた。

三日深夜には議定の仁和寺宮嘉彰（にんなじのみやよしあきら）親王が新政府軍の軍事総裁に、四日朝にはさらに征討大将軍に任じられて、鳥羽街道の東寺に本陣を構えて錦の御旗を翻（ひるがえ）させる。岩倉は、穏健路線の公議政体派が巻き返した時点から、一時、平和的に新政権を打ち立てようと努めたが、開戦という事態になって肝を据えたのであろう、混乱する朝廷にあって「幼冲」の天皇を掌中に、豪胆と機略をもって采配を取り、ほぼ朝廷を思うままに動かす。

新政府軍は官軍となり、反対に旧幕府軍は賊軍になる。当然ながら、新政府軍の士気は上がり、旧幕府軍のそれは落ちる。藩主・稲葉正邦が江戸で老中を務める淀藩の軍隊も、相手方に錦の御旗が翻ると淀城へ引き上げ、閉門して旧幕府軍の入城を拒むようになる。

そんななか、徳川慶喜は大坂城にあって一月六日夕刻、諸有司・将士たちを集めて出陣を宣言する。ところが、同日夜十時ごろには突如、松平容保、松平定敬や老中の板倉勝静らを伴って大坂城を脱出し、いったん米国艦に逃れたあと開陽丸に乗り移り、そのとき下船中の艦長・榎本武揚を置き去りにして江戸に帰還する。大坂城に取り残され兵と、敗退して大坂城に帰還してきた将兵たちは、指揮官不在のなか独力で逃亡するほかはなかった。慶喜の命で六日の午後、連絡のために前線に出ていた永井尚志もその一人であった。

本陣の大坂城がこのありさまでは、西日本の旧幕府軍が総崩れになるのは当然だ。慶喜は長州再征のときには、将軍家茂の薨去を隠したまま家茂の名代として出陣を宣言しながら、小倉城陥落の報が入ると、出陣を取り消す失態を演じていたが、同じことを繰り返したことになる。

慶応四年（明治元年）一月七日には、

「現在彼より兵端を開いた上は、慶喜反状明白、始終朝廷を欺いてきた段、大逆無道、……。」

とする、慶喜追討令が発令される。

西郷は一月十六日に川口量次郎（雪蓬、書家。沖永良部島でともに流人として知り合い、帰還後、西郷家に入っていた）宛で鹿児島の家族に次のように書いている。

「尚々、寅太郎（嫡男で、このとき生後一年六ヵ月）の病気はどうかと、少々暇には考えています。物を沢山食わさないよう、お申し聞かせ下さるよう。……。

陳れば、大坂落去以来戦も止み、追々、桑名責め等を始めるつもりです。（大坂城等から）分捕ったもののおびただしいこと、眼を驚かすばかりです。

京・伏見・大坂ともに町々より勝ち軍を祝って、酒・肴をささげること、毎日引きも切らず、実に盛んなことで、ただ今になってみれば、（幕府が）これほどまでに憎まれていたのかと驚き入っているような次第です。薩軍の旗を見ては、老若男女手を合わせて拝み、民心喜悦の師（軍隊）を初めて見て、王師（天皇の軍隊）というのはこれこそと考えています。…。（戦場より）まかり帰ったところ、大いにお叱りを蒙り、大困りです。もう老人仲間に入ったことで、軍はできない。ただ世話をするばかりで、残念なことです。戦いが静まればお暇願を出して、もう隠居と決めています。実に、人間役のご奉公はかなわない。気後れのみで、いかがとも致し方がありません。この旨、荒々一左右まで。」

文頭の尚々書きで「少々暇には考えています」といった言い方で、子供の病気のことを尋ねている。終わりには、「戦いが静まればお暇願を出して、もう隠居と決めて」いると言う。戦争が済んで王政復古が成れば、それで自分の仕事は終わると考えていたのだろう。

西郷は元来先々のことを、こと細かに考えたり将来像を描いたりする性質ではない。政治上のことも同様で、新政府のあり方や将来の政治構想などを、自身で特段に考えているわけではない。そういったことは大久保らに任せておけばよいとでも思っていたのだろう。「戦いが静まれば」、鹿児島に帰ることを楽しみにしていたようだ。最後のところで「人間役のご奉公はかなわない」と書いているのは、王政復古はしても、朝廷で公卿たちと共にするような奉公は「気後れのみで」、自分の性分に合わないといったところであろう。

江戸にもどった慶喜は、最初は再挙の気持ちもなくはなかったようだが、ほどなく朝廷に謹慎恭順の態度を示し、一月二十一日付で在京の徳川慶勝・松平春嶽・山内容堂ら宛に、自分の退身によって徳川家の存続を求める嘆願書を送っている。

西郷のもとにもその嘆願書の写しが届き、西郷は二月二日に大久保に次のように書いている。

「ただ今、別紙が届きました。慶喜退隠の嘆願、甚だもって不届き千万。是非切腹までには参らないでは済まず、必ずや越土（越後藩・土佐藩）などよりも寛（典）論が起こったのでしょう。静寛院（故家茂の正室・御台所、孝明天皇の妹・和宮）といえども、やはり族の一味となって、退隠ぐらいで済むと思し召しであれば致し方なく、断然追討あらせられたきことと思います。

ここまで押し詰めているところを、寛やかに流しては、再び、臍をかむとも益なしに至ることになります。例の長評議に因循を積み重ねては、千歳の遺恨になると思いますので、何とぞお持ち合わせのご英断をもってお責め付け置き下されたく、三拝九拝お願いします。」

西郷は「慶喜退隠の嘆願、甚だもって不届き千万。是非切腹までには参らないでは済まず」、ここで「寛やかに流しては、再び、臍をかむとも益なしに至る」と言う。

大久保ももとより西郷と同じ思いで、国元の蓑田伝兵衛に送った二月十六日付の手紙で、慶喜退隠の嘆願を、「誠にあほらしき沙汰の限り」と言い、また、

「退隠ぐらいをもって謝罪などとますます（朝廷を）愚弄奉ること甚だしいことでございます。天地に容れられべからざる大罪なれば、…、寸毫も猶予されては、例の譎詐権謀に陥られるのは案中

のことです。」[23]

と伝えている。

これまで慶喜には、失望させられ裏切られもして、さんざん痛め付けられてきた。その彼を、何もなしに、ただ単に退隠させるなど、西郷や大久保にとってはとうていできることではない。ところが、上の西郷の大久保宛の手紙を収録している『西郷隆盛全集』第二巻は、この手紙を解説して、「世間にはこの書を引用し、徳川家処分について、西郷及び薩藩がきわめて残酷な意見であったと論ずるものがあるが、これらは西郷の真意を解しない皮相の見解である。」

とする。

また、古くから多くの歴史家が、西郷は初め厳しい処置を言うが、実際には寛大な措置で事を収めるやり方をするとして、この慶喜処分もその事例の一つに挙げるが、いずれも、いかがなものか。西郷が「是非切腹までには参らないでは済まず」と言うのも、大久保が「誠にあほらしき沙汰の限り」と言うのも、どちらも真意であっただろう。ほんの一ヵ月ほど前には、自分たちが慶喜から「誅戮(ちゅうりく)」の対象にされてもいた。西郷や大久保らが慶喜の「殄戮(てんりく)」を掲げ、慶喜が西郷・大久保らの「誅戮」を唱えるところに、修辞や誇張があったわけではない。互いに募る憎悪と敵愾心を燃え立たせて、まさしく熾烈な戦いをしているのである。

もっとも、新政府としては、慶喜が恭順した場合は彼を「死一等」にしないことを早くに決めていたようだ。西郷や大久保らとしても、それに執拗に反対するようなことはできなかった。また実際、慶喜の「死一等」に固執して、世間に広がっている薩摩の徳川との「私戦」や天下取りの野心の風評をいっそう掻き立てることは、二人にはできなかった。

西郷は慶応四年二月十二日に、薩摩藩諸隊差引（司令官）に就き東海道先鋒隊を率いて京都を出発する。しかし、その二日後には、西郷に東征大総督府下参謀の命が下る。下参謀というのはこの戦争の実質上の最高司令官である。このような順序になったのは、西郷がそれに就くのを嫌って、出発際に長州の広沢真臣にその役を押し付けて勝手に出て行ったからだ。駿府から三月五日付で軍防事務局判事に就いていた吉井友実に送った手紙で、西郷はその件で、

「大総督参謀の儀、…、広沢に出し抜かれたようなので、さっそく名古屋から脱走した（総督府から前線に逃げ出した）ところ、ご中途から参謀の儀もお申し来られている。なにとぞ、はやばや（私に代わる）参謀をお遣わしになるよう、ご尽力成し下さるようお願いします。」

と書き送っている。

この後も、西郷は事あるごとに参謀辞退を申し出て、総督府から「脱走」したり、独自の判断で勝手な行動を取ったりしている。東海道先鋒の諸藩連合軍は二月二十五日には駿府に達し、総督府はいったんそこでの待機を命じるが、西郷は戦略上の要衝箱根を目前にしての待機は無駄として、独自に先鋒隊の箱根進出を命じて一挙にその地を占領する。その後三月六日には軍議を開き、江戸城総攻撃を三月十五日と決定している。

そのようななか、徳川方の陸軍総裁兼海軍奉行の勝海舟が送った使者・山岡鉄舟が、益満休之助を敵陣地の通行手形に仕立てて、三月九日に西郷のもとに到着する。益満は先の薩摩藩邸焼討事件

で投獄されていたのを、勝が少し前にもらい受けていて、このときに使ったのである。[24] 山岡と益満は旧知の間柄でもあった。

西郷と勝が三月十三と十四日の両日、江戸で直接談判をして、西郷は旧幕府側の七ヵ条の回答案を預かって京都に戻り、それを朝議にかけて了承を得、四月十一日には江戸無血開城が成る。勝は『海舟日記』の三月十四日の条で、それまでの経緯を書き、その最後に、

「薩摩一二の小臣、上に天子を挟み、列藩に令（号令）して出師迅速（すいし）、猛虎が群羊を駆るに類せり。何ぞその奸雄（奸智にたけた英雄）なるかな。」[25]

と記している。いかにも勝らしい言い回しだが、ここで「小臣」と呼び「奸雄」と呼んでいるのは、慶喜がこの三月半ほど前に「松平修理大夫の奸臣ども」と呼んだ、同じ西郷たちのことだ。

勝はまた、後にこのときの談判を回顧して、[26]

「あのときの談判は、実に骨だったヨ。官軍に西郷が居なければ、談（はなし）はとてもまとまらなかっただろうヨ。…。西郷は俺の言うことを一々信用してくれ、その間一点の疑念もはさまなかった。『いろいろむつかしい議論もありましょうが、私が一身にかけてお引き受けします』と、西郷のこの一言で、江戸百万の生霊も、その生命と財産も保つことができ、また徳川氏もその滅亡を免れたのだ。」

などと、長々と話している。

歴史にのこる事件を、いくらか自分たちの美談に仕立てた回想だが、いずれにせよ両雄が、旧知で互いを認め合える仲でなければ（猜疑心をもってするようであれば）、江戸無血開城もそう容易には

進まなかったであろう。
江戸城の官軍への引き渡しも、とりあえずスムーズに運ぶが、旧幕府側の抗戦を完全に封じ込むことはできなかった。海軍副総裁・榎本武揚は当時最強のオランダ製軍艦・開陽丸を率いて北上し、また、歩兵奉行・大鳥圭介も旧幕府軍精鋭の伝習隊を率いて北関東方面に脱出する。江戸では、旧幕臣たちが彰義隊を組織し、新政府軍の兵隊と衝突を繰り返すなどして市中の攪乱を続けていた。

四月下旬には、長州藩の大村益次郎が京都から軍防事務局判事の肩書で、有栖川宮熾仁（たるひと）東征大総督の「輔佐」として江戸に入り、江戸取り締まりの強化を図る。大村は京都の新政府部内にあって、東征大総督府の東征・鎮撫の遅滞を批判し、反抗分子の早期掃蕩を強く主張していた。大村は若くして大坂に出て緒方洪庵の適塾に入門し、やがて塾頭も務めた俊英で、そのあと江戸に出て、幕府の講武所で蘭学と西洋兵学を修めてその教授も務めた。当時としては、第一級の軍事専門家で、第二次長州征討（「幕長戦争」）では長州軍を指揮して幕府軍を打ち負かし、実戦でも輝かしい戦績をのこしている。

そのような武将が東征大総督「輔佐」として江戸に入ったのだから、当然、東征軍の司令長官の職にある西郷とのあいだで、その地位や指揮系統の上で微妙な問題が生じてくる。そのため、ふたりの周辺では軋轢も生じるが、西郷本人は、自分の方が一歩退いて大村を立てる姿勢を取る。

五月三日には奥羽二十七藩による奥羽列藩同盟が成立して、奥羽戦線の激化が予想されたため、西郷は兵を率いて増援に向かう旨を大村に伝えるが、大村は江戸鎮撫の先決を唱えてそれに反対す

る。西郷はそのことを五月十日付で、京都にいる大久保・吉井連名宛に、

「応援のため白河口（奥羽戦線の拠点白河）へ出張致したく、（現在江戸のいる薩摩藩兵を先に白河口に送り）京都より参るべき兵を当地に召し置かれるのがよろしい旨を、再度申し立てているが、大村士聞き入れこれなく、…。」

と書き送っている。

西郷は相当に残念だったようだが、大村の指示に従っている。

五月十五日には、大村が立てた彰義隊掃蕩作戦のもとで上野戦争を戦い、西郷は最も激戦が予想された黒門口を受け持って一日にして彰義隊を一掃する。関東監察使としてこのとき江戸にいた三条実美は、京都にいる岩倉具視への五月十八日付の手紙で、

「西郷吉之助の兵隊、黒門の激戦は実に目ざましい戦いにて、諸人大感心しました。」27

と伝えている。

上野戦争で彰義隊を一掃して江戸鎮定のめどがつき、西郷はさっそく奥羽戦線への増援の措置を取るために、慶応四年（明治元年）五月末に江戸をたって京都に向かう。六月五日に着京すると同日直ちに朝廷に参内して、奥羽戦線への増援部隊派遣が目下の急務であることを言上する。

このとき藩主島津忠義（ただよし）（この一月に茂久から改名）とともに京都にいた大久保は、その日、朝廷であったことを日記に五項目に分けて書き留めているが、その第一項で、

「君公（忠義）、小御所で天顔（天皇）に拝され、御剣・錦旗を頂戴になり、お金三万両と御紙面二通をお受けになる。」

と記しているが、最後の第五項では、

「今朝、西郷吉之助上京。関東の評議で何ぶん人数（兵隊）差出の件至急にて、君公の出を引き延ばし、まずは兵隊のみ早々に繰り出すように言上して、朝議はその通りに決定。…。」

と記している。

忠義は五月二十日に奥羽出陣の朝命を受け、準備を整えてこの日にいよいよ出発の予定であったが、同日江戸から帰京した西郷の「差出の件至急にて」の鶴の一声（ひとこえ）で、それが引き延ばされる。藩主が率いる兵よりも、より効率的に迅速に動ける部隊の増援が必要ということで、このあと、家老島津広兼（ひろかね）が薩摩兵を率いて京を出発しているが、それにしても、忠義が天顔を拝して命を受けながらの変更であり、唐突さは否めない。

その後の忠義については、『明治天皇紀』に、

「（六月）八日、御前に会議を開いて議を決し、忠義に命ずるに、帰藩して兵を調した上、航路江戸に赴き、東征大総督熾仁親王ならびに関八州鎮将三条実美と謀り、奥羽鎮定に尽力すべしと。吉之助にまた忠義の随行を命ず。…。」[28]

とある。

つまり、忠義は帰藩して増援部隊を編成し、あらためて江戸に向かえと命じられ、併せて、西郷にも藩主随行の命が下る。

実際このあと、忠義と西郷は直ちに京都をたって帰国する。しかし、これ以降、忠義が実際に戦争中に「江戸に赴」くことはなく、二度と戊辰戦争の戦場に立つこともなかった。したがって、西

郷も鹿児島に帰ったまま、そこに五十日ほども留まり、自身は大方を日当山温泉で過ごしている。

これらからして、西郷が意図的に藩主忠義の奥羽出陣を阻んだのはまず間違いない。西郷はこれより以前、一月十七日に忠義が新政府の海陸軍務総督に任命されたときも、西郷自身の海陸軍務掛への辞退とともに、忠義にその職を一日にして辞退させている。そのときの忠義の辞退届は、

「…。とくと熟考致しましたところ、兵馬の権は容易ならざる皇国の大事件にありますれば、若年不材の者、まったくその任に当たらず、ただ員に備わるのみにては、朝廷のご失体、深く恐れ入りますにつき、何とぞ、お断り申し上げたくございますので、よろしくご執奏願い奉ります。」

というものだ。

ずいぶん言い訳がましい辞退届である。ほんとうに忠義が「若年不材の者」であれば、藩主としても「まったくその任に当たらず」ということになろう。忠義はこのとき満二十七歳で、このころ「若年」を理由に役職を辞退できる年齢ではなかった。ちなみに、徳川慶喜が文久二年に島津久光の尽力で将軍・徳川家茂の後見職に就いたのは二十五歳で、茂久が慶応二年第二次長州征討のために上洛し大坂城に入ったのは二十歳だ。いずれにしろ、上の藩主忠義の奥羽出陣の中止にしても、海陸軍務総督の辞退にしても、西郷による独断専行気味の裁断ということになろう。

実際、忠義がこのあと六月下旬に帰国したときには、藩内でそういった問題が持ち上がっている。藩の命運をかけて藩主を送り出した薩摩藩としては、忠義に奥羽平定の朝命が下るのも、また、維新政府軍事部門トップの海陸軍務総督の職が授けられるのも喜ばしいことであり、言うなら当然のことであった。それを、国元に何の相談もなく一日にして、西郷が独断で断っているのだから疑惑

や不満が出るのは当然だ。西郷のかねてからの独断専行の性癖がここでも出たことになる。自らの信じる正義に溺れやすい気質とも言える。

この件で、国父島津久光がどのような感慨を持ったかはわからないが、やはり心外であったのではないか。薩摩藩がこれまでにしてきた仕事とそのために払った犠牲とからして、久光は薩摩藩がそれらの栄誉を授かるのは当然と考えていただろう。久光の西郷への不信と嫌悪は、元治元年に遠島から帰ってからの西郷の活躍でほぼ帳消しになっていたように見えるが、ここに来て、またいっきに深まったと思われる。下で見る西郷自身の明治二年七月の桂久武宛の手紙や、このあと頻出する久光の西郷に対する手厳しい言動がそのことを物語っている。


帰藩した忠義も西郷も、その後、朝命を無視するような態度を取っていたが、七月下旬に村田新八と西郷従道が長岡（現・新潟県長岡市）から京都を経て、救援軍の早期派遣を求めて帰藩してきたことで、薩摩藩もようやく出軍に動く。八月三日に一大隊を新潟に向けて海路出発させ、西郷も北陸出征軍総差引に就いて、同月六日に鹿児島をたって十日には越後柏崎に着く。しかし、西郷らが到着したときには、会津藩や仙台藩との激しい攻防戦があった白河口の戦いは、政府軍側の優勢でほぼ決着がついていた。

もっとも、西郷個人としては柏崎に着くなり、つらい知らせを聞くことになる。すぐ下の弟の吉二郎が越後の戦場で八月二日に重傷を負い十四日には帰らぬ人となったのである。吉二郎は西郷の留守中は家長の西郷に代り、ずっと一家の面倒を見ていたが、戦争に駆り出されると兄より早くに戦死してしまう。西郷にすれば、身を切られる思いであっただろう。このあと、遠島中の奄美大島で世話になった得藤長に書いた手紙で、

「拙者第一に先に戦死いたすべきところ、小弟を先立たせ、涕泣いたすのみでございます。」

と書いている。

西郷はこのあと八月二十日に松ヶ崎に陣を張るが、政府軍の総指揮はそこから十キロほどの新発田に置かれていた北陸道征討総督府が取って、九月四日に米沢藩、十日に仙台藩、さらに二十二日に会津藩、二十四日には庄内藩を次々に降伏させ、奥羽の平定をほぼ終える。西郷はごく近くにあった北陸道征討総督府に顔を出すこともなく、引率してきた兵隊を現地の参謀に預けて九月九日に松ヶ崎を離れ、米沢に寄り九月二十七日には庄内に入る。

西郷が庄内藩に寛大な処置を取ったことが、後の庄内藩の西郷への心服で有名になるが、西郷自身はそれほど特別なことをしたとは思っていなかったのではないか。庄内藩にすれば、薩摩藩江戸藩邸の焼討をした藩でもあったため、相当の報復を覚悟していたのだろうが、西郷としては、むしろ、そういったことをしないことで、「私戦」の風評や薩摩藩と旧幕府とのあいだの怨念を払拭したかったはずだ。それに、藩邸焼討事件は、西郷らにとっては、開戦のきっかけがつかめずに苦労していたなかで、戦端を開く恰好の火付け役になってくれた。

九月八日には慶応から明治へと元号が変り、天皇は九月二十日に京都をたって明治元年十月十三日に江戸城に入る。西郷は九月二十九日に庄内をたって東京（七月に江戸を改称）にもどり、そこで政府から東京に留まるよう指示を受けるが、またまたそれを無視して、ちょうど天皇と入れ違いに、

そこを去って十月十日に京都に入り、そのまま帰国してしまう。

西郷が十一月初めに鹿児島に帰着したころ、東京では奥羽平定軍の凱旋があり、十一月二日には有栖川宮熾仁親王の東征大総督兼会津征伐大総督や西郷の征討大総督下参謀の解除が発表される。本来なら、西郷は東京で平定軍の凱旋に立ち会い、また、下参謀解除の詔を天皇から直接に授かるべきであったはずだ。しかし西郷は、新政府の指示を無視し、そっぽを向くような行動を取る。

このころ鹿児島に帰郷した伊地知正治は、西郷の国元での様子を明治二年一月二十付の手紙で大久保に、

「入道先生はすでに四・五十日ぐらい日当山に湯治、犬四・五匹、壮士両人もしくは三・四人同道の由ということです。」[29]

と伝えている。

伊地知がここで「入道先生」と書いているのは、西郷がこのころ剃髪をして坊主頭になっていたからであろう。頭を丸めたのは、前年八月に戦死した弟の吉二郎との関係がありそうだが、隠退の意志表示であったようでもある。

西郷が三月二十日に大島の得藤長に書いた手紙では、

「もうこの節はお暇を願い上げ、隠居のはずで、暫時はご許容なったところ、またまた是非に勤めるべき旨ご沙汰があり、よんどころなく先月二十五日に参政を仰せ付けられ、勤めています。一両年は勤めなければ済むまじく、当春ども、そこもとへ下島いたすべき含みのところ、案外のこと

になり、いかんとも仕方ありません。遺子ども（菊次郎と菊草）が始終ご丁寧にしていただいている由、厚くお礼を申し上げます。…。」

と伝えている。

隠居して「当春ども」大島に行くつもりであったが、行けなくなったと言う。それでも、「一両年は勤めなければ済むまじく」と書いていることからして、長く勤める気はなかったようだ。

この得宛の手紙と同日付で息子・菊次郎に送った手紙が近年見付かっている。得宛の手紙といっしょに大島に送ったのだろう。内容は菊次郎に「上国」（鹿児島に来ること）を促す次のものだ。初めは、自分が「当春ども」大島に行ったときに連れ帰るつもりであったのだろう。

「一筆啓達します。相変わらずいよいよ元気の由、大慶このことです。拙者も変わらず送光（消光）いたしているので、少しもご懸念はいりません。たびたび書状を寄越した由ですが、始終、旅がちで返事も遣(や)らず、いかばかりか案じていただろうと思います。

もうは旅も致すことはないだろうと考えているので、必ず上国いたされるように。拙者も近来、多病がちで、とても永くは生きながらえるのは覚束(おぼつか)なく思い、存生中に一篇は逢いたくもあり、あとになっては決まって心残りにもなるので、一両年のうちに罷(まか)り登るように致されるべし。雑費等はよくよく船頭らに頼んで上国の上、すべてここもとで支払うにつき、少しも世話はありません。私の面(つら)も知らないでは、一生心掛かりになると、近頃は歳を取ったためか、考えていることです。手習いどもいたしている由、…。紙・筆・墨など送ります。」[30]

書面にはこのあと、船便で送る食料や木綿のほか扇子やかんざしなど多数の品目が書かれ、西郷の大島に残している子供たちへの思いが伝わってくる。

菊次郎を呼び寄せる気持ちは強く、ほとんど命令調の言い方になっている。自分は「多病がちで」、この先「永くは生きながらえるのは覚束なく、存生中に」一度も会えず自分の顔も知らないようなことになっては困るなどとも書いて、いくらか焦り気味である。

西郷は、このように自分に健康不安が生じたときに、何かしら、し残していることが胸をよぎるらしく、性急に事をやり遂げようとする性癖がある。明治六年には、やはり健康不安が生じた際、急に思い立ったように自分の朝鮮遣使を申し立ててその実現に夢中になる。

薩摩藩参政に就いた西郷は、桂や伊地知らとともに、島津家一門の私領地を藩に回収したり、一門や門閥の禄を従前の八分の一ほどに大削減したりして財源を確保し、それらをもとに一万五千人ほどの西洋式の近代的な常備軍を創り、また、微禄の下級藩士については、その俸禄を増額している。この兵員の増強は、このころ新政府が「常備隊規則」を公布して進めていた諸藩の軍備抑制策に抵触する。

そんななか、西郷は何を思ったのか、明治二年五月に突如、自ら藩兵を率いて箱館戦争支援のために戦地に向かう。五月一日に鹿児島を出帆し、五日に品川に到着し、大村益次郎から今行っても遅いと忠告を受けながら、西郷はそれを無視し、強引に朝廷の出張命令を取り付け、他藩の兵も加えて品川を出帆し二十五日に箱館に到着する。ところが、大村が忠告した通り、到着する一週間前に榎本武揚らの旧幕府軍が降伏して箱館戦争は終結し、同時に戊辰戦争も終結する。

遅ればせの出兵はまったくの無駄足になり、西郷は兵隊を引率して五月二十八日に箱館を出帆して東京にもどる。頼まれもしない箱館出兵を、西郷がこの時期、いったい何のためにやったのかよくわからない。藩政改革で出兵の費用が比較的容易に捻出でき、新規につくった薩摩藩の軍隊の力量をためしておきたかったのだろうか。

西郷は箱館から船で帰還して六月初頭に東京に着くが、政府から出た東京残留指示をまたまた無視して、六月五日には兵を連れて鹿児島に帰着する。帰るとさっそく、日向（宮崎県）の吉田温泉に湯治に出かけ、西郷はそこから、七月八日付で薩摩藩・執政心得（藩庁トップ）の桂久武に、

「陳（のぶ）れば、このたびの東行（箱館出兵）の不都合さんざんのことで、早や帰国した次第です。定めて不都合なことが到来するだろうと愚考しています。いずれ、お聞き及びになるでしょう。兵隊を留め置くようお聞きしましたが、構わず引き上げてきました。自分もぜひ留まるようにとのことになるので、なおさら引き払ってきました。必ず不都合があったはずと思います。」

と書き送っている。

これからして、自分の「東行」が失敗であったことは自覚しているようだ。政府の指図を無視して兵隊を連れ帰ったことについては、「定めて不都合なことが到来するだろう」とも書いている。

ところで、桂宛のこの手紙は、上のことだけを伝えるために書いたものではない。桂が藩の執政心得を退きたいと言ってきたのに対して、西郷が苦言を呈し、手紙の後半ではそれに関連して自身の心境を述べている。桂が胸襟（きょうきん）を開いて話せる相手であることもあって、いささか感情的にもなっ

て次のように言う。

「さて、貴兄はご湯治の効果も上がらず、もはやご退職され閑暇を得て治療に専念されるとのこと、意外の思し召しと存じます。いよいよその通りにご決心されるのであれば、貴兄との約束が虚言にならないよう、この私を先に辞めさせてもらい、その上でご閑静の身になられるようしていただきたく、とにかく、このことはご尽力ひとえにお願いします。

私の身上の儀、何度も申し上げた通り、いかに讒言（有村俊斎や堀仲左衛門による）であるにせよ、一度は賊臣の名をこうむり、獄中まで入れられたようなことで、そのまま朽ち果てては先君（島津斉彬）公に申し訳が立たず、ひとたび国家（薩摩藩）の大節に臨み、賊臣のご疑惑を晴らすことができれば、泉下の先君にお会いしても口をつぐんだままでいなくてもいいと、そのことのみを考えてやってきました。

ただそればかりを思ってご奉公しているのであって、まったく君臣の情義はあい通ずべき道理になく、義の一字のみで勤めている次第、ご憐察もしていただけないようであれば、あまりに無理な訳ではありませんか。…。今日に至っては、獄中の賊臣、決して忘れているわけではさらになく、雲霧を破ることができれば退いて謹慎すべきことこそ、先君のご鴻恩を忘れないことと決めております。…。」

今日一般に、西郷は西南戦争を起こして「明治の賊臣」になったとされているが、実際には文久年間にも、このときは藩内でのことだが、国父・久光の懲罰を受け「賊臣」になっている。西郷はその「賊臣」の汚名を晴らさずに「朽ち果てては先君公に申し訳が立たず」、「そのことのみを考えてやってきた」と言い、また、その汚名の「雲霧を破ることができれば退いて謹慎すべきことこそ、先君のご鴻恩を忘れないことと決めて」いるとも言う。ここに、西郷が自らに課している出処進退の規準が示されている。

なお、上記中段の文中にある「国家」は、文脈からして薩摩を指すものであろう。西郷が「御国」と称するものは一般に薩摩を指すが、これからしても、西郷にとっての「国家」は、終生、日本国というよりは、いっそう薩摩であったと思われる。

## 三　一死報国の朝鮮遣使論

西郷は長く中央政府への出仕を拒んでいたが、明治三年暮れに岩倉具視が勅使となって大久保利通や山県有朋らを伴って来鹿し、西郷の出仕を求め、久光もそれを承諾したため、西郷もついに四年正月に鹿児島をたって上京することになる。そのころ西郷がつくったとされる「犠牛（生け贄の牛）」と呼ばれる七言絶句の漢詩がある。書き下し文にし、解釈も加えておく。

朝野（朝廷と野）に去来、名を貪るに似たり
竄謫（遠島）の余生、栄を欲せず
小量（乏しい器量）、まさに荘子の笑いとなるべし

犠牛、杙に繋がれて晨烹（朝の料理になるのを）を待つ

朝廷に仕えたり野に下ったりするのは、名誉を欲しがっているようなものだ。遠島にされた後の余生、栄誉を求める気などない。この貧しい行いを荘子は笑うに違いない。生け贄の牛にされて食われるのを待つ思いだ。

これから中央で朝廷に仕えようとする者が、いずれ「犠牛」になるとは、およそ尋常ではない。このあと、この詩に詠われているようなことが、現実のものになることもあって、この詩は、西郷自身がほんとうにこの時期に詠んだものか、疑わしく思える。しかし、『大西郷全集』第三巻（一〇九五頁）がこの書を写真で掲載していることからして、西郷の真作には違いないようだ。

明治四年の六月には、政府は西郷と木戸の二人だけを参議にして寡頭制を敷き、七月に廃藩置県を断行する。佐佐木高行は『保古飛呂比』の七月十四日の条で、廃藩置県の詔勅が下ったことを記し、続いて翌日にあった政府の集会でのことを次のように書いている。

「大臣・納言・参議・諸省長・次官等、皇城のお舞台に集会する。各自議論紛々、いかに処置すべきかと。いずれも声高になっているとき、遅刻して参議西郷隆盛参会し、西郷各自の議論を少し聞きたるや、大声にて、この上もし各藩にて異議等起これば、兵をもって撃ち潰すほかありません

と。この一言で議論たちまち止む。実に西郷の権力、さしも議論家の面々の一言もなし。非凡なることほかになし。」[31]

西郷は「もし各藩にて異議等起これば、兵をもって撃ち潰すほか」はないと述べたと言う。廃藩置県を構想し中心になって動いたのは木戸や長州の面々である。しかし、藩を廃絶するという革命的な大事業を成し遂げるには、やはり、全国に数多(あまた)ある各藩の旧藩主や藩士たちの反発を抑えられる「西郷の権力」が不可欠であった。

おそらく、西郷は天皇のもとに中央集権化を図るには、廃藩はやむを得ないと考えていたのだろう。国元の桂久武に廃藩置県が成ったことを、

「今、万国に対立し、気運を開かなくては、とても勢いを防ぎがたい次第で、断然、公議をもって郡県の制度に復されることになり、（天皇が）命令を下されました。お互いに数百年来の（島津家の）ご鴻恩、私情において忍び難いことではありますが、天下一般このような世運となり、いかに申しても十年は防ぐことはできず、この運転は人力の及ばないところと思っています。」

と伝えている。

しかし、この廃藩の断行によって、最も苦しめられることになるのが西郷である。明治二年に武士の身分を排して「士族」という階級がつくられ、その士族の棟梁とも目されている西郷が、士族の依(よ)って立つ藩を潰(つぶ)し、彼らの精神的拠(よ)り所(どころ)と生活の基盤を消失させるようなことをしたのだから、当然と言えば当然である。幕末に維新のために命を賭けて戦ったのは、公家でも人民でもなく武士

であった。その彼らに対して、維新政府は武士の身分を半ば取り上げ、さらに廃藩を断行して、言うなら、最も冷たい仕打ちをしたことになる。

廃藩置県が断行されてまだ四ヵ月ほどで、岩倉・木戸・大久保ら政府の主要閣僚たちが明治四年十一月に米欧回覧の旅に出発する。その洋行の間、大変革後の困難な日本の舵取りを、太政大臣三条実美を首班に西郷を筆頭参議に置いた、いわゆる「留守政府」が担うことになる。しかもその渡航期間は、当初予定された十ヵ月が、二倍以上にも延び、一年九ヵ月にも及ぶ。その間、とりわけ、藩を失った士族たちが頼みとする西郷の苦労は特段のものであった。

時期からすれば、もう少し待てば米欧回覧組が帰国する一ヵ月半ほど前、西郷は明治六年七月末に急に自身の朝鮮遣使論を唱えて、その実現に夢中になる。そのきっかけは七月初めに、朝鮮の釜山にある日本政府の出先機関から、日本を侮辱する「侮日」の伝令書貼付（公館の壁面に張り出された）事件の報告が政府に入ったことによる。その問題が廟議（大臣と参議による閣議）にかけられて、朝鮮許せずとする議論が起こったのである。

西郷はこのころ体調不良で、閣議に出ていなかったが、参議の板垣退助から閣議の模様を聞き、急にその解決のために自身の朝鮮遣使を熱心に主張するようになる。このころにはすでに、大久保利通と木戸孝允の二人は、政府からの早期帰国要請に応じて帰国し東京にいた。しかし、二人はともに「留守政府」への出仕を拒んでいたため、西郷らは二人を除いて評議を進めることになる。

西郷はまず征韓派の参議・板垣退助の支援を取り付け、その上で太政大臣三条を説得して、八月十七日の閣議で自身の朝鮮派遣を決めさせる。西郷が自身の朝鮮派遣を三条に初めて申し出たのが八月三日であるから、それからすれば、半月のあいだのたった二回の審議で、閣議は朝鮮との戦争になるかもしれない重大決定をしたことになる。夏休み期間中（この年から夏休み制度を取り入れ、天皇も箱根で過ごしていた）にもかかわらず、西郷が「留守政府」での決定を急いだのだ。

岩倉大使ら遣欧使節団は九月中旬に帰国し、岩倉・木戸・大久保ら外遊組は、西郷派遣は戦争につながるとして反対するが、西郷はなお強硬に自身の派遣を主張して譲らず、岩倉・大久保らも加わった十月十五日の最終の閣議で三条太政大臣が再度、西郷即時派遣に裁定を下す。ところがその直後に、三条が心労のあまり人事不省に陥るハプニングがあり、それを機に、岩倉・大久保らが俄然巻き返しに出て、宮中工作も講じ、最終的には天皇の命によって西郷即時派遣の決定を葬り去る。

西郷は直ちに辞表を提出し、西郷を支持した征韓賛成派参議の板垣・後藤象二郎・江藤新平・副島種臣もそれに続き、遂には維新以来の明治政府の大分裂に至る。そのため、西郷は当時から征韓論を唱えたとされ、そのときの政変は「征韓論政変」とも呼ばれている。

時代が下って、日清と日露の戦争で日本が朝鮮半島に大陸進出の足掛かりをつかんだ明治末のころには、西郷の明治六年の言動が新たに見直され、「征韓論のことは実に西郷畢生（ひっせい）の願望なり」（煙山専太郎『征韓論実相』（明治四〇年、二七五頁）や、「征韓論が西郷畢生の本領であり、畢生の志望である…。」（黒龍会編『西南記伝』上巻一（明治四二年、四八五頁）などとされ、西郷の「征韓論」が称揚されて今日に至っている。

しかし、西郷が朝鮮を討伐すべしとする征韓論者であったかどうかは疑わしい。西郷が明治六年に征韓を勧めるような言動を取ったのは事実である。しかしそれは、もっぱら自身の朝鮮遣使を実現するために、征韓論者たちの支援を得るためのポーズであった可能性が高い。事実、西郷自身が征韓論を唱えたと言えるような史料はのこっていない。また、西郷が「征韓」という言葉を使った史料も一つとしてない。そのため、西郷が征韓論を唱えたとする、戦後の歴史学者・井上清氏や遠山茂樹氏らも、依拠する史料は西郷を征韓論者として称揚する『西南記伝』などが収録する二次史料で、西郷自身が述べた征韓論や「征韓」の言葉を直接に示した歴史家は一人もいない。

そのためもあって、昭和五十年代前半期（一九七〇年代後半期）になると、今度は、歴史学者の毛利敏彦氏や作家の海音寺潮五郎氏らが、西郷征韓論者説をまっこうから否定して、西郷の朝鮮遣使の主張は日朝国交回復のための平和的な交渉を目的とするものであったと唱えるようになる。時代はちょうど、長く続いたベトナム戦争が終結（昭和五十年）し、日中平和友好条約の締結（昭和五十三年）もあって、国際情勢の気運は対立から協調へと向かうところであった。

以来、西郷が明治六年に唱えた朝鮮遣使論は、征韓論であったという説と、それとはまったく逆に、平和的交渉のためであったという説が、日本近代史上、四十年以上にもわたって競合しながら併存してきている。しかし、いくら何でも、まるで「戦争と平和」ほどにも違う両説がともに成り立つということはまずない。どちらかが間違っているか、あるいは、どちらも正しくないかであろう。

そこで筆者はこれをテーマにして、『西郷「征韓論」の真相－歴史家の虚構をただす－』（二〇一四）を著し、上記両説をともに否定して、西郷は朝鮮遣使に立ち、自らの死をもって維新以来の朝鮮問題の解決を企図したとした。以後もそれを論じ、[32] 特に毛利氏らの平和的交渉説については、近著『かたられる西郷隆盛―歴史学者は大丈夫か―』（二〇一八）において、史料の誤用や曲解・恣意的取捨選択といった歴史学上の基本的な間違いを重ねた虚偽の説であることを立証したつもりだ。詳しくは、それらを参照していただきたいが、以下でも、二三の史料を取り上げて、西郷の朝鮮遣使論の真相を概略述べておく。

当時、西郷・板垣とともに「留守政府」の当初から参議を務めていた大隈重信が、回顧談であるが、西郷が朝鮮遣使を主張したころの「西郷の心事」について次のように語っている。

「西郷の心事は手短に言えば、世人の多くが想像するごとく、その当初より韓の倨傲無礼を憤り、一意にこれを征服してわが国威を伸ばさんと欲したのではない。彼は勧められて朝に立ちしも、諸事、心に違って、その予期の志望を達するにあたわず。（中略）

さすがの西郷もほとんど失望落胆の極みに沈み、まったく人事を投げ打って世をのがれんと意を決するに至ったが、図らずも対韓問題の勃興することがあって、使節を韓朝廷に派遣して最後の談判をするべしという議が出て、…、その苦悶を遣るは、これをおいて他に道なしと、それこそ熱心に問罪使を発せんことを主張し、かつ自らその任に当たらんことを切望したのである。（中略）

むしろ対韓問題をもって悲境の一血路となし、最後の談判をなすべき最後の使節となって韓廷の殺害するところとなっても、これ自己の苦悶を遣るべき最後の光明にして、かつ旧君に対し、国家に対して忠死する道なりと想い、強いてその使節たらんことを要望し、そして、それが容れられなくなって、一蹶（いっけつ）ついに、その末路を江藤（新平）と同じくしたのである。説いてここに至れば、西郷の心事を誤解した世人の多くも、彼が憐れむべき一種の強き私情にかられて、ついに世のいわゆる征韓論を唱えるに至ったことを知るだろう。」[33]

大隈は、西郷は当初から朝鮮の無礼に憤慨したり、一意に国威を伸ばそうと征韓論を唱えたりしたのではないと言う。「図らずも対韓問題の勃興することがあって」、八方ふさがりの苦境の中「自己の苦悶を遣るべき最後の光明」として、「旧君に対し、国家に対して忠死する道なりと想い」、「使節たらんことを要望」したとする。「憐れむべき一種の強き私情にかられて、ついに世のいわゆる征韓論を唱えるに至った」のだとも言う。

大隈の見るところでは、西郷の朝鮮遣使論は、「西郷の心事を誤解した世人の」、「世のいわゆる征韓論」であって、通常の征韓論ではない。西郷に嫌われた大隈の「私情」もいくぶんか加わっているにしても、大方において正鵠を得ている。

西郷が明治六年に唱えた朝鮮遣使論は、実のところは、木戸孝允が明治初年に唱えた朝鮮遣使論と同じである。木戸は、岩倉使節団でアメリカ滞在中、米国の新聞に日韓関係に関する記事が出たのを見て、明治五年七月二十九日の日記に次のように記している。

「朝鮮へ使節を出すべきことは余の建言する所にして、実に戊辰一新（明治元年）の春のことなり。当時、…。一新の旨趣を（日本が王政復古を遂げたことを朝鮮に）告げ、互いに将来往来せんことを望む。…。しかりと言えども、朝鮮の国情（鎖国政策を取っていることや、朝鮮は中国を宗主国としていたため、中国皇帝以外の日本の天皇などの存在を認めるわけにはいかないこと）を察するに、彼頑固にして容易に承諾すると思われず。

さりとて、今日の機会を失せべからず、また前途を慮るに、今日端（戦端）を開き置かないときはまた、得べからずものありと。もっとも、始めは慇懃丁寧に情実を尽くし、その主意を陳し、その上で、彼の曲をもって我を待ち、不礼を加えるに至っては、その用意なかるべからず兵力をもってする…。」

木戸がこれをアメリカでは書いたとき、無論、西郷がこの翌年に朝鮮遣使論を唱えるなど夢にも思っていない。ところが、西郷が六年に唱えた遣使論は、木戸が上で言う「始めは慇懃丁寧に情実を尽くし、その主意を陳し、その上で、彼の曲をもって我を待ち、不礼を加えるに至って」というところまで含めて、まったく同じである。

帰国後、木戸は、西郷が朝鮮遣使を唱えているのを知り、それに反対する意見書を提出しているが、それで、

「大政復古の初め、…。一時、事を朝鮮に寄せ、新たに親兵を編徴（徴集編成）して、もって武力を試みようとした。けだし、その意は傍ら内姦を圧倒することのみにあった。…」[34]

と述べている。

木戸はここで、「戊辰一新の」自分の朝鮮遣使論を、「その意は傍ら内姦を圧倒することのみにあった」と、その内実を告白している。西郷は板垣に書いた手紙で、自分の遣使論について三条に、「内乱を冀う心を外に移して、国を興すの遠略」と話しておいたと伝えている。[35]

これらからして、西郷が明治六年に唱えた朝鮮遣使論は、木戸が明治初年に唱えた朝鮮遣使論（一般に「征韓論」と呼ばれる）と同じであり、それの焼き直し、ないしは蒸し返しと言ってもよい。ただ違うのは、西郷は、木戸と違って、もとから死ぬつもりであったことだけである。

西郷が朝鮮で死ぬつもりでいることは、当時板垣や三条に書いた手紙で読み取れるが、朝鮮に連れて行くことになっている部下の別府晋介に書いた次の手紙からも明らかだ。

「昨日は手紙をもらい、ことごとく拝読しました。頼んでおいた短銃をお探し下され、お礼を申し上げます。誠に十分の筒にて、この上ないものです。ついては、代金いかほどか、そっとお知らせ下さい。…。

先日は北村（重頼）がきて、是非連れて行ってくれとのことにつき、…。土州（土佐）人も一人死なせて置いたなら、跡がよろしいだろうと考えています。この節は第一に憤発の種蒔きなので、大いに跡のためになるだろうと考えていますが、どう思いますか。…。

（追伸）
是非（九月）廿日までには出帆のつもりなので、その辺は十分に働きますにつき、ご養生されるように。出立前に風邪などお煩いになっては、少しは娑婆が名残ありげに見えます。かか大笑い。」

別府とのあいだでは、朝鮮で死ぬことが前提になっている。「頼んでおいた短銃」というのは、朝鮮行きに携帯するものであろう。「土州人も一人死なせて置いたなら、跡がよろしいだろう」とも言う。その土佐人の北村重頼は板垣配下の者で、前年、花房遣韓大使が釜山に行ったときに、別府とともに朝鮮探索のために渡韓した人物である。ここで西郷が言っている「跡」というのは朝鮮との戦いになることであり、「奮発の種蒔き」も同じである。

西郷は確かに征韓を勧め、時にはそれを焚き付けるような発言もしている。しかし、西郷の真意は征韓そのものにあったわけではない。西郷が切言しているのは、あくまで「御一新」以来の初心の貫徹であり、そのもとで、西郷自身としては、「最初のご趣意」[36]の貫徹を名分にして朝鮮遣使に立ち、朝鮮で大義ある死を遂げたかったのである。この西郷の言動をもって、当時から、先の大隈重信や、そのほか勝海舟など少数の者を除いて、今日に至るまで、多くの人が西郷は征韓論を唱えたとしているのである。

明治六年、西郷は体調が思わしくないなか、自分が何もせずに畳の上で死ぬことが許せず、釜山での事件が起きたのを機に、自分の死を、維新以来の朝鮮問題の解決に使おうとしたのである。それによって戦争になり、凋落の一途をたどる士族たちに、最後の活躍の場を与えてやれると思ったかもしれない。西郷はそれが自分にできる最後のご奉公のように思っている。西郷の一死報国の朝鮮遣使論と呼ぶことができよう。

## 四　薩軍の決起

西郷は三条太政大臣卒倒後の政争に破れるや、直ちに辞表を提出して明治六年十月終わりには東京を立って鹿児島に帰郷する。故山に戻って詩情をそそられたのであろう、西郷は帰郷後、歌をよく詠んでいる。漢詩の一節を二ヵ所、読み下し文にして引いておく。

我が家の松籟（松に吹く風）、塵縁を洗い、満耳（耳いっぱい）の清風、身仙（仙人）ならんと欲す。

塵世（ちりにまみれた世間）を逃れ、また名を遁れ、偏によろこぶ造化自然の情。

帰郷後、西郷は確かに、山野に分け入って、好きな狩猟や温泉を楽しんでいる。しかし、「身仙ならんと欲」しても、実際にどれほど「塵世を逃れ、また名を遁れ」ることができたであろうか。西郷の突然の下野は世間を驚かせ、帰郷後の西郷の一挙手一投足にまで、世間の耳目が集まることになる。世間は実際、西郷が朝鮮遣使論を唱えていたその最中には、そのことも、また、そのために政争が起きていたことも、何も知らされていなかった。それらはみな、廟堂の密室で進んでいたことで、世間は、西郷らの突然の下野で初めて、西郷の「いわゆる征韓論」や「征韓論政変」を知ったのである。

もっとも、帰郷した西郷への世間の関心も、時間がたてば、いずれは収まっていくはずであった。しかし、そうならなかったのには、別に理由があった。西郷に同調して多くの者が官途を離れ、また職を投げうって、続々と帰郷したからだ。その数はどんどんとふくれあがり、西郷らはその者たちの生活の糧を得る場や活動の場をつくってやらねばならなくなる。しかも、帰郷してくる者たちは、西郷と同様に政府への不満と反感を抱く者たちばかりだ。とても黙って隠棲するような者たちではなかった。

西郷がほんとうに隠退するつもりなら、自分に追従して帰郷して来る者たちを何らかの方法で止めるべきであった。しかし、そういったことは一切していない。西郷らはやがて、鹿児島に自ら「私学校」と呼ぶ、将士の養成や軍事訓練をする機関をつくることになる。予想される国難に備えておこうとしたのであろう。しかし、その軍事教育機関に集まる多くが政府に反感を持つ者であってみれば、それがいずれ、反政府色の濃い不平士族の軍事集団になっていくことは、火を見るよりも明らかであった。

西郷が帰郷して五ヵ月ほどたったころ、政府は明治七年四月にいよいよ、琉球漁民大量殺害事件の問罪のための台湾出兵に踏み切る。併せて、内務卿・大久保利通が清国との交渉に当たるため

「全権弁理大臣」に就いて渡清する。西郷はその大久保出発の情報を得て、八月末に篠原国幹に次のように書いている。

「支邦（清国）の景況を熟考すれば、戦争にはならないでしょう。…。柳原（前光・駐清公使）は最初から引き受けの人で、…。破談（交渉がまとまらず戦争）になる気づかいはないと考えます。それゆえ、大久保も出立したのでしょう。…。賞金（殺害事件の賠償金）のことを言うつもりのように見えます。…、しかし、この金は取れないだろうと思います。金にするつもりなら、今いっそう兵力を増し、十分に戦いと決し、勢いを付ければ金にもなるでしょうが、…。

今、二三大隊を送り、十分に兵威を厳重にすべきところ、かえって金談を言い掛けては兵威をまったく減じ、勝ちを人に譲ったようなものです。和魂の奴原にどうして戦闘の事機を知れたりするものかと考えます。かか大笑い。…。」

西郷がここで言う「和魂の奴原」というのは、もともと和睦魂胆の輩といった意味であり、具体的には大久保や柳原を指す。「かか大笑い」と嘲ってもいる。

また、翌八年九月に日本海軍が朝鮮で江華島事件を起こしたときにも、やはり篠原に手紙を送り次のように言う。

「朝鮮の儀は、数百年来交際のある国で、御一新以来その間に葛藤が生じて既に五、六年談判に及び今日に立ち至っているところ、今回、今までまったく交際もなく人事の尽くしようもない国（台湾を指す）に対してと同様のやり方で、戦端を開いたことは誠に遺憾千万なことです。…。

　ひたすら相手を蔑視し、ただ発砲してきたから応砲したなどというのでは、これまでの交誼上、実に天理において恥ずべき行為です。このような場合は、開口（話し合いを始めること）こそ肝要で、もし非難すべきところが明らかになってくると、必ず救うべき道を各国で言うようになり、そのようなところになってくると、天下の憎むところにもなります。
一、この戦端を開いたことは大きな疑惑を生じさせます。これまでの談判明瞭でないところ、このたび、条理を積み、とどのつまりまで行って、彼の底意も判然とすれば、その上は、大臣の中から誰かを派遣し、道理を尽くした上で戦いを決めるならば、理にかなって戦うことになり、弱きを凌ぐ謗りを受けることなく、かつ、隣国（清国やロシア）より応援すべき道も絶えるというものです。
（後略）」


「大臣の中から誰かを派遣し」などと書いているのは、西郷がこの二年前に自身の朝鮮遣使を唱えたときの論理・論法とまったく同じである。文面全体に政府への憤懣と反感が直裁に出ている。

　そして、翌九年の十一月には、十月下旬から熊本・秋月・山口等で士族の反乱が連鎖的に起きたのを聞いて、桂久武に次のように書いている。

「…。両三日珍しく愉快の報を得ました。去る二十八日、長州の前原（一誠）・奥平ら石州口（島根県の石見）より突出した由、三十一日には（山口県）徳山辺の人数も繰り出し、（福岡県）柳川辺よりも同様の趣きのようです。熊本（「神風連」）の人数は、いよいよ船にて出かけた由、確かにわかります。右かたがたの引き合いとして肥後の巡査両名が参り、前原等の電報をもって掛け合いがあったにつき、相違ないことでしょう。

もはや、大坂辺は手に入れているのではないかと察せられます。因・備（鳥取・岡山方面）そのほか石州辺は、必ず起つはずで、天長節（明治天皇誕生日、十一月三日）を期日と定めていた趣きですが、機会（期日）に先んじてしまったように伺われます。天長節の期日であれば、江戸には必ず手を組む者があったはずです。そうでなくては、期日の定め方は、それ（天長節）以外には格別の機会日とは考えられません。

前原の手は、よほど手広く仕掛けたようで、この先、四方に蜂起があるだろうと楽しみにしています。この報を得ましても、ただ今までも、ここに滞在しております。急ぎ帰っては、壮士輩が騒ぎ立てるだろうと考え、決してこの方の挙動は人に見せず、今日に至っては、なおさらにことです。ひとたび動けば、天下驚くべきことをなすつもりと、含みまかりおる次第です。この旨、あらかたお知らせのみしておきます。」

「珍しく愉快の報を得」たと言い、「この先、四方に蜂起があるだろうと楽しみにして」いるとも言う。しかし実際には、西郷が各地での反乱の報を受けたころには、すでにどの反乱もほぼ官憲によって制圧されていた。そのほかの「大坂辺は手に入れているのではないか」や「天長節を期日と定めていた趣き」といった推測も、いずれも西郷の希望的観測や独断によるもので、実際にはそういうことは起きていない。やはり、自分たちだけの狭い世界に閉じこもっているため、入る情報も限られ、歪曲されてもいて、判断はいっそう独り（ひと）よがりになっている。

手紙の最後には「ひとたび動けば、天下驚くべきことをなすつもり」と書いて、いずれ決起するつもりであることを示唆している。この「天下驚くべきこと」というのは西郷の好みの言い方だ。西郷の従弟に当たる大山巌は後に西郷を評して、

「巨目（うどめ）さアは権力欲も金銭欲もなかったが、かろうじて上げるとすると、人望好みがあった。」

と話している。

この大山が言う「人望好み」が、西郷の言う「天下驚くべきことをなす」に関係し、また、西郷のいくらか担がれやすいところにも関係する。

鹿児島の様子は政府にとって内政上、最も気にかかるところであった。とりわけ、地方行政と国の治安をあずかる内務卿の大久保と、その配下にいる警視庁の大警視・川路利良（かわじとしよし）にとっては、ともに出身県でもあり、鹿児島情勢からは目が離せなかった。多くの密偵を潜入させて、逐次情報を受けていたが、明治十年初頭に受けた報告書の一つに「鹿児島県下私学校党風聞書」というのがある。鹿児島の近況を次のように伝えている。

「…。昨九年十二月四日に右（桐野利秋の）別荘に、西郷・桐野・篠原・村田…ら、旧少佐以上の

数人が会し激論。…、これまで隆盛は慇懃に諸生・輩を鎮撫し、一言の粗暴のことは言わなかったが、当日の議論はこれまでと異なり、衆に向かって曰く。

先年来、吾輩の志が伸びないのも大久保一蔵があるをもってなり。…。聞く、木戸の智者の如きも、彼の毒気を避けて事に与らんとする。吾輩、彼の肉を食うも飽かざるなり。

別府・辺見ら右の弁を聞き憤激して急に事を挙げんと迫る。西郷曰く、肥後・中国のこと既に平定したといえども、民情は兢々たり。変動が近くにあるだろう。機を待つべしと。

桐野言う、二三の大臣を討たば、政府は瓦解すべし。奸臣を討ち民の疾苦を救うは丈夫の本意なり。かつ、鎮台兵の如きは血税徴収にして一撃の塵にすべし。…。西郷曰く、時機を見るべしと抑えたりと云う。(中略)

一、刀研師・鞘師・柄巻師等の職々、悉く繁忙なりと。これは私学校党しきりに注文するからで、一月半ばまでに是非出来上がるよう催促最も厳なる由。

一、鉄砲鍛冶は昼夜の別なく使役せられる由。

…。

一、巡査某へ鹿児島県にいる実兄某より書通あった由に、その文に曰く、この度、吾輩の願望あい果たす時節に至ったとのこと。一月より三月までに上京があるとの意とのこと。また、東京府官員にも右同様の郵書があった者のある由。右、聞込みの件々、そのままお手元まで報告します。」[37]

西郷が「先年来、吾輩の志が伸びないのも大久保一蔵があるをもってなり。……。吾輩、彼の肉を食うも飽かざるなり」と激烈な言葉を吐いたと言う。最後の箇条書きのところでは、鹿児島の私学校党員の動きを細かく記して、「一月より三月まで」のあいだに、彼らが「上京」の予定で、準備を進めていることを報告している。

鹿児島では十年一月末に、私学校党員の激昂に起因する二つの事件が続く。一つは政府が鹿児島の弾薬庫から兵器弾薬を大坂に移送しようとして起きた事件で、もう一つは警視庁が鹿児島出身の警部・巡査ら数十名を年末に帰郷させ、現地の情勢の探索と私学校党員の離間を図ろうとして起きた事件である。

前者は、政府による兵器弾薬の引き上げをいち早く察知した私学校党員が、兵器弾薬庫を襲撃して略奪する事件に発展したものであり、後者は、やはり私学校党員が、送り込まれた警部・巡査らを次々に捕まえて、二月初旬には西郷暗殺計画を自白させたものだ。それらのために、結局は、西郷ら幹部も私学校党員たちへの抑えが効(き)かなくなって、遂には薩軍の東上を決することになる。この経緯からして、政府が企てた兵器弾薬の移送も、警視庁が送り込んだ警部・巡査らの鹿児島帰郷も、もとから陽動作戦の色相の濃いものであった可能性が高い。

いよいよ明治十年二月十四日から十七日にかけて薩軍一万三千の兵隊が、順次鹿児島を出発して陸路、連綿と東上していく。出発に当たって次の訓令が発せられる。

「この出兵たるやほかなし、政府の非を矯問せんとするなり。軍律あることなし。ただ、酒を禁ず。もし酒を飲んで酗する者は軍法に処す。」[38]

「出兵」というが、それは「政府の非を矯問」するものだと言う。一万三千の兵を「出兵」させているのだから、決起したには違いない。しかし、この訓令からすると、兵を戦争に向かわせるため進発させたのではないようだ。

薩軍は一隻の戦艦も保有せず、無論、海軍もない。戦争をするなら、政府の海軍の一部なりと、味方に付けなければ、とても互角に戦えるものではない。しかし、西郷らは一切そういった行動は取っていない。また、このとき、西郷らは外部勢力との連携も特には図っていない。むしろ、外から働き掛けがあったのに対して冷淡でさえあった。幕末に西郷らが諸藩との連携や合従連衡に腐心したのとは大違いである。少なくとも西郷らは、最初から戦争をするつもりで「出兵」したのではない。「出兵」は政府尋問への示威行動であったようだ。

しかし、薩軍の先発隊が、鹿児島の県境を越えて熊本に入った二月十九日、その越境を待ち構えていたかのように、政府は直ちに、太政大臣三条実美の名をもって「鹿児島県暴徒征討令」を発令する。中央政府の統制下にない、言わば私設の軍団が県境を越えたのであるから、それを機に政府がそのような処置を取るのは当然であろう。征討令は次のように言う。

「鹿児島県暴徒ほしいままに兵器を携え、熊本県下へ乱入、国憲をはばからず、叛跡顕然につき、征討仰せ付けられた。」[39]

これで薩軍は賊軍となる。併せて同日、有栖川宮熾仁親王に鹿児島逆徒征討総督の任が下る。賊軍となった薩軍は、降服するか戦うかの二者択一を迫られるが、引き下がるわけにはいかない。薩軍は熊本城下に兵を進めて、遂に二月二十二日に開戦となる。

西郷が三月五日付で征討総督宛に書いた西郷真筆の手紙がのこっている。[40]

「今般、陸軍大将西郷隆盛等政府へ尋問の次第これあり、出発しましたところ、熊本県は未然に庁下を焼き払い、あまつさえ、川尻駅（現・熊本市南区）まで鎮台兵を押し出し砲撃に及んだために、ついに戦端を開く場合に立ち至りました。

しかるところ、九日（十九日の誤りであろう）には征討の厳令を下された由、畢竟、政府においては、隆盛等を暗殺すべき旨を官吏の者に命じ、事が成る前に発露に及んでしまいました。これでは人民が激怒するのは理の当然でしょう。……。

恐れながら、天子征討を私するものに陥り、千歳の遺憾このことと存じます。特に、万国に対してどのような名義が立ちましょうや。たとえ政府において、当県の人民は誅鋤（殺され）し尽されても、必ず天地の罪人がいることに疑いはなく、まず政府首謀の罪根を糺され、その上でなお県下の人民に暴動の挙動があれば、いかようにも厳罰に処せられればよいことと存じます。

このときに当たり、閣下、天子のご親戚にあらせられながら、ご失徳に立ち至れられないようご心力を尽くされるべきところ、かえって、征討将軍となられご発駕(はつが)なられている儀、何とも意外千万のことにございます。ついては、天に仕える心をもって、よくご熟慮あらせられ、ご後悔なされるようなことがないよう、ひとえに希望いたします。よって、口供書を添え進献申し上げます。」[41]

西郷の無念と腹立たしさがよく表れている。冒頭で、「政府へ尋問の次第」があって「出発」したが、熊本鎮台側が戦争準備をし、砲撃してきたから「ついに戦端を開く場合に立ち至り」として、自分たちは戦争を起こすために兵を動かしたのではないことを申し立てている。西郷が最もはっきりしておきたいことであっただろう。

文面は続いて刺客問題に移る。「政府においては、隆盛等を暗殺すべき旨を官吏の者に命じ」、「必ず天地の罪人がいることに疑いはなく、まず政府首謀の罪根を糺され」としている、その「罪人」というのは、大久保利通ならびに川路利良を指す。

しかし、そうであったにしても、自身に対する暗殺計画のことで、一万人を越える兵を動かすことなど必要ない。西郷自身、二年足らず前の篠原国幹宛の手紙では、日本政府がいきなり朝鮮に軍艦を送ったことを論難して、「開口〔話し合いを始めること〕こそ肝要で、…。大臣の中から誰かを派遣し」云々と書いていた。これに従えば、「政府へ尋問の筋」があるのなら、まさしく「開口こそ肝要で」同志のなかから「誰かを派遣」すればよい。

西郷はまた、「天子征討を私するもの」と言い、天皇を直接的に責めている。当時としては稀有の言辞である。いわんや西郷においてをや、と言ったところだ。あるいは逆に、西郷においてこそと言うべきかもしれない。

また西郷は、「特に、万国に対してどのような名義が立ちましょうや」と糾弾するが、残念ながら、日本に駐在する外国公使たちで、今回の「征討」に異議を申し立てた者はいない。西郷をよく知る英国公使ハリー・パークスでさえ、西郷軍の進発を本国のダービー外相に逐次報告して、次のように言う。

まず、二月二十七日付の報告書では、

「西郷とその共謀者は、自分たちの手段に合法性の外観を与えるべく、自分たちは御門（天皇）の将軍として行動しているのであり、大部隊を率いて鹿児島から進軍する目的は政府を尋問することであると宣言しているが、これは納得しがたいばかりでなく奇異である。」[42]

とし、続く三月十日付、三月十二日付報告書でも、

「船舶がなければ実現不可能なかかる計画を立てるとは、叛徒が自国の状態について奇妙なほど無知であり、たとえ自分たちの言い分にきわめて不利な結果を招こうとも、ためらうことなく絶望的な行動に出ることを暴露している。」

「薩摩士族は自藩の威信と、その指導者（西郷）の名声と、このふたつのものへの信頼によって、判断を誤りはしなかったか。」

「二、三年前ならば、彼らは江戸へ進軍できたかもしれないが、現在では国論によって大いに支持されない限り、かかる目標が成し遂げられる見込みはない。しかし、（アーネスト）サトウ氏が聞

かされたように、これこそが彼らの目的なのであり、彼らは政府が驚愕のあまり、本気で抵抗を試みないだろうと信じ込んでいる。」

などと伝えている。

薩軍の「大部隊を率いて」の「進軍」を「奇異」だと言う。外国人故に、事態を客観的に捉えられたのであろうか。いずれの指摘も正鵠を得ている。

薩軍は城下で、熊本鎮台司令長官・谷干城率いる鎮台兵が籠城する熊本城に再三、攻撃を仕掛けるが、攻め落とすことができず、四月十四日には逆に、政府軍が進攻して熊本城開通に成功する。その間に、有名な田原坂（たばるざか）での攻防戦もあるが、薩軍はそれにも敗退し、鹿児島を出発して上京を目指したものの、結局は、熊本から一歩も東上することができずに退却する破目になる。

西郷はさすがにこの退却には反対であったようで、薩軍隊長・野村忍助（おしすけ）が後に、獄中証言（『西南之役懲役人質問』）で、

「西郷は二本木（現・熊本市西区）にあり、人々引き上げのことを勧めたが、西郷曰く、この地を去れば、人気（じんき）も散乱せん。快く一戦して死を決すべしと。」[43]

述べたとある。

しかし、これも結局は、桐野らに押し切られて城下から退却する。しかし、やはりこの時こそ、西郷の言葉通り「死を決すべし」ときであった。また、初心の通り「一つ条理に斃れる見込み」（三月十二日付大山綱良宛の手紙にある言葉）の実行のときであった。「政府に尋問の筋これあり」と掲

げて率兵上京の途に就きながら、熊本で開戦となり、その熊本から一歩も東上できなくなった段階で、「尋問」の道は閉ざされ、戦争の勝敗も決していたからだ。

木戸孝允は明治十年四月二十四日の日記に次のように記している。

「実に今度の戦争は、双方でほとんど二万に近い死傷者があり。…、人民の疾苦艱難、実に堪えざるなり。しかし、そのもとを考えれば、西郷隆盛ほか数人を大久保利通・川路利良らが暗殺する云々の一事に過ぎない。

そのため西郷らが大兵を率い、武器を携え干戈を起こし、国家の大憲を犯したにつき、止むを得ずこれを糺すため大典を挙行したが、もし、彼らを一席にして互いに詰問し合えば、事は数人のあいだに留まり、事実無根と判明したときは、たちまち互いに了解し、人民がこのような惨害をこうむることはなかった。実に嘆かわしいことだ。」

木戸もやはり、西郷暗殺問題でこの戦争が起きたと見ている。木戸はこの戦争を、まるで薩摩の兄弟げんかのように見ていたことになろう。しかし、もし、そのために内戦を起こし「二万に近い死傷者」を出し「人民の疾苦艱難」をもたらしたとすれば、それはまさしく「実に嘆かわ」しく、およそ国の指導者のやることではない。大義名分どころか実に低劣で、これほど馬鹿げた戦争はない。

木戸はこのころ、臨時政府を設置した京都で、明治天皇に供奉して滞京中であったが、その間に病床に就き五月二十六日に息を引き取る。その終末期、「西郷、いい加減にせんかい」とうわごとを発したと言われる。木戸の脳裏には、かつてこの京都で、薩長盟約を交わしたときの西郷の面影が浮かんでいたのかもしれない。

西郷は先の征討総督宛の手紙でも戦争を起こす気はなかったと申し立てているが、いくらそんなことを言っても、一万を越える兵を動かしたからには、誰もが西郷が挙兵して戦争を起こしたと見る。実際、政府がそのように仕組んだのでもあるが、早々に賊軍にされて、なし崩し的に開戦になる。しかし、西郷ら自身は戦争しようとしていたわけではないので、宣戦布告はできず、無論、戦争の大義名分を宣言することもできなかった。そのためにこの戦争は、大規模な内戦に発展していながら、戦っている者でさえ、いったい何のために戦っているのかよくわからない戦争になる。田原坂の攻防戦のころ、政府軍の第一旅団の会計部長で兵站（へいたん）を担当した川口武定が『従征日記』の三月九日の条に次のよう記している。

「薩摩の人をもって薩摩の賊を討つ。賊将の名は皆、その知るところなり。また、我が旅団の兵卒に薩摩の人多し。互いに接近し、その声を聴けば、皆、知友あるいは親族なり。…。親族・朋友あい仇視（きゅうし）するは、そもそもまた何の故ぞや。」[44]

薩摩人同士のまさしく骨肉相食（あいは）む戦争であった。しかし、戦っている兵士でさえ、熱烈な私学校党員の兵士を除けば、「そもそもまた何の故ぞや」と問いたくなるような戦争であったのである。

当然ながら、戦争の名分について各方面から非難の言葉が飛ぶ。征討総督府は二月二十八日に九州諸県に対して征討の理由を布告し、そのなかで、

「彼ら（西郷ら）以下自らその名なきを悪み、東京巡査その他帰県した者数十名を縛し、負わしめるに無根の偽名をもってし、強いて名義を設け、檄を全国に伝え、恣に兵器を携帯し、…。」[45]

と言う。

西郷らには戦争に名分がないため、暗殺問題を「強いて名義」にしたと言う。西郷らにとって暗殺問題は、戦争の「名義」ではなく、政府「矯問」の名義であった。

明治六年の朝鮮遣使論では最大の協力者であった板垣退助も、開戦後かなりたってのことだが、六月二十日付の東京曙新聞紙上で、この戦争について、

「今回の挙たるや、大義を失い名分を誤り、実に賊中の賊なる者にして、前の江藤、前原が輩より数等の下級に位せり、…。わずかに自己の私憤を発洩せんとして人を損じ、財を費やし、しこうして逆賊の臭名を万載に流すとはああ何の心ぞや。」

と論難する。

ほとんど罵倒に近い。かつて同志であっただけに、むしろ、怒りがいっそうこみあげてきたのだろうか。

薩軍は各地で潰走しながらも戦い続け、八月十五日には和田越（現・宮崎県延岡市）で最後の総力

戦に挑む。もっとも、総力戦と言っても、薩軍の残った兵は三千五百でそれに対峙する政府軍は五個旅団の四万余である。これまで、西郷は戦場にあっても、居場所は秘密にされていて、

「西郷隆盛や　仏か神か　姿見せずにいくさする」

と歌われもした。

しかしこの日は、最後の決戦と見たのであろう、西郷が初めて前線に立つ。しかし、いかんせん、圧倒的な兵力の違いの上に、薩軍は弾薬と食料にも事欠き、一日にして長井村方面に追いやられる。

翌十六日には西郷吉之助の名で、

「我が軍の窮迫、ここに至る。今日の策は、ただ一死を奮いて決戦あるのみ。この際、諸隊にして、降らんと欲する者は降り、死せんと欲する者は死し、士の卒となり、卒の士となる、ただ欲するところに任せん。」[46]

とする告諭を発する。

このあと、西郷のもとにのこった五百名ほどの将士たちが、八月十七日の夜間、猟師の先導で可愛岳越えを決行する。政府軍の包囲網をかいくぐって脱出に成功した者、四百数十名が三田井（現・宮崎県高千穂町）に集合し、そこで西郷の裁断のもと、鹿児島に向かうことになる。やはり、最後は郷土で死にたかったのだろうか。

九州中央部山脈地帯を十日かけて南下し、政府軍の制圧下にある（はずの）鹿児島県下侵入に成功し、各所で待ち受ける政府軍を打ち破って、九月一日には、三百七十人ほどが城下入りを果たす。城下でも二十日ほどにわたって果敢に戦うが、九月二十二日には遂に、各隊長に向けて西郷吉之助

名で次の回文が発せられる。

「今般、河野圭一郎・山野田一輔（いっぽ）の両士を敵陣に遣わした件、まったく味方の決死を知らしめ、かつ、義挙の趣意をもって大義名分を貫徹し、法廷において斃れるつもりなので、一統は安堵し、この城を枕にして決戦致すべきにつき、今いっそう奮発し、後世に恥辱を残さないように覚悟が肝要である。」

ここに「大義名分を貫徹し」と出る。西郷はやはり、最後まで大義名分のことを気にしていたのであろう。しかし、ここで言う大義名分が何を指すかは定かでない。「この城（鶴丸城）を枕にして」、「後世に恥辱を残さ」ず見事に死ねと言う。最後は薩摩隼人（はやと）の気概を見せて死にたかったのだろう。

翌二十三日夜、将校たちは城山で訣別の宴を催し、二十四日午前四時に政府軍の砲撃が始まり、銃撃戦のなか、西郷吉之助・桂久武・桐野利秋・村田新八・池上四郎・別府晋介・小倉壮九郎・辺見十郎太・山野田一輔らが突進して次々に戦死していく。

西郷は途中で被弾し、「晋どん、晋どん、もうここらでよかろう」と言って、別府晋介の介錯を受けたとされている。胴体と首級が別々に見付かっているので、西郷が介錯を受けたのは間違いないが、介錯をしたのは足を負傷して駕籠（かご）で移動していたとされる別府ではなく、桐野だったという説もある。しかし、それが誰であれ、西郷が最後に「もうここらでよかろう」と言ったというのには納得がいく。

翻（ひるがえ）って考えてみると、この戦争は、西郷が明治六年に帰郷して鹿児島の地に政府に反感を持つ郷党の士族集団をつくったとき、ほぼ運命付けられていた。近い前例に、前参議の江藤新平が帰郷して起こした佐賀の乱や、同じく元参議の前原一誠が郷里で起こした萩の乱がある。政府に反発して直後に帰郷した元参議は、西郷を含めて、誰もがその故郷で反乱を起こしている。

西郷がつくった郷党の士族集団は、江藤や前原のものより格段に大きく、かつ、もとから銃隊学校や砲隊学校などで教練を受けた者たちを中核とする軍事集団であった。しかも、その集団の首領西郷が全国の不平不満を持つ士族や人民の輿望（よぼう）の的（まと）であり、加えて、西郷自身が「人望好み」であってみれば、佐賀の乱や萩の乱以上に、鹿児島の士族集団がいずれ決起するのはほぼ必然であった。

西郷の後半生を顧みるとき、西郷はいかに生きるかよりも、いかに死ぬかを思い続けた人間であったように思えてならない。二十代後半、主君島津斉彬のそば近くに仕え、忠臣の典型のように主君のために死ぬことを思い、斉彬が亡くなったあとも、「土中の死骨」になって「皇国のために暫く生を貪り」、その間、大義ある死を思い続ける。

文久二年三月島津久光の東上の際に尊攘激派の鎮撫を任されたときには、「私が死地に入らなくては死地の兵を救うことはでき」ぬとして彼らの懐（ふところ）に入り、また、第一次征長期には死地に就くのを厭わぬ行動で難事に当たる。明治六年夏には自ら朝鮮遣使に立つと主張して朝鮮に一死報国の死に場所を求め、そして十年には遂に、明治政府を弾劾し君側の奸を排除せんと決起して自らの死に時にした。

しかし、この時代、そのような西郷が一人、特異な存在であったわけではない。身分や地位による上下関係や格式等に縛られながらも、幕末の志士たちが自らの命を差し出し、同様の気概を持って国事に携わった。そして実際、彼らの多くが、わりあい簡単に死んでいった。志士が「死士」とされる所以だ。

近世の武家社会は、儒教的道徳観のもとで、そういった武士こそを理想の武士とした。西郷はそれを身をもって体現した人物であった。そして皮肉にも、武家政権は自らがつくり上げたその理想の武士たちによって打倒され、そしてさらに、その武士たちは、幕末の闘争や変乱そして明治の士族の反乱を通じて、自分たちをも葬り去っていく。

しかし、西郷という人物像が葬り去られることはなかった。明治の国家は、西南戦争が済んで間もない明治十五年には、天皇のために死ねる人間をつくろうと、「義は山嶽（山）より重く、死は鴻毛より軽し」とする軍人勅諭を発布して、明治二十二年には反逆の「賊臣」であった西郷隆盛に正三位を追贈して復権させ、やがて理想の軍人像に祭り上げてもいく。

注

1 『鹿児島県史料　忠義公史料』四、四九八頁。
2 『鹿児島県史料　玉里島津家史料』五、二七一頁。
3 『岩倉公実記』中、八五頁。
4 『再夢紀事　丁卯日記』二二三頁と二四三頁。
5 『大久保利通関係文書』一、六〇―六一頁。
6 『大久保利通文書』二、三六頁。
7 『大久保利通関係文書』一、二一二頁。
8 青山忠正『明治維新と国家形成』吉川弘文館、二〇〇〇年、二八〇―二八一頁に掲載のものを使わせてもらっている。もとは、山口県文書館蔵毛利家文庫『年度別書簡集』第三十三冊。
9 これについては、『西郷隆盛全集』掲載のものと『大久保利通文書』二の七二頁掲載のものとで文言でやや相違があり、後者の方がより正確に思えるので、それを採用している。
10 『再夢紀事　丁卯日記』、二六〇頁。
11 『岩倉公実記』中、一五八―一五九頁。
12 高橋秀直『幕末維新の政治と天皇』吉川弘文館、二〇〇七年、四四四頁、参照。
13 佐々木克『幕末政治と薩摩藩』吉川弘文館、二〇〇四年、四一九頁、および、久住真也『王政復古』講談社現代新書、二〇一八年、一八九―一九〇頁、参照。
14 『松平春嶽未公刊書簡集』八二頁。
15 同上書、八九頁。
16 『再夢紀事　丁卯日記』、二六二―二六三頁と二六五頁。
17 同上書、二六八頁、および高橋秀直、前掲書、四八八頁、参照。
18 『徳川慶喜公伝　史料篇』三、二五二―二五三頁。
19 『大久保利通関係文書』一、二一五頁。
20 『徳川慶喜公伝　史料篇』三、二七一―二七二頁。
21 高橋秀直、前掲書、四八四―四八五頁、参照。

22 『谷干城遺稿』一、五九頁。
23 『大久保利通文書』二、二一七頁。
24 『勝海舟全集』十九、二七頁、参照。
25 同上書、三四頁。
26 勝海舟、江藤淳・松浦玲編『氷川清話』講談社、二〇〇〇年、七二—七四頁。
27 『西郷隆盛全集』二、五〇〇頁、参照。
28 『明治天皇紀』一、七四四—七四五頁。
29 『大久保利通関係文書』一、八〇頁。
30 『敬天愛人』二十八号、二〇一〇年、一六二—一六六頁。
31 『保古飛呂比　佐佐木高行日記』五、一六〇頁。
32 『「征韓論」政変の真相—歴史家の史料批判を問う—』勉誠出版、二〇一五年、『西郷隆盛—手紙で読むその実像—』ちくま新書、二〇一七年など。
33 円城寺清『大隈伯昔日譚』、一八九五年、六九四—六九五頁。
34 『木戸孝允文書』八、一三二頁。
35 西郷隆盛の板垣退助宛、明治六年八月十七日付書簡。
36 この時期の西郷の文書によく出て来る用語で、歴史学者は読み落としたり読み違えたりしているが、筆者はこれを、西郷の朝鮮遣使論を理解する上での「キーワード」としている。明治初年に王政復古政府が決めた対朝鮮政策の基本方針・方略を指す。拙著（二〇一八）を参照していただければ幸いである。
37 『岩倉具視関係史料』上、一二六—一二八頁。
38 宮下満郎「鮫島甚七の『丁丑従軍記』」、『敬天愛人』九号、一九九一年、一四八頁。
39 『明治天皇紀』四、七九頁。
40 『大西郷全集』第二巻の口絵に写真付きで自筆として紹介されている。ただし、これが征討総督のもとに届けられたかどうかは定かでない。西郷が提出してくれるよう依頼して送った大山綱良のもとに留め置かれた可能性がある。
41 『大西郷全集』二、九一三—九一五頁。

42 萩原延寿『大分裂：遠い崖―アーネスト・サトウ日記抄』十三、朝日新聞社、二〇〇〇年、七一頁。以下、同書。
43 『鹿児島県史料　西南戦争』三、六九四頁。
44 川口武定『従征日記』上、一一四頁。
45 『明治天皇紀』四、九八頁。
46 『西南記伝』中2、五四二頁。

# おわりに

龍馬と西郷は三年余りの短い期間であったが、互いに信頼し合い、天下の回天を目指して共同もした。しかし、二人は同じような仕事をしたわけではないし、また、同じような人間であったわけでもない。出自が異なり、資質も違い、生き方も違っていた。龍馬は既成の価値観や道徳観にはあまりとらわれずに、奔放に未来に向かって生きようとする未来志向型の人間であったが、一方の西郷はむしろ、伝統や人間の原点に立ち返って、そこに生き方の規範を求める原点回帰型の人間であった。

龍馬は二度の脱藩をし、西郷は二度の遠島を余儀なくされた。龍馬は周囲との軋轢を避け自由になるため脱藩したが、西郷にはもとより、脱藩（薩摩国を逃れるや捨てる）というような選択肢がなかった。藩から責めを受ければ、それに服するか死ぬかである。西郷は当時の武士社会の儒教的道徳観を体現したような人物であった。

龍馬は、薩長・薩土そして薩長土連合の夢を描いたが、その一方で、「海軍」創設の夢を抱いて、海運や交易の事業を起こし、蝦夷地など新天地の開拓も企図した。国事に奔走する一方で、自身の仕事を持つ実業家であり起業家でもあった。龍馬は商人の血を引き、職分や身分などにあまりこだわることなく、物事を現実的に捉え合理的に判断した。西郷が最後の武士であったとすれば、龍馬は近代人の先駆であった。

西郷は、「維新第一の功労者」になったが、それは、明治維新の礎を築いたからではなく、徳川幕府を打倒したからである。西郷は実際、戊辰の戦争が済めば引退するつもりであった。西郷は常に自分の死を眼前に置いて生きる武職の人であったため、元来、あまり将来を構想したり先の夢を描いたりする人ではなかった。その点で、西郷は基本的に武人であって政治家ではない。同じ「維新の三傑」でも、大久保利通や木戸孝允といくぶん違う。

西郷が「維新第一の功労者」になり得たのは、周りに盟友の大久保利通や吉井友実ら、それに家老の小松帯刀や桂久武の優れた上役がいたからである。西郷はその人たちなしには、おそらく、そのような大仕事に就ける位置にさえ到達し得なかったであろう。事実、上記の人たちの多くと決別したあとは、西郷は強いて大舞台に立ったものの、結局は「明治の賊臣」になる。

龍馬も西郷もともに、その非凡な資質と実行力のゆえに英雄なのだが、それらが災いのもとにもなる。龍馬は柔軟な思考と自由な活動、および卓越した周旋・交渉力のために、最後は周旋の手を徳川慶喜側近にまで伸ばし、浪士ゆえの防衛力の欠如もあって、遂には凶刃に倒れる。一方西郷は、自らの正義を信じるあまり独断専行の嫌いがあり、しばしば周囲と衝突や軋轢を起こす。明治なってからは特に、西郷を抑える者も少なくなり、六年には自身の朝鮮遣使論に固執して維新政府の分裂をきたし、武断的傾向もあって十年には西南戦争を起こして戦場で自決する。

ところで、龍馬は最後の上京となった慶応三年十月中旬に、自身の立ち位置を挙兵路線から建白路線へと大きく転換させる。龍馬が上京以前は挙兵路線に立っていたことは、長崎で調達した武器を土佐に送り、また一部は上方に運んでいることや、木戸や三吉慎蔵らとの書通の内容から明らかだ。しかし、上京後、土佐藩による建白路線の良好な進行具合と西郷らの挙兵路線の滞りを知って、龍馬は立ち位置を変える。そして、最後となった一ヵ月を龍馬は、建白路線を成就させて新政権の樹立を急ぐために、福井へ走り、また、徳川慶喜側への周旋に傾注する。西郷らの挙兵路線が慶喜排除を目指すものであることを承知の上である。西郷や木戸らの目からすれば、龍馬は明らかに変節したのである。

龍馬は慶喜側近の永井尚志との交渉に及んだ日、林謙三に送った手紙に、

「実に為すべきときは今です。やがて方向を定め、シュラ（修羅）か極楽かにお供(とも)致すべく存じております。」

と書く。この「シュラ」は、いったい何を意味するのだろうか。龍馬がこの四日後に死んだために、正確なことはわからない。しかし、間もなく新政府軍と旧幕府軍が戦う内戦になることからしても、大方はそういった日本人同士が戦う戦争を意味するものであっただろう。しかし龍馬の言う「シュラ」は、ただそういった内戦だけを意味するものではなかっただろう。自分が西郷・大久保や木戸らと戦うことになる「シュラ」ではなかったか。

龍馬の死の一ヵ月半ほどあとには、鳥羽伏見の戦いが始まる。それは、西郷・大久保や木戸らが「賊臣慶喜を殄戮(てんりく)し」の勅書を奉じ、慶喜は「松平修理大夫（島津茂久）の奸臣ども」の「誅戮(ちゅうりく)」を

掲げて始まるものであった。龍馬はそれ以前に、慶喜を「盟主」に立てた新政権を樹立しようとしていたから、龍馬が生きておれば、慶喜の側に立つことになったのではないか。そうでなくても、難しい立場に置かれたのは間違いない。龍馬の言う「シュラ」が現実になっていた可能性がある。

　龍馬と西郷のパーソナリティの違いは、最後のところで、互いに引くに引けない対立を生むところにまで来ていた。しかし、それは龍馬の突然の死によって、表に現れることはなかった。ところが、この九年後には、今度は、西郷と大久保が対峙して戦争となり、西南の地はまさしく同胞が骨肉相食(あいは)むシュラの場と化す。

　上のどの戦いも、かつての同盟や盟友がぶつかり合う、因縁深く、かつ人間臭いものであった。維新の歴史は、必ずしも、国史や政治史の上で時代の必然の流れの如くに語られるようなものではなく、また、階級闘争や民衆の力のもとで展開したものでもなく、むしろ多分に、少数の政治指導者たちが繰り広げた激烈な人間ドラマであったのではないか。本書では、民衆の力などについては何も触れていないのだが、そう思えてならない。

〔著者略歴〕
川道麟太郎（かわみち・りんたろう）
1942年神戸市生まれ。大阪大学大学院工学研究科修士課程終了。工学博士。元関西大学工学部教授。建築計画学・建築論専攻。
著書に、『雁行形の美学—日本建築の造形モチーフ』（彰国社、2001年）、『西郷「征韓論」の真相—歴史家の虚構をただす—』、『「征韓論政変」の真相—歴史家の史料批判を問う—』（以上、勉誠出版、2014年、2015年）、『西郷隆盛—手紙で読むその実像—』（ちくま新書、2017年）、『かたられる西郷隆盛—歴史学者は大丈夫か—』（風媒社、2018年）など。

装幀◎澤口　環

**龍馬と西郷**　二つの個性と維新

2021年6月20日　第1刷発行　（定価はカバーに表示してあります）

著　者　　川道麟太郎

発行者　　山口　章

発行所　名古屋市中区大須1-16-29
振替 00880-5-5616 電話 052-218-7808　風媒社
http://www.fubaisha.com/

＊印刷・製本／モリモト印刷

ISBN978-4-8331-0590-3